C·H·Beck
PAPERBAC

Bernd Greiner

Made in Washington

Was die USA seit 1945 in der Welt angerichtet haben

Verlag C.H.Beck

In Erinnerung an
August Jacobi
(1896–1975)

4. Auflage. 2023

www.chbeck.de
Umschlaggestaltung: geviert.com, Nastassja Abel
Umschlagabbildung: Composing unter Verwendung
eines Fotos von © shutterstock
Satz: C.H.Beck.Media.Solutions, Nördlingen
Druck und Bindung: Druckerei C.H.Beck, Nördlingen
Gedruckt auf säurefreiem und alterungsbeständigem Papier
(hergestellt aus chlorfrei gebleichtem Zellstoff)
Printed in Germany
ISBN 978 3 406 81605 5

myclimate

klimaneutral produziert
www.chbeck.de/nachhaltig

Inhalt

Vorwort

Ein anderer Blick

Zu reden ist über die Schattenseiten des amerikanischen Jahrhunderts. Über die Tatsache, dass Unzählige ihr Leben lassen mussten, dass Gesellschaften traumatisiert und dass Staaten ruiniert wurden, weil die USA ihren Anspruch auf Ordnung der Welt durchsetzen wollten. Keine andere Nation ist seit 1945 derart rabiat aufgetreten. Die Vereinigten Staaten haben mit Abstand die meisten Kriege geführt, wiederholt Angriffskriege vom Zaun gebrochen und das Völkerrecht mit Füßen getreten, sie geben heute noch das meiste Geld für Rüstung aus und unterhalten weltweit mehr Militärstützpunkte als alle anderen Staaten zusammen, sie sind einsamer Spitzenreiter beim Sturz missliebiger, auch demokratisch gewählter Regierungen. Darüber nachzudenken, welche Konsequenzen diese Bilanz haben sollte und müsste, versteht sich eigentlich von selbst. Und es ist alles andere als selbstverständlich, werden neuerdings doch wieder große Hoffnungen auf Washington gesetzt – als könnte man das Offensichtliche ignorieren oder zu Kollateralschäden einer vermeintlich unabdingbaren Führung erklären.

Seit dem Ende des Zweiten Weltkriegs treten die USA wie ein vom Schicksal auserwählter Hüter von Freiheit und Stabilität auf. Worauf gründet ihr Anspruch? Wieso betrachtet man sich selbst als Norm, die für alle anderen richtungsweisend und verbindlich sein soll? Welche Mittel kommen zum Einsatz? Und vor allem: Zu welchem Preis? Diese Fragen werden in neun Kapiteln diskutiert. Ein jedes steht für sich und kann unabhängig von den anderen gelesen werden. Zusammen fügen sie sich zu einem Gesamtbild mit einer streitbaren Schlussfolgerung: Ohne die USA ist eine neue Weltordnung nicht zu haben. Aber unter ihrer Führung schon gar nicht.

Zum besseren Verständnis amerikanischen Ordnungsdenkens lohnt ein Blick in die turbulenten Jahre zwischen dem Ersten und Zweiten Weltkrieg. Von dieser Zeit handelt das erste Kapitel: «Für Gott und das Gute: Auf dem Weg zur Ordnungsmacht». Scheinbar unversöhnliche Lager standen sich damals gegenüber: «Interventionisten» und «Isolationisten», Befürworter und Gegner des Beitritts zum Völkerbund, Unterstützer und Kritiker von Hochrüstung. Ihre Kontroversen hielten das Land in Atem, die Gemeinsamkeiten indes sind ungleich aufschlussreicher. Alle Beteiligten einte die Panik vor dem Verlust von Amerikas Einzigartigkeit – dass das Experiment «Neue Welt» entweder an der Bösartigkeit äußerer Feinde oder an hausgemachten Widersprüchen scheitern könnte und dass die «redeemer nation», im göttlichen Auftrag der Welt zum Erlöser bestimmt, sich im Falle eines Scheiterns an Gott versündigen würde. Maßlose Ängste waren die ständigen Begleiter des tugendhaft überfrachteten Selbstbildes, Überidentifikation mit dem Guten und Dramatisierung des Bösen gingen Hand in Hand. Nicht umsonst sprechen Historiker von einer Obsession in prekärer Nähe zu Hysterie und Paranoia.[1] Ein Verlangen nach «totaler Sicherheit» war darin eingeschrieben, ebenso die Neigung, Verlustängste als Mittel der politischen Mobilisierung auszubeuten. Das meiste Kapital heimsten am Ende jene Angstunternehmer ein, die Amerikas Existenz hauptsächlich von außen bedroht sahen und das politische Immunsystem mit einer Mixtur aus Religion, Moral und imperialem Auftrumpfen stärken wollten. Wenn die Nation überleben soll, so ihre Zauberformel, muss sie global als Ordnungsmacht auftreten – also militärisch dominieren. Nur dann wird sich die Macht des Lichts gegen die Kräfte der Finsternis behaupten können.

Am 6. August 1945 fielen die Würfel endgültig zugunsten der «Interventionisten». Dass Präsident Harry Truman über die nukleare Einäscherung Hiroshimas hellauf begeistert war und vom «größten Ding in der Geschichte» sprach, spiegelte die Erwartungen des Weißen Hauses. Im unmittelbaren Umfeld des Präsidenten galt die Atombombe als außenpolitischer Quantensprung. Mit ihr, so hieß es allenthalben, hätte man einen «Royal Straight Flash» in der Hand, ein unschlagbares Blatt beim Pokern um Macht, Einfluss und Hegemonie.[2] Die Allmachtphantasien wurden von der Realität alsbald eingeholt und als solche entlarvt. An den Folgen amerikanischer Atompolitik hingegen trägt das Land wie der Rest der Welt bis heute schwer. Am Rüstungswettlauf sind auch zahlreiche andere Großmächte mit Überzeugung und Entschiedenheit beteiligt. Das ändert aber nichts an der Tatsache, dass Amerikas Ordnungspolitik auf Gewalt gegründet war und diesen Makel nie wieder loswurde. Nie wieder loswerden konnte, um genau zu sein, weil der politische Zugewinn prall gefüllter Atombunker bis heute allzu verlockend ist.

Wann, wie und warum Atompoker gespielt wurde, ist im zweiten Kapitel nachzulesen: «Casino Royale: Zocken mit Nuklearwaffen». Wie alle, die im Laufe der Zeit die einschlägigen Spielregeln lernten, stecken die USA seit Beginn des Atomzeitalters in einer Falle. Man weiß, dass Nuklearwaffen den eigenen Untergang heraufbeschwören können – trotzdem basteln Planungsstäbe und andere Militärexperten seit Jahrzehnten an Szenarien für einen begrenzten, kontrollierten und am Ende gewinnbaren Krieg. Man weiß, dass jeder «Sieg» mit Hekatomben von Toten auf allen Seiten bezahlt würde – und klammert sich dennoch an die Illusion, aus militärisch stumpfen Waffen hin und wieder politischen Mehrwert schlagen zu können. Man weiß, dass die Kopie eigener Waffensysteme durch die Gegenseite nur eine Frage der Zeit ist – und will dennoch nicht von der fixen Idee lassen, sich mit technologischen Durchbrüchen einen vorübergehenden Vorteil zu verschaffen. Das gemeinhin zur Entschuldigung vorgetragene Argument ist so alt wie die besagte Politik selbst: Waffen werden gehortet, weil man einander nicht traut, also muss zuerst das Misstrauen aus der Welt. Umgekehrt wird eher ein Schuh daraus: Sobald Waffenkammern entrümpelt werden, versiegt die Urquelle des Misstrauens. Dass außer den USA auch andere in die Pflicht zu nehmen wären, ist kein Einwand. Washington hat durch Desinteresse, Unterlassung und ungezählte Querschüsse entscheidend zur Verstetigung des toxischen Kreislaufs beigetragen.

Als Nuklearmacht stiegen die USA – seit 1945 ohnehin die unbestrittene Nummer Eins – in eine noch höhere Gewichtsklasse auf. Sie meldeten geopolitische Ansprüche an und gingen Verpflichtungen ein, die sie sich mit konventionell ausgerüsteten Streitkräften schwerlich hätten leisten können.[3] Ablesbar ist diese selbst verordnete Aufwertung an der Karriere des Adjektivs «vital». Niemals zuvor hatte man derart häufig und penetrant über «lebenswichtige Regionen» jenseits der eigenen Grenzen gesprochen.

Auf diese Weise wurden nicht nur zusätzliche Reibungspunkte geschaffen; man glaubte auch, den neuen Status ständig unter Beweis stellen zu müssen. Glaubwürdig war dieser Logik zufolge nur, wer seine Machtmittel gerade an Orten ohne erkennbare strategische, wirtschaftliche oder politische Bedeutung zur Geltung brachte. Zentrum und Peripherie galten in diesem Sinne als gleichwertig, die Symbolik der Tat färbte vom einen auf das andere ab. Immer schien es ums Ganze zu gehen, überall lauerten angeblich existenzbedrohende Gefahren, noch im hintersten Winkel mussten Grenzen gezogen und Ansprüche verteidigt werden. Unter der Hand, so die Historikerin Barbara Tuchman, wurde das Streben nach Glaubwürdigkeit bis zur Selbsthypnose aufgebläht.[4] Den Nutzen hatten «Putschisten und weitere Stellvertreter» (dargestellt im dritten Kapitel) auf allen Kontinenten, den mit Abstand größten Schaden jene Länder, in denen die USA Staatsterroristen gewähren ließen oder sich selbst zu Komplizen machten. Näheres ist im vierten Kapitel («Auf Gewalt gegründet: Südvietnam, Indonesien, Lateinamerika») zu erfahren.

Seit der Wende zur globalen Ordnungsmacht geistern drei Vorgaben wie Untote durch Washingtons Außenpolitik. Erstens: Vorherrschaft ist unverzichtbar. Stabilität gibt es nur auf der Grundlage amerikanischen Übergewichts und unter der Voraussetzung, dass die USA mehr auf die Waage bringen als Störenfriede oder ernsthafte Konkurrenten; Sicherheit basiert auf militärischer Dominanz und wird in erster Linie mit militärischen Mitteln hergestellt. Zweitens: Eine Ordnungsmacht muss den Willen zur Gewalt demonstrieren, andernfalls entgleitet ihr die Ordnung. Wirksame Außenpolitik kann nur betreiben, wer das Handwerk der Einschüchterung, Nötigung und Erpressung beherrscht und den Rest der Welt von seiner Bereitschaft zum Risiko überzeugt – das Wagnis eines Einsatzes von Nuklearwaffen eingeschlossen. Drittens: Macht beruht auf Angst. Oder auf dem Wissen von Opponenten, im Fall eines militärischen Kräftemessens nicht mithalten zu können. Also bleibt der Frieden gewahrt, solange andere mehr Angst vor dem Krieg haben als man selbst. Und weil Amerika von der Unsicherheit derer zehrt, die seine Interessen nicht teilen, gehört die Inszenierung von Unberechenbarkeit zur hohen Kunst der Diplomatie. Wie schnell daraus ein Krieg gegen Zivilisten, ein nach internationalem Recht verbrecherischer Krieg, werden kann, wird im fünften Kapitel erörtert («Gewinnen um jeden Preis: Kriege in der Dritten Welt»).

«America First» kann als Übersetzung dieser Dogmen in eine parteiübergreifende und wahlkampftaugliche Parole gelesen werden. Sie bekräftigt den Anspruch, Frieden mit einer Anhäufung von Kriegsgerät zu schaffen. Sie treibt die monströsen, das Budget aller anderen Nationen weit in den Schatten stellenden Rüstungsausgaben der USA stetig nach oben und befeuert die Gier nach neuen, qualitativ überlegenen Waffen. Und sie beutet die Ressource Nationalismus wie eine beliebig erneuerbare politische Energie aus. Nationale Alleingänge so weit wie möglich, Kooperation und Multilateralismus nur so weit wie unbedingt nötig, damit unterstreichen die Vereinigten Staaten ihre Sonderstellung als angeblich «größte Nation» auf Erden, aller Zeiten und von Gottes Gnaden. Die Girlanden sind austauschbar, der Markenkern aber bleibt. «America First» ist keine Marotte eines Einzelnen, sondern die außenpolitische Partitur aller Präsidenten bis zum heutigen Tag. Unterschiede in Stil und Rhetorik sollten nicht darüber hinwegtäuschen, dass im Zweifel ein atavistischer Grundsatz gilt: Der Starke herrscht, der Schwächere folgt, der Schwächste duldet.

Auf eine Selbstkorrektur der USA zu hoffen, scheint nach Lage der Dinge illusorisch. Dass Präsident Clinton den Putsch in Guatemala als Fehler bezeichnete, dass Barack Obama um eine Normalisierung der Beziehungen zu Kuba bemüht war und sich sogar die Vision einer atomwaffenfreien Welt zu eigen machte, waren bemerkenswerte Gesten. Aber am Ende immer nur das – Gesten. Sie blieben ebenso folgenlos wie die vom Kongress Mitte der 1970er Jahre angestoßenen Bemühungen zur Zähmung der Geheimdienste im Besonderen und des «nationalen Sicherheitsstaates» im Allgemeinen. Die Gründe des Scheiterns sind vielfältig. Zu den wichtigsten zählt das Beharrungsvermögen jener Institutionen, die zur Verwaltung der Ordnungspolitik geschaffen worden waren und im Laufe der Jahre wie deren Gralshüter auftraten. Sie konnten obendrein auch noch auf die Unterstützung freiwilliger Wächter des Imperiums setzen – von Mandatsträgern im Kongress, Intellektuellen oder medialen Meinungsmachern. Das ist der Schwerpunkt des sechsten Kapitels: «Selbstblockade: Reformen im Leerlauf».

Als der Kalte Krieg mit der Implosion der Sowjetunion zu Ende ging, öffnete sich für die Dauer eines Jahrzehnts ein Fenster der Gelegenheit. Bekanntlich wurde auch diese Chance verspielt. Obwohl die Sicherheit des Westens weniger denn je bedroht war, legten die USA ihre Instrumente zur Abwehr realer oder imaginierter Bedrohungen nicht aus der Hand. Im Gegenteil: Man holte sich wieder einmal die fortgeschrittenste Waffentechnik ins Haus und forcierte sogar die Ausweitung der NATO. Misstrauen blieb die Hauptwährung in den Ost-West-Beziehungen, wie gehabt mit eingepreistem Inflationsrisiko. Wobei strittig ist, was den Ausschlag gab: Die vom Triumph über den Erzrivalen aufgeblasene Selbstüberschätzung oder die traditionellen Reflexe zur Demonstration von Macht, Durchsetzungsfähigkeit und Glaubwürdigkeit. Das siebte Kapitel («Alleinige Supermacht: Baupläne für eine ‹Neue Weltordnung›») beleuchtet diese Zusammenhänge.

In jüngster Zeit zeichnet sich ein weiterer und vermutlich der gewichtigste Grund für das verkrampfte Festhalten am globalen Ordnungsanspruch ab. Die Angst vor Gesichtsverlust und Niedergang, forciert durch eine neue Welle des internationalen Terrorismus. Es wäre nicht das erste Mal in der Geschichte, dass ein Imperium seinen Abstieg mit Zähnen und Klauen zu bremsen versucht, egal, ob Freunde oder Verbündete darunter leiden oder ob Gegner dadurch erst recht provoziert werden. Darum geht es im achten Kapitel «Verbrannte Erde: Zwei Jahrzehnte ‹Krieg gegen den Terror›». Spätestens an dieser Stelle wird man an die Vitalität des amerikanischen Nationalismus erinnert. Er ist und bleibt das Grundmotiv, Kooperation und Gegenseitigkeit sind nur so lange von Interesse, wie sie zur besseren Durchsetzung amerikanischer Anliegen taugen. Die vielzitierten Koalitionen der Willigen passen ins Bild. Sie sind phasenweise nützlich, aber entbehrlich, sobald keine Machtdividende abfällt. Unberechenbar ist diese Spielart imperialer Selbstbehauptung, weil Washington wie eh und je an seinem auf das Militärische fixierten Verständnis von Sicherheit festhält – welche Hypotheken für die Zukunft daraus erwachsen, wird im neunten Kapitel erörtert: «Fortsetzung folgt: Die Macht der Angst».

Trotz alledem geht noch immer ein politisches Glaubensbekenntnis um: Sobald die USA als Ordnungsmacht ausfallen, droht Chaos, die Vereinigten Staaten sind und bleiben als politischer Fixstern unverzichtbar. In weiten Teilen Lateinamerikas, Afrikas und Asiens verfängt dieses Mantra nicht, ausweislich der dortigen Erfahrungen kann es auch nicht anders sein. Aber in Europa, vorweg im Osten des Kontinents und in Deutschland, finden sich noch immer zahlreiche Anhänger. Leitartikel, Parteiprogramme und Parlamentsdebatten quellen mit den einschlägigen Argumenten über: Wir brauchen die Vereinigten Staaten, weil nur dort in konsequenter Weise geopolitisch und strategisch gedacht wird. Mit ihrem nuklearen Schutzschirm sorgen die USA für die Sicherheit ihrer Verbündeten, weil sie sich selbst verwundbar machen und dem gemeinsamen Gegner die Vergeblichkeit militärischer Aggression vor Augen halten. Sollte Washington hier und da über die Stränge schlagen, wird das Pendel wieder zurückschwingen, weil eine über Jahrzehnte wohl dosierte Mischung aus Entschlossenheit und Entspannung, Härte und Dialog, Führung und Dominanz zum Basisinventar seiner Außenpolitik gehört. Amerika darf Sonder- und Eigeninteressen verfolgen, weil am Ende jeder Verbündete davon profitiert. Wir können uns einen Dissens in Grundsatzfragen nicht leisten, weil die Feinde der Demokratie nur auf einen Schwächeanfall der USA warten. Eine gemeinsame Kultur, geteilte Werte und der unverwüstliche Geist der Aufklärung fallen stärker ins Gewicht als politische Kontroversen, daran ändern auch amerikanische Alleingänge nichts. Und so weiter und so fort in ständiger Variation eines von Winston Churchill auf die Demokratie gemünzten Spruchs. Demnach mögen die USA als Ordnungsmacht noch so miserabel sein, man sollte es aber hinnehmen, weil alle anderen noch miserabler sind.

Darüber ist zu streiten. Wie und mit welchem Ziel ist Gegenstand der «Gedanken zu einer Unabhängigkeitserklärung» im Nachwort. Sie gehen von der Antiquiertheit des amerikanischen Verständnisses von Sicherheit aus. Stur auf das Militärische fixiert, hält es Misstrauen am Leben und bewirkt dadurch das Gegenteil des Gewünschten, nämlich zusätzliche Unsicherheit. Wer Europa außenpolitisch verstärkt in die Pflicht nehmen will und mehr Verantwortung anmahnt, sollte sich von der Idee verabschieden, dass Rüstung ein Gradmesser von Glaubwürdigkeit oder ein geeignetes Mittel im Umgang mit globalen Umbrüchen ist. Ein Denken, das auf die Macht des Stärkeren und auf die

Effizienz von Drohgebärden setzt, durch ein Nachdenken über die Zivilisierung von Konflikten zu ersetzen – darin liegt die Herausforderung. Willy Brandt, Olof Palme und Bruno Kreisky haben vor gut 50 Jahren eine Antwort von zeitloser Attraktivität vorgeschlagen: Sicherheit ist angesichts aktueller und künftiger Herausforderungen nicht länger gegeneinander, sondern nur noch miteinander zu erreichen, es werden alle zusammen verlieren, wenn sie nicht gemeinsam gewinnen wollen. Dass Russland in den letzten Jahren seine finsteren Seiten hervorkehrt und China wie ein Raufbold auftritt, ist zweifellos richtig. Aber kein Einwand. Es unterstreicht vielmehr die Notwendigkeit einer Politik der gemeinsamen Sicherheit.

Zuschnitt und Umsetzung dieser Politik liegen noch im Ungefähren, ihre Prämisse indes ist klar umrissen: Nicht auf das Durchsetzen, sondern auf den Ausgleich von Interessen, nicht auf die Sprache der Macht, sondern auf eine Grammatik des Vertrauens kommt es an. Anders gesagt: Internationale Kooperation ist erst dann mehr als eine Phrase, wenn sie mit der Bereitschaft zum Teilen einhergeht, mithin realisiert, was mit dem fast in Vergessenheit geratenen Begriff der Solidarität gemeint ist. Unter diesen Vorzeichen und gestützt auf einen politischen Paradigmenwechsel kann Europa auf originelle Weise zu den weltweiten Renovierungsarbeiten beitragen. Ohne Dominanz zu beanspruchen und Gefolgschaft einzufordern, ohne Lagerdenken, Überlegenheitsdünkel und Nationalismus. Also jenseits amerikanischer Haltungen, Ansprüche und Praktiken.

AMERICA
FIRST

Für Gott und das Gute

Auf dem Weg zur Führungsmacht

«‹Wenn Reverend Falck›, entgegnete Doremus Jessup, ‹mir die Antwort verzeihen will, zum Teufel mir eurem: nicht möglich! Nennt mir doch ein anderes Volk, das so viel Anlage zur Hysterie hätte wie unseres. [...] Wisst ihr noch: die Zeit des roten Schreckens und der Katholikenfurcht? Als jeder wohlinformierte Mann im Lande wusste, dass [...] der republikanische Wahlfeldzug gegen den Katholiken Al Smith bei der Bergbevölkerung von Carolina unter der Parole geführt wurde, wenn Al siegt, wird der Papst ihre Kinder für unehelich erklären! [...] Gedenkt der Night-Riders aus Kentucky und der wilden Freude, die viele unter uns über einen Lynchmord empfinden! Bei uns nicht möglich? Hat man zur Prohibitionszeit etwa nicht Leute niedergeschossen, weil sie möglicherweise Schnaps schmuggelten? [...] Wir sind in diesem Moment alle bereit, zu einem Kinderkreuzzug aufzubrechen – zu einem Kreuzzug von Erwachsenen›.»[1]

Starker Tobak. Als Sinclair Lewis, erster amerikanischer Nobelpreisträger für Literatur, diese Sätze im Jahr 1935 zu Papier brachte, errichtete die Regierung Franklin D. Roosevelt gerade Brandmauern gegen die Verheerungen der Weltwirtschaftskrise, während die Nazis in Deutschland und ihre Verbündeten in Italien die Krise nutzten, um die letzten Überbleibsel der Demokratie zu schleifen. Amerikas Präsident suchte umtriebig nach Mitteln gegen die Angst, während Europas Diktatoren und Autokraten auf die Maximierung von Ängsten setzten. Wie konnte man angesichts dessen auf die Idee verfallen, ausgerechnet der amerikanischen Gesellschaft eine besonders ausgeprägte Neigung zur Hysterie zu unterstellen?

In seinem Roman «It Can't Happen Here» thematisiert Sinclair Lewis die Angst vor einer «roten Flut», also die Jahre emotionaler Überhitzung am Ende des Ersten Weltkrieges. Der Furor des «Red Scare» zielte auf «feindliche Ausländer» und streikende Arbeiter, auf Pazifisten, Sozialisten, Anarchisten oder alle, die im Verdacht standen, keine «100prozentigen Amerikaner» zu sein. Wie ein Lauffeuer ging die Legende um, eine verschworene Minderheit hätte es – vom Ausland unterstützt, wenn nicht gesteuert – darauf abgesehen, die «Festung Amerika» auszuhöhlen und letzten Endes zu Fall zu bringen. Verräter hatten sich angeblich allerorts eingenistet, eine große Koalition staatstreuer Bürger fühlte sich zum Abwehrkampf aufgerufen und benahm sich entsprechend. In der Provinz wie in Großstädten wurden Bürgerwehren mit zehntausenden von Mitgliedern gegründet. Mal zwangen sie streikende Arbeiter mit Waffengewalt zum Verlassen ihrer Städte, mal machten sie Jagd auf Kriegsdienstverweigerer, mal unterstützten sie die Staatsgewalt bei der Verhaftung und Deportation von «Roten». Dass die «Bolschewiken» entweder ihre Haltung ändern oder am Strick baumeln müssten, verkündeten Redakteure des «United Presbyterian»; ähnliches war aus den Reihen etablierter Parteien, einschließlich der «Progressive Party», zu hören, von der Presse ganz zu schweigen, die bis zur «New York Times» ihrer Gier nach aufwühlenden, die Auflage steigernden Nachrichten nachgab.[2]

Diesem Phänomen wollte Sinclair Lewis auf den Grund gehen. Was erklärt die politischen Ängste, Leidenschaften und Affekte? Woher rühren die Verwundbarkeitsphantasien? Warum folgte ein Gutteil der Gesellschaft den Aufrufen zu einem politischen Kreuzzug? Die Fragen stellten sich umso mehr, als die kollektive Erregung nicht nachließ. Sie verlagerte sich nur und bestimmte seit 1920 die Debatte über Amerikas außenpolitischen Kurs.

Eine Welt nach amerikanischer Fasson

«Wie Ordnung schaffen» war das Reizthema in der Zwischenkriegszeit schlechthin. Gut 20 Jahre lang lieferten sich zwei Lager im Parlament und in den Medien erbitterte Wortgefechte: «Isolationisten» auf der einen, «Internationalisten» auf der anderen Seite. Wobei diese Etiketten allenfalls zur Grobsortierung taugen. Denn die so genannten Lager waren weder personell noch programmatisch gefestigt. Eher sollte man von wetterwendischen Koalitionen sprechen, die untereinander viel Gemeinsames teilten und deshalb für Wendemanöver taugten. Das gilt nicht zuletzt mit Blick auf die wichtigste Kontroverse, nämlich den Streit darüber, welchen Umfang die Streitkräfte haben und welchen Gebrauch die USA davon machen sollten.

«Wir haben keinen göttlichen Auftrag, als Weltpolizist aufzutreten. Hoch gerüstete Nationen sind als Friedensstifter so wenig geeignet wie bis an die Zähne bewaffnete Individuen.»[3] Mit diesem Satz sprach Louis Ludlow, Abgeordneter des Staates Indiana im Repräsentantenhaus, einer buntscheckigen Schar von Unterstützern aus der Seele. Politiker beider großen Parteien, Gewerkschafter, Kirchenvertreter aller Denominationen, Frauenrechtler, Farmer, Industriearbeiter, Studenten, Professoren, Konservative, Liberale, Sozialisten und Kommunisten sowieso, sie alle konnten sich auf die Forderung nach außenpolitischer Zurückhaltung einigen – Seit' an Seit' mit Xenophoben und Rassisten, die sich zu ihnen gesellten, weil sie ihrem Land eine Kontaktsperre zu «minderwertigen Rassen» auferlegen wollten. Von einer Bewegung sollte man nicht sprechen, dafür war der Zusammenhalt zu fragil. Aber diese Schwäche wurde über Jahre wettgemacht durch das Auftreten wortgewaltiger Anführer. Senatoren vom Schlage eines William E. Borah, Robert M. LaFollette Jr., George Norris, Hiram Johnson, Gerald P. Nye, Burton K. Wheeler und Henry Cabot Lodge wussten, wie man im Parlament Mehrheiten zimmert oder die Gegenseite blockiert.

Als «Anti-Imperialisten» oder «Isolationisten» hatten sich einige seit der Jahrhundertwende einen Namen gemacht und wurden dafür von Wählern im ländlichen Mittleren Westen, Süden, Nordosten und in Kalifornien ebenso honoriert wie in Großstädten von New York bis St. Louis.

Gegen eine Welt nach amerikanischer Fasson hatten die «Isolationisten» keine Einwände. Im Gegenteil. Fraglich war die Wahl der Mittel. Eine interventionistische Außenpolitik, so ihr Einwand, fördert einen starken Militärapparat, dieser aber vergiftet die Demokratie an der Wurzel. Was damit gemeint war, konnte man von September 1934 bis Februar 1936 in öffentlichen Kongressanhörungen über die «Händler des Todes» oder in sage und schreibe sieben Abschlussberichten, ein jeder hunderte von Seiten stark, erfahren. Senator Gerald P. Nye hatte einen nach ihm benannten Untersuchungsausschuss auf die Beine gestellt, der buchstäblich alle Ecken amerikanischer Militärpolitik seit dem Ersten Weltkrieg auskehrte. Es ging um Rüstungsprofite und Kriegstreiberei, um zweifelhafte Verbindungen zu ausländischen Konzernen und Regierungen, um Korruption und maßlos überhöhte Preise zu Lasten der Allgemeinheit, um die künftige Besteuerung von Waffenproduzenten, wenn nicht gar um die Verstaatlichung ihrer Betriebe. Über allem aber schwebte die Warnung vor einer schleichenden Entmachtung des Parlaments, also die Sorge, dass die Exekutive unter Berufung auf «nationale Sicherheit» ihre Kompetenzen überschreitet und am Ende die Gewaltenteilung aushebelt. Was Jahrzehnte später, während des Vietnamkrieges, anhand von Stichworten wie «militärisch-industrieller Komplex» oder «national security state» diskutiert wurde, fand hier ein inspirierendes Vorbild.[4]

Kaum hatten sie den Beitritt ihres Landes zum Völkerbund abgewendet, feierten die «Isolationisten» mit der Demontage der amerikanischen Kriegsmaschine einen noch größeren Erfolg. Wäre der «National Defense Act» aus dem Jahr 1920 umgesetzt worden, hätten 280 000 GIs und 500 000 Nationalgardisten unter Waffen gestanden. Stattdessen kamen die Streitkräfte des Bundes bis kurz vor Ausbruch des Zweiten Weltkrieges nicht über 55 000 einsatzfähige Soldaten hinaus, der Personalbestand der Nationalgarde blieb mit 180 000 Mann gleichermaßen weit unter dem anvisierten Niveau. Von der Marine abgesehen, war das Militär der Vereinigten Staaten ein Torso. Im Fall einer Mobilmachung hätte jedes vierte Infanterieregiment ohne Offiziere dagestanden, das routiniert vorgetragene Bekenntnis aller politischen Fraktionen zu einer starken Landesverteidigung klang hohl. Einer seit dem 18. Jahrhundert lebendigen Tradition verpflichtet, hätten viele Amerikaner, wie die Zeitschrift «Harper's Magazine» bissig bemerkte, ihre Armee gerne an einem warmen, hellen Platz gesehen – ausgestopft im Museum.[5]

Auch in der Debatte über die «Neutralitätsgesetze» sahen die «Isolationisten» lange Zeit wie der sichere Sieger aus. Auf Betreiben ihrer Abgeordneten und Senatoren stimmte der Kongress vom Sommer 1935 bis zum Frühjahr 1937 dreimal gegen eine Unterstützung kriegsführender Staaten mit Waffen, Krediten und Anleihen. Der Versuch, die Regierung in außen- und sicherheitspolitischen Belangen zu zügeln, gipfelte Anfang 1938 im «War Referendum»-Antrag des Abgeordneten Louis Ludlow. Demnach hätten die Wähler in einer Volksabstimmung über jeden Kriegseintritt der USA entscheiden müssen. Und ein Zusatzartikel zur Verfassung sollte gewährleisten, dass sich daran auch in ferner Zukunft nichts änderte. In Meinungsumfragen sprachen sich um die 70 Prozent für Ludlows Vorschlag aus, das Repräsentantenhaus wies ihn dagegen mit 209 gegen 188 Stimmen zurück, ehe der Senat die Initiative endgültig zu Fall brachte. Wie immer derlei Voten einzuschätzen sind, eines war schwerlich zu bestreiten: dass es quer durch alle sozialen Schichten und politischen Gruppierungen massive Einwände gegen Amerika in der Rolle einer globalen Ordnungsmacht gab.[6]

Dennoch gerieten die «Isolationisten» zusehends in die Defensive. Sie hatten es mit Kontrahenten zu tun, die nicht minder vehement auftrumpften. Die Kraftquelle für Amerikas innere Stärke, so das Schlüsselargument der «Internationalisten», liege in der Expansion nach außen. Will heißen: Die USA müssen in der Welt regulierend eingreifen, um Wohlstand und Stabilität zu Hause dauerhaft zu sichern – idealerweise durch den Austausch von Waren und Kapital, nötigenfalls auch mit militärischen Mitteln. Dergleichen hatte man mit viel Fanfare bereits um die Jahrhundertwende aus dem Mund führender Politiker, allen voran die Präsidenten Theodore Roosevelt und William McKinley, sowie von Intellektuellen, Journalisten und Kirchenoberen gehört. Die Kontrolle über die Philippinen zu gewinnen oder die Inselgruppe gleich ganz zu annektieren, gehörte wie selbstverständlich zu ihren Reden während des Krieges gegen Spanien im Jahr 1898. Wobei eine Art religiöse Selbstverpflichtung mitschwang, bei allen, die von einem Erziehungsauftrag gegenüber unterentwickelten Kulturen sprachen, aber auch bei jenen, die das amerikanische Gesellschaftsmodell weltweit multiplizieren wollten, weil mit ihm die historische Evolution vorgeblich ihren Höhepunkt erreicht hatte.[7]

Davon abgesehen präsentierten die Wortführer der «Internationalisten» während und nach dem Ersten Weltkrieg ein wuchtiges Programm. Mit dem Schlagwort «permanent preparedness» verbanden sie die Forderung nach einem Militärapparat, der jederzeit einsatzbereit war und faktisch Kriege aus dem Stand führen konnte – auf dem amerikanischen Kontinent sowieso, aber auch andernorts. Davon wollte, wie gesagt, lange Jahre nur eine Minderheit etwas wissen. Aber die «Interventionisten» hatten einen gewichtigen Vorteil auf ihrer Seite. Sie waren mit den Schaltzentralen der Macht besser vernetzt als die Konkurrenz. Ehemalige Minister und hohe Militärs trommelten für ihre Sache, Standesvertretungen freier Berufe und sämtliche Niederlassungen der Handelskammer ebenfalls, von der Unterstützung durch große Industrieunternehmen, Banken und Versicherungen gar nicht zu reden. Auf lange Sicht sollte sich ihre Lobbyarbeit am meisten bezahlt machen. Organisationen wie die «Army League», die «Navy League», die «American Defense Society» und die «National Security League», das Flaggschiff der «Preparedness»-Advokaten, hielten das Thema nicht nur hintergründig bei Parteien und Parlamentariern im Gespräch. Sie konnten sich auch auf die journalistischen Meinungsführer bei der «New York Herald Tribune», der «New York Times» und im Imperium des Henry-Luce-Konzerns verlassen.

Der größte Glücksfall für die «Internationalisten» war die Wahl von Franklin Delano Roosevelt zum Präsidenten. Wie er sich Amerikas globale Rolle vorstellte, wusste er bei seinem Amtsantritt im März 1933 selbst noch nicht genau. Oder er ließ die Öffentlichkeit mit Bedacht im Unklaren. «Es ist einfach schrecklich, die Führung übernehmen zu wollen und dann bei einem Blick über die Schulter zu bemerken, dass keiner hinter einem ist.»[8] Dass die USA künftig als Ordnungsmacht auftreten müssten, stand für ihn dennoch außer Frage – spätestens als die Machthaber in Deutschland und Japan darangingen, ihre Ambitionen mit Blut und Eisen durchzusetzen. Im Herbst 1937 machte sich Roosevelt an sein politisches Meisterstück – die Isolation der «Isolationisten». Vier Jahre sollte die Kontroverse über ein neues Einberufungsgesetz, über die Bevorratung strategischer Rohstoffe, über den Ausbau der Marine, über die Bewaffnung amerikanischer Handelsschiffe und insbesondere über Rüstungsexporte an befreundete Staaten dauern. Mit welchen Finessen der große Jongleur im Weißen Haus den Kongress allmählich auf seine Seite zog und einen Meinungsumschwung in der Öffentlichkeit auf den Weg brachte, sucht seinesgleichen. Mitte November 1941, wenige Tage vor dem japanischen Angriff auf den US-Militärstützpunkt in Pearl Harbor, hatte er sein Ziel erreicht. Die «Neutralitätsgesetze» waren ausgehöhlt, die Opposition, von Kompetenz und Charisma des Präsidenten überfordert, trat polternd den Rückzug an.

«America First», Verlustängste und Sicherheitsphantasien

Der Clou der Geschichte ist indes anderswo zu suchen – nicht im tagespolitischen Getöse und im Gerangel um öffentliche Aufmerksamkeit, vielmehr in der ideellen Verwandtschaft von «Isolationisten» und «Internationalisten». Beide teilten weltanschauliche Prämissen von hoher Verbindlichkeit, Hintergrundannahmen, die Amerikas künftige Globalpolitik prägten. Gemeint sind ein überzüchteter Nationalismus, ausufernde Verlustängste und das Phantasma totaler Sicherheit. Darauf fußen die Vorstellungen von Stabilität und Ordnung noch heute.

An erster Stelle ist der missionarische Nationalismus zu nennen. Er handelt im Kern von Amerika als einer «Erlösernation», die im göttlichen Auftrag für die Verteidigung der Freiheit auf Erden sorgt. Gewiss huldigt man auch andernorts der Vorstellung, auserwählt oder gesegnet zu sein. Aber in den USA wird dieser Glaube auf die Spitze getrieben: Gott hat einen Plan für die Welt und die USA setzen ihn unter seiner Aufsicht um. Deshalb klingen Präsidenten von Abraham Lincoln bis Joe Biden, Schriftsteller wie Herman Melville und puritanische Prediger wie Jonathan Winthrop zum Verwechseln ähnlich, wenn sie davon reden, dass die Augen der Welt auf die «maßgebliche Nation» Amerika gerichtet sind, dass Amerika als «führende Kraft des Guten» die «Arche der Freiheiten dieser Welt» über Wasser hält oder dass Amerika «die beste und letzte Hoffnung» der Menschheit verkörpert.[9] Die Nummer Eins zu sein, so der gemeinsame Nenner, ist Amerikas Geburtsrecht. Alteingesessene lernen diesen Katechismus von Kindesbeinen auf, für Einwanderer ist er die Eintrittskarte in die neue Welt: Amerika gibt den Takt vor, weil es dazu berufen ist; solange die Vereinigten Staaten reüssieren, gewinnt die gesamte Welt; wenn die Nation mit der größten Nähe zu Gott versagt, scheitert der Schöpfungsplan. «America First» verdichtet das Selbstbild seit den 1930er Jahren zu einer griffigen, parteiübergreifenden Parole: Unilateralismus so weit wie möglich, Multilateralismus nur so weit wie unbedingt nötig, je größer die Handlungsfreiheit der USA, desto besser gedeiht die globale Ordnung. Ob man diese Variante des Nationalismus – die Behauptung, allen anderen Nationen fundamental überlegen zu sein – als amerikanischen «Exzeptionalismus» oder als «Zivilreligion» bezeichnet, ist zweitrangig. Am Ende geht es um Dogma, Unveräußerlichkeit und Unantastbarkeit.

Politisch relevant wird dieses Selbstbild wegen seiner angstbesetzten Kehrseite. Die Panik vor einem teils hausgemachten, teils von Fremden gesteuerten Niedergang durchzieht die Geschichte des Landes derart, dass ein bekannter Historiker das mittlerweile geflügelte Wort vom «paranoiden Stil amerikanischer Politik» geprägt hat.[10] Es bezeichnet eine nicht enden wollende Litanei über Feinde allerorts und die maßlose Dramatisierung von Gefahren. In diesem Irrgarten kommen selbst harmlose Kritiker in Übergröße daher: Katholiken, die für Einflüsterungen des Vatikans empfänglich schienen; Gegner der Sklaverei, weil Großbritannien angeblich ein Interesse an ihrer Agitation hatte; streikende Arbeiter, denen das amerikanische Wirtschaftsmodell nicht wie des Weltgeistes letzter Schluss einleuchtete. Immer geht es ums Ganze, stets hat es den Anschein, als könnte sich die kleinste Abweichung zur tödlichen Gefahr auswachsen. Auch hier spielt Religiöses eine tragende Rolle, vorweg die Furcht, sich im Falle eines Scheiterns an Gott zu versündigen. Die inflationären Reden über «Entscheidungsschlachten» gegen namhafte wie namenslose, sichtbare wie unsichtbare Gegner als Ausdruck von Hysterie zu belächeln, ist ebenso naheliegend wie irreführend. Der «paranoide Stil» handelt vielmehr von niedrigen Toleranzschwellen und der Gewohnheit, minimale Möglichkeiten in maximale Wahrscheinlichkeiten umzudeuten. Oder von der Versuchung, im Namen der Ordnung alles und jedes zum Quellpunkt von Unordnung zu erklären. Dass die Maßstäbe, zwischen Risiko, Bedrohung und Gefahr zu unterscheiden, auf der Strecke bleiben, ist der Preis einer unablässigen Jagd nach Monstern, die es zu zerstören gilt.[11]

So erklärt sich das Verlangen nach «totaler Sicherheit» und der diesbezügliche Überbietungswettbewerb. Kein anderes Thema nahm in der Zwischenkriegszeit die politische Debatte in den USA derart in Beschlag. Republikaner und Demokraten, «Isolationisten» und «Internationalisten» setzten es auf die Tagesordnung, lärmend unterstützt von Veteranenorganisationen, Unternehmerverbänden und besorgten Erziehern, von Medien, Bürgerwehren und selbsternannten Vigilanten. Während des «Red Scare» zwischen 1919 und 1921 stand die Immunisierung gegenüber sozialistischem Gedankengut und die Verbannung seiner Repräsentanten auf der Tagesordnung, ehe eine von «Graswurzelaktivisten» und Eliten gleichermaßen angeheizte Kampagne für «100 Prozent Amerikanismus» das Land knapp 20 Jahre in Atem hielt. Ordnung durch Homogenität: So lässt sich der Feldzug gegen nicht assimilierte Einwanderer, Linke und sonstige Aktivisten – also gegen Irritierendes, Unangepasstes und Widerständiges jedweder Gestalt – charakterisieren. Dass Franklin D. Roosevelt, auf dem Höhepunkt einer noch nie dagewesenen Wirtschaftskrise gewählt, gegensteuern wollte, beruhigte die Lage nur vorübergehend. Auf lange Sicht schärfte sein Versprechen «uneingeschränkter Sicherheit» paradoxerweise die Sensibilität für reale und imaginierte Unsicherheiten. Es war die Geburtsstunde eines Verständnisses von Ordnung, das gegen alle Eventualitäten gewappnet sein will und deshalb einer vorbeugenden Risikobekämpfung das Wort redet – egal, wie plausibel ein Bedrohungsszenario ist.[12]

Das Plädoyer für «totale Sicherheit» verfing angesichts des heraufziehenden Weltkrieges erst recht. Am auffälligsten war die veränderte Tonlage in den Reihen der «Isolationisten». Von einem undurchdringlichen Schutzschild über der gesamten amerikanischen Hemisphäre war die Rede, von vorgeschobenen Basen in Mittel- und Lateinamerika und forcierten Investitionen in die wichtigste Waffengattung der Zukunft – die Luftwaffe. Einer ihrer Wortführer, General Robert E. Wood, untermauerte sogar das Recht Washingtons auf einen Regimewechsel außerhalb der

Landesgrenzen: «Wir werden keine Regierung in Mexiko, der Karibik, Zentral- und Lateinamerika tolerieren, die den Vereinigten Staaten nicht freundlich gesonnen ist. Falls nötig, werden wir zur Durchsetzung unserer Interessen Gewalt einsetzen.»[13] Er hätte auch sagen können: Wir verurteilen Kriege nur, solange sie von anderen angezettelt werden. Am Ende rafften sich die Isolationisten noch einmal zu der spektakulären Forderung auf, bei der Entscheidung über Krieg und Frieden den Wählern in einem Referendum das letzte Wort zu geben. Je geschickter allerdings die politische Klasse um Franklin D. Roosevelt das Land durch die Turbulenzen der Zeit steuerte, desto weniger verfing das gegen Washington gerichtete Misstrauen. Somit waren die Differenzen zwischen «Isolationisten» und «Internationalisten» längst verwischt, als Japan und Deutschland gegen die USA in den Krieg zogen. Das beste Gespür für die Sprache der Mobilisierung zeigte der Verleger Henry Luce: «Amerikanische Erfahrung ist der Schlüssel für die Zukunft. Amerika wird der große Bruder in einer internationalen Staatsbruderschaft sein.»[14]

Was sich während des Zweiten Weltkrieges im Inneren der USA abspielte, stimmte das Land auf eine dauerhafte Akzeptanz seines hochgerüsteten Militärapparates ein. Unternehmer, die 25 Jahre früher aus Angst vor staatlichem Dirigismus noch zur Waffenproduktion hatten gezwungen werden müssen, boten ihre Dienste freiwillig an und investierten im Übermaß, Gewerkschaften und Bürgerrechtsorganisationen riefen zum sozialen Frieden, sprich zum Streikverzicht, auf, Bürgermeister rissen sich um Aufträge aus dem Etat des Pentagon. Ganz besonders machte eine große Koalition aus Kapital und Arbeit seit 1944 landesweit gegen einen Rückbau der Rüstungsindustrie Front, teils, weil man im Nachkrieg eine neuerliche Depression fürchtete, teils, weil man auf die Zusatzeinkommen aus der Staatskasse nicht verzichten wollte – allein an die Westküste waren 70 Milliarden Dollar geflossen. «San Diego steht vor der Alternative», so die dortige Industrie- und Handelskammer, «nach dem Krieg entweder zur Geisterstadt zu werden, oder ihre gegenwärtigen Industrien beizubehalten und zu einer großen Metropole aufzusteigen.» Ähnliches war aus Dutzenden anderer Städte zu hören. Der Traum eines immerwährenden Aufschwungs mit Hilfe von Panzern, Flugzeugen und Raketen hatte einige Regionen, wie das «Harper's Magazine» meinte, besoffen gemacht.[15] So wurde eine Diskussion über den «militärisch-industriellen Komplex» abgewürgt, ehe sie richtig begonnen hatte. Darauf zielt der Begriff «unmilitaristic militarism» – auf die unverhohlene Komplizenschaft mit einer Politik, deren Folgen nicht interessierten, weil das Interesse an ihren profitablen Voraussetzungen allemal stärker war.

Aufs Ganze gesehen lässt sich feststellen, dass das Wechselspiel zwischen Allmachtsphantasien und Ohnmachtsphobie einen besonderen Typus des Staatsbürgers hervorgebracht hat: den amerikanischen Angstunternehmer. Gemeint sind zivilgesellschaftliche Aktivisten, die an der Seite staatlicher Eliten oder auf eigene Rechnung den Kampf für «Gott und das Gute» führen. Ihr Geschäftsmodell besteht darin, Loyalität zum abwehrbereiten Staat durch die Dramatisierung aller möglichen Gefahren und Ängste zu stiften. Sie engagieren sich in der Provinz ebenso wie in der Großstadt und treten in ungezählten Vereinigungen auf, mal kurzfristig in «Ein-Punkt-Bewegungen», mal in Organisationen mit längerem Atem. Einige sind leidlich bekannt, etwa die «American Protective League» aus der Zeit des Ersten Weltkrieges, das «America First Committee» aus der Zwischenkriegszeit oder das «Committee on the Present Danger», erstmals aktiv in der Frühphase des Kalten Krieges und Vorbild für ähnliche Initiativen in den darauf folgenden Jahrzehnten. Die meisten Zusammenschlüsse jedoch, Anlaufstellen für Hunderttausende, finden in den Geschichtsbüchern keinen Platz – ausgerechnet sie, die mehr Freiwillige aufzubieten haben als die großen Parteien Mitglieder, ausgerechnet sie, die für ein Hintergrundrauschen mit beträchtlicher Wirkung sorgen. So sehr am Bild der Angstunternehmer noch gearbeitet werden muss, eines lässt sich schon jetzt sagen: Unablässig auf der Suche nach Monstern, die es zu zerstören gilt, machen sie nicht nur den Unterschied zwischen Risiko, Bedrohung und Gefahr unkenntlich. Sie zertifizieren zugleich alles, was dazu beiträgt, Amerika groß zu machen, indem man andere klein hält. «U.S.A.!», «U.S.A.!»: Ohne die vielfältige Mithilfe von «unten» sind die von «oben» zu verantwortenden Kosten amerikanischer Weltpolitik nicht zu verstehen. Von dieser Liaison zwischen Staat und Gesellschaft handelt Sinclair Lewis' Roman «Das ist bei uns nicht möglich». Literarisch eher dürftig, ist das Werk politisch noch heute aufschlussreich. Es macht nämlich eine Signatur des amerikanischen Jahrhunderts kenntlich – die mehrheitsfähige Behauptung, als auserwählte Nation das Recht zu haben, sich über die Rechte anderer hinwegsetzen zu können.[16]

Collier's

RUSSIA'S DEFEAT
And OCCUPATION
1952-1960

October 27, 1951 • Fifteen Cents

Preview of the War We Do Not Want

Robert E. Sherwood Hanson W. Baldwin Lowell Thomas Arthur Koestler Walter Winchell
Allan Nevins Edward R. Murrow Hal Boyle Stuart Chase Bill Mauldin Red Smith
J. B. Priestley Senator Margaret Chase Smith Erwin Canham Marguerite Higgins
Philip Wylie Howard Brodie Walter Reuther Chesley Bonestell Oksana Kasenkina

Casino Royale

Zocken mit Nuklearwaffen

Zwischen Mai 1952 und Anfang 1955 befreiten die USA die Welt von ihrem größten Übel. Die Machthaber im Kreml hatten eine Lawine losgetreten, als sie zwei Attentäter auf den jugoslawischen Staatschef Tito ansetzten, moskautreue Vasallen zum Putsch in Belgrad anstifteten und Truppen aus den «Bruderstaaten» Rumänien, Bulgarien, Ungarn und Albanien in Jugoslawien einmarschieren ließen. In einer Radioansprache mahnte der amerikanische Präsident zu einer sofortigen Waffenruhe. Vergeblich. Die Rote Armee rückte vor, sowjetische Bomber warfen ihre tödliche Fracht über jugoslawischen Städten ab, KGB-Agenten zündeten in der Grand Central Station in New York eine Bombe und töteten 22 Passanten. Danach gab es kein Zurück mehr, der Dritte Weltkrieg nahm seinen Lauf.

Nachdem die US-Luftwaffe Abertausend Atombomben gegen Industrieanlagen und militärische Ziele in der UdSSR eingesetzt hatte, überrannten sowjetische Truppen nicht nur Westeuropa, den Mittleren Osten und Korea, sondern Stalin rächte sich mit Nuklearangriffen gegen zahlreiche Großstädte von New York bis San Francisco. Im Juli 1953 dann die Wende: Amerikanische Piloten verwandelten Moskau in eine atomare Wüste, Fallschirmjäger zerstörten die letzten, im Ural gebunkerten Massenvernichtungswaffen der Sowjetunion. Unter dem Kommando der USA führten alliierte Streitkräfte schließlich den Todesstoß gegen das kommunistische Regime. Drei Jahre später wurde die weiß-blaue Flagge der UNO über dem Hauptquartier der Besatzungsmächte in Moskau aufgezogen. Millionen hatten ihr Leben gelassen, aber das Tor zu einer besseren Zukunft stand offen. Die Hauptstadt des nach westlichem Vorbild neu gestalteten Russland richtete alsbald die Olympischen Spiele aus.

Tagträume im Pentagon

Diese Vision, auf 132 Seiten erzählt und mit dramatischen Illustrationen untermalt, präsentierte die Zeitschrift «Collier's» Ende Oktober 1951: «Die Niederwerfung und Besetzung Russlands, 1952–1960. Vorschau auf einen Krieg, den wir nicht wollen.»[1] «Collier's» gehörte damals zu den auflagestärksten Blättern auf dem amerikanischen Markt, legendär für Texte über Chicagos Schlachthöfe oder Korruption in der US-Pharmaindustrie und nicht zuletzt für einen der ersten Berichte über die Vernichtungslager der Nazis in Polen. Knapp drei Millionen Leser gehörten zur Stammkundschaft, zuverlässig bedient von Spitzenautoren aus Politik, Wissenschaft und Kultur. Auch für die Ausgabe zu «Operation Eggnog», so der Codename für den imaginären Krieg gegen die UdSSR, konnten renommierte Kräfte gewonnen werden, unter ihnen der mehrfache Pulitzerpreisträger Robert E. Sherwood, der Militärexperte der «New York Times», Hanson W. Baldwin, der Schriftsteller Arthur Koestler, der Historiker Allan Nevins und der Ökonom Stuart Chase, der Präsident der Automobilarbeitergewerkschaft, Walter Reuther, die Senatorin Margaret Chase Smith sowie der Journalist Edward R. Murrow, der sich mit Reportagen aus dem von deutschen Raketen in Brand geschossenen London einen bleibenden Namen gemacht hatte. «Zweifellos ist der Krieg, den [wir] beschreiben, ein hypothetischer Krieg», hieß es im Editorial der Herausgeber. «Dennoch geht es nicht um verantwortungslose Phantasterei oder billige Erfindung.»[2]

In der Tat. Das heftfüllende Szenario war nicht an den Haaren herbeigezogen, sondern in enger Abstimmung mit Sachverständigen aus dem Pentagon zu Papier gebracht worden. Auf diese

Weise popularisierte «Collier's» die geheime Einsatzdoktrin für den Fall eines Atomkrieges: «Prevail and win», die Oberhand erlangen und gewinnen. Im Kauderwelsch der Nuklearplaner war von «Eskalationsdominanz» die Rede oder von der Fähigkeit, den Feind möglichst schnell zur Kapitulation zu zwingen – idealerweise mit einem lähmenden Schlag, der binnen Stunden die UdSSR in eine radioaktive Ruine verwandelt hätte. Bei «Collier's» zog sich das Geschehen länger hin, aber die Vorstellung eines Sieges im Atomkrieg blieb dieselbe. Dass damit auch der Ersteinsatz von Atomwaffen gemeint war, verstand sich von selbst, andernfalls hätte man die Illusion nicht aufrechterhalten können, den Schaden für die eigene Seite auf ein erträgliches Maß zu reduzieren und für die Gegenseite in unerträglicher Weise zu steigern. Wobei die Planer des «Strategic Air Command» keinen Unterschied zwischen «Ersteinsatz» und «Erstschlag» machten. Sie sprachen vorzugsweise von «Präemption», also davon, bei den ersten Anzeichen eines bevorstehenden Krieges loszuschlagen, ehe die Gegenseite ihre Mobilisierung abgeschlossen hatte. Einigen Militärs, Politikern und Journalisten ging selbst das nicht weit genug. Bis weit in die 1950er Jahre wurde folglich laut und vernehmlich über einen «Präventivkrieg» nachgedacht – über die vorsorgliche, anlasslose Entwaffnung der UdSSR, solange die USA noch eine erdrückende militärische Überlegenheit besaßen. Die Phantasien eines nuklearen «Knock-Out» oder Blitzkrieges waren allzu verführerisch, um nicht gepflegt zu werden.[3]

Ein Tanz um das goldene Kalb

Mit der Entwicklung der Wasserstoffbombe und der Indienstnahme von Interkontinentalraketen schien sich ein Umschwung anzubahnen. Seither wussten alle Beteiligten, wie weltfremd der in «Collier's» imaginierte Krieg war. Auf Schadensbegrenzung zu hoffen, blieb Phantasten oder Zynikern vorbehalten. Präsident Dwight D. Eisenhower sprach öffentlich von einem drohenden «Selbstmord der menschlichen Rasse» und gab damit den Ton für seine Nachfolger vor: Wer als Erster schießt, stirbt als Zweiter. Ähnliches war aus Moskau zu hören.[4] Auch deshalb trieben die Supermächte ihre Konfrontation nicht zum Äußersten, im Unterschied zu vornuklearen Zeiten, als eine von Hochrüstung befeuerte Konkurrenz sich immer wieder in Kriegen entladen hatte.

Trotzdem wurde weiterhin über das Undenkbare nachgedacht. «Im Kriegsfall werden die USA», wie der Nationale Sicherheitsrat im Herbst 1953 noch einmal ausdrücklich betonte, «Atomwaffen genauso in Betracht ziehen wie jede andere Munition.»[5] Wenn die Kosten eines totalen Krieges zu hoch sind, so ließe sich sinngemäß hinzufügen, muss man eben über abgestufte Varianten und weniger kostspielige Einsätze der neuen Wunderwaffe nachdenken. Generationen von Wehrexperten und «Defense Intellectuals» investierten ihre Begabung auf diesem Feld, die einschlägigen Publikationen wuchsen ins Uferlose. Und eine interessierte Öffentlichkeit machte sich den Tunnelblick der geistigen Wortführer zu eigen. Wie viel ist genug? Bis zu welchem Punkt kann man gehen? Ist es im Sinne der Kontrolle über das Kriegsgeschehen sinnvoll, zivile Ziele so lange wie möglich zu verschonen? Kann man auf die Rationalität der zuständigen Akteure setzen? Wann ist der Punkt erreicht, von dem an es kein Zurück mehr gibt? Welche Antworten in der schier endlosen Debatte gegeben wurden, ist nicht von Belang. Bemerkenswert bleibt vielmehr das unentwegte Anrennen gegen die bessere Einsicht von der Unzumutbarkeit eines wie auch immer gearteten Atomkrieges.

Den im Pentagon Zuständigen waren derlei unverbindliche Trockenübungen einerlei. Sie blieben bei ihrer von «Collier's» ausgebreiteten Grundannahme: Viel hilft viel. Der unter John F. Kennedy gültige «Single Integrated Operation Plan» (SIOP) sah den Abschuss von 3500 Atomwaffen gegen 1077 Ziele in der UdSSR vor, sofort nach Kriegsbeginn und auf einen Schlag.

Wenn überhaupt, wurden die Eventualpläne an technologische Neuerungen angepasst. So führte die verbesserte Treffsicherheit von Raketen seit den 1970er Jahren zur Bevorzugung einer «Launch-On-Warning»-Doktrin. Gemeint ist die Fähigkeit, aus dem Stand und punktgenau das gegnerische Potential erheblich zu dezimieren. Oder mit «Enthauptungsschlägen» die sowjetischen Kommandozentralen frühzeitig auszuschalten, auf dass die vermuteten Angriffe erst gar nicht ausgeführt werden können. Von Selbstbeschränkung oder Eskalationskontrolle war nirgendwo die Rede. Operative Richtlinien setzten für den Fall der Fälle auf die «Major Attack» als beste aller Optionen. In den frühen 1980er Jahren galt, um nur ein weiteres Beispiel zu nennen, der gleichzeitige Einsatz von eintausend Atomraketen gegen Ziele in der UdSSR als strategisches Minimum. Wohlgemerkt: Minimum. Wobei jede Rakete mit mehreren Sprengköpfen von der zigfachen Zerstörungswucht der Hiroshimabombe bestückt war.[6]

Selbst diese Gewaltphantasien waren gegen Korrekturversuche immun. Keiner der politisch Verantwortlichen – kein Präsident, kein Verteidigungsminister, kein Sicherheitsberater – stand einen Konflikt mit dem «Strategic Air Command» durch, niemand pochte auf eine Revision von Plänen, deren Erfolg an Millionen von Toten bemessen wurde. Zwar kam es hin und wieder zu heftigem Streit. Aber dergleichen war die Ausnahme, am Ende blieb es bei ebenso wohlklingenden wie folgenlosen Appellen. Am allerwenigsten griffen jene ein, die von Amts wegen hätten eingreifen können, nämlich die für die Kontrolle des Militärs zuständigen Parlamentarier. Ihnen ging es allein um die Bewilligung von Geldern, in Sachen Nuklearplanung und Einsatzbefugnis wollten sie noch nicht einmal informiert werden. Sage und schreibe 41 Jahre lang, zwischen 1977 und Ende 2018, gab es im Senat keine einzige Anhörung zu diesem Thema. Insofern charakterisiert ein auf Barack Obama gemünzter Satz das Verhalten aller: «He paints within the lines.» Womit gemeint ist, dass sich jeder über kurz oder lang mit dem Vorgegebenen arrangiert, sei es aus Desinteresse, wegen Resignation oder in stillschweigendem Einverständnis.[7]

Der rote Faden in alledem ist die Irritation, ausgerechnet auf dem Höhepunkt amerikanischer Macht vom mächtigsten Machtinstrument absehen zu müssen. Der Widerwille gegen eine Entwertung des Militärischen ist allgegenwärtig, die Suche nach Auswegen fast schon verzweifelt, die Technologie oder der Genius intellektueller Zauberlehrlinge sollen es richten. Wir dürfen nicht in eine Situation kommen, im Zweifel nur die Wahl zwischen Kapitulation und Untergang zu haben – dieser Merksatz kann alles Mögliche bedeuten, aber er steht damals wie heute mit klerikaler Bestimmtheit im Raum. Er bleibt, wie alle Glaubenssätze, unhinterfragt. Und wie diese kreist er um Ängste. In diesem Fall um die Angst, die Rolle als globale Ordnungsmacht zu ruinieren, sollte das militärische Arsenal überwiegend mit stumpfen Waffen bestückt sein.

So begann ein immerwährender Tanz um das goldene Kalb namens Glaubwürdigkeit. Glaubwürdig aufzutreten, gehört grundsätzlich zur Zeichensprache der Macht, von ihr haben alle Großmächte seit der Antike profitiert. Dabei geht es im Wesentlichen um Kommunikation. Die Welt soll wissen, dass man zur Wahrung seiner Interessen auf alle zur Verfügung stehenden Mittel zurückgreift. Die Obsession mit der Frage, wie aus Raketen und Sprengköpfen zumindest politisches Kapital zu schlagen ist, kommt daher nicht überraschend. Ungewöhnlich an der amerikanischen Debatte nach 1945 ist hingegen der endzeitliche Unterton und der Appell, sich auf ein Spiel mit zahlreichen Unbekannten einzulassen.

Ob man dieses Spiel «atomare Diplomatie», «Nervenkrieg» oder «Abschreckung» nennt, ist egal. Sämtliche Umschreibungen drehen sich um ein- und dasselbe Ansinnen – dafür zu sorgen, dass die andere Seite mehr Angst vor einem Krieg hat als man selbst. «Wir müssen imstande sein, den Gegner in eine Lage zu bringen, aus der er sich nur durch den totalen Krieg herausziehen kann, während wir ihn gleichzeitig durch die Überlegenheit unserer Vergeltungsfähigkeit davon abhalten, diesen Schritt zu tun. [...] Diejenige Seite, die eher willens ist, einen totalen Krieg zu riskieren, oder die den Gegner von ihrer stärkeren Bereitwilligkeit überzeugen kann, dieses Risiko zu übernehmen, befindet sich in der stärkeren Lage. [...] Solche Maßnahmen erfordern starke Nerven. [...] Die Wirksamkeit wird von unserer Bereitschaft abhängen, den Risiken von Armageddon ins Auge zu sehen.»[8] Dass Henry Kissinger im Jahr 1957 für solche Sätze überschwängliches Lob einheimste, spricht für sich. Er hatte einen sicherheitspolitischen Kerngedanken publikumswirksam aufbereitet: Wer sich behaupten will, muss das Handwerk von Einschüchterung und Erpressung beherrschen, andernfalls ist der Abstieg in untere Gewichtsklassen besiegelt, eine Führungsmacht, deren Gewaltbereitschaft in Frage steht, verdammt sich selbst zur Ohnmacht. Rätsel über die eigenen Absichten aufgeben, Misstrauen säen und Unsicherheit ausbeuten, die Grenze zwischen Bluff und Va-Banque unkenntlich machen und Kontrahenten mittels Unberechenbarkeit zermürben, dergleichen wurde mit einer Selbstverständlichkeit vorgetragen, als gäbe es dafür keinen Preis. Nämlich die nukleare Geiselhaft von Millionen und das Risiko ihrer Vernichtung im Namen der Ordnung.

Das korrespondierende Feindbild blieb auffällig diffus. Die politische Grundrechenart deckte alle Umstände und jedwede Konstellation realer oder imaginierter Widersacher ab, an ihr hätte sich selbst dann nichts geändert, wenn die UdSSR inmitten des Kalten Krieges über Nacht von der Landkarte verschwunden wäre. Im Urmeter nationaler Sicherheitspolitik, dem im April 1950 verabschiedeten Memorandum NSC-68, ist dieses Dogma fixiert. Daran zeigt sich der unbedingte Vorrang des Präventionsgedankens: Wer nur reagiert, verharrt in der Defensive und hat das Kräftemessen bereits verloren, ehe es richtig begonnen hat. Stattdessen gilt das Prinzip der vorbeugenden Gefahrenabwehr oder die so genannte «Ein-Prozent-Doktrin». In den 1950er Jahren konzipiert und während des «Krieges gegen den

Terror» seit der Jahrtausendwende reaktiviert, fordert sie dazu auf, selbst minimale Gefahren wie eine maximale Gefährdung und das zu einem Prozent Mögliche als zu einhundert Prozent wahrscheinlich einzustufen. Will heißen: Egal, wo sie entstehen und von wem sie ausgehen, unamerikanische Tendenzen müssen bekämpft werden, ehe sie Gestalt angenommen haben. In Fragen der nationalen Sicherheit ist in den USA die Alarmstufe Rot der Normalzustand.

Wie derartige Handreichungen in der Praxis umgesetzt wurden, steht auf einem anderen Blatt. Gleichwohl kleben ausnahmslos alle Administrationen bis heute an der Vorstellung, dass Sicherheit im Militärischen wurzelt und üppig dekorierte Drohkulissen Gewinn abwerfen. Ein Grund mehr, weshalb nach 1945 kein Jahrzehnt ohne kriegsträchtige Krisen verging und warum der Diplomat George F. Kennan, seine weitere Karriere irreparabel schädigend, von einem zur Selbsthypnose aufgeblähten Machtwillen sprach.[9]

Spiel mit dem Feuer

«Chruschtschow darf sich nicht sicher sein, dass die USA, wenn ihre lebenswichtigen Interessen bedroht sind, niemals einen Erstschlag führen werden. Unter bestimmten Bedingungen könnten wir gezwungen sein, die Initiative zu ergreifen.»[10] Als John F. Kennedy im März 1962 auf diese Weise einem Journalisten zur Lage der Welt Rede und Antwort stand, hielt sich die Aufregung in Grenzen. Dass die Konkurrenz nachgibt, wenn man sie zu Tode erschrickt, passte zu den Denkgewohnheiten der damaligen Zeit und der Überzeugung, einen Krieg mit Angst einflößenden Auftritten im Frieden verhindern zu können. Ähnliches gilt für das Geraune über «lebenswichtige Interessen». Es musste wuchtig vorgetragen werden, aber dennoch im Ungefähren bleiben, nur dann erfüllte es seinen Zweck. In jedem Fall stach Kennedy mit seiner Warnung nicht heraus. Immer wieder fühlten sich Präsidenten veranlasst, die Grenzen des mit Nuklearwaffen Machbaren auszuloten.

Zum Beispiel Harry S. Truman: Die Nachricht über den erfolgreichen Test der ersten Atombombe war erst wenige Stunden alt, als der Präsident und sein Außenminister James F. Byrnes von einer politischen Zauberkraft der neuen Waffe phantasierten. «In letzter Konsequenz werden wir den Gang der Dinge damit kontrollieren können», meinte Byrnes im Juli 1945.[11] Doch dafür musste man ein Exempel statuieren und den beispiellosen Machtzuwachs der amerikanischen Streitkräfte demonstrieren. Bei der Entscheidung zur nuklearen Einäscherung von Hiroshima und Nagasaki spielten diese Überlegungen eine zentrale Rolle, sie gaben am Ende gar den Ausschlag. Dass Japan längst am Boden lag und der Zweite Weltkrieg auch ohne Atombomben in Kürze hätte beendet werden können, war den Verantwortlichen bewusst. Aber man schenkte diesem Einwand kein Gehör, weil man ihn nicht hören wollte. Am 6. und 9. August mussten hunderttausende Japaner dafür ihr Leben lassen.[12]

Welche Dynamik damals in Gang gesetzt wurde, konnte man ein Jahr später im Umfeld der Marshallinseln beobachten. «Operation Crossroads» hieß die Inszenierung auf dem dortigen Bikini-Atoll. Aus einem Experiment, das über die Tauglichkeit von Atomwaffen in der Seekriegsführung Aufschluss geben sollte, machte die US-Marine im Sommer 1946 ein öffentliches Spektakel ohnegleichen. Niemals zuvor war über einen Waffentest weltweit derart umfangreich berichtet worden. Knapp 200 handverlesene Rundfunk- und Zeitungsreporter schilderten mit andächtigem Schauder, wie die im Zielgebiet ankernde Armada ausgedienter Flugzeugträger und sonstiger Kriegsschiffe in einer gigantischen Wassersäule verschwand, ehe sich der charakteristische Atompilz über dem tosenden Wasser auftürmte. Symbolik der Macht, überdosiert und bis ins Kleinste choreographiert: Zu den versenkten Objekten gehörte auch das ehemalige Flaggschiff der Kaiserlichen Marine Japans. Doch die eigentliche Botschaft richtete sich weniger an den ehemaligen als an den zukünftigen Feind.

Journalisten, die über antisowjetische Beigaben spekulierten, hatten entweder ein feines politisches Gespür. Oder sie wussten aus erster Hand, weshalb das Manöver im mittleren Pazifik ein paar Wochen später als ursprünglich geplant stattfand. Die Regierung Truman wartete, bis die Gespräche über den von ihr bei der UNO vorgelegten «Baruch-Plan» zur internationalen Kontrolle der Atomenergie am Widerstand Moskaus gescheitert waren – ein kalkuliertes, wenn nicht willkommenes Ergebnis. Dieser Plan sah nämlich vor, dass die USA ihr Nuklearmonopol erst dann aufgeben, wenn alle anderen Staaten einen vorauseilenden Verzicht auf die Produktion oder den Erwerb von Atomwaffen erklären. Erpressung? Unlautere Absichten? Überzogene Erwartungen? Ob die sowjetischen Unterhändler mit ihrem schroffen Nein gut beraten waren oder mit etwas Entgegenkommen mehr hätten erreichen können, sei dahingestellt. Unstrittig ist jedoch, dass nach dem Abbruch der Verhandlungen in New York eine Mahnung ganz eigener Art von «Operation Crossroads» ausging: Wer sich unseren Bedingungen entgegenstellt, spielt mit seiner eigenen Sicherheit. Und riskiert einen Rüstungswettlauf, den nur die USA gewinnen werden. So endete das erste Kapitel in der schier unendlichen Geschichte der «atomaren Diplomatie».[13]

Zum Beispiel Dwight D. Eisenhower: Seinem Nachfolger im Amt des Präsidenten gab Harry S. Truman noch eine weitere Lektion mit auf den Weg: Wer blufft, gewinnt. So hatte man es während der Blockade Berlins im Juli 1948 gehalten, als B-29 Bomber nach Europa verlegt wurden. Keines dieser Flugzeuge war für den Transport von Nuklearwaffen ausgelegt, ohnehin verfügten die USA nur über eine Handvoll Atombomben, viel zu wenig, um einen großen Krieg zu riskieren – aber die Welt sollte vom Gegenteil überzeugt sein.[14] Ähnlich agierte Washington während des Koreakrieges. Obwohl der Einsatz kleinformatiger Atombomben nicht ernsthaft erwogen wurde, spielte Truman unverhohlen mit dieser Option. Das Entsetzen des britischen Premierministers Clement Attlee und anderer Verbündeter nahm er als vorübergehende Irritation in Kauf. Hauptsache, der Kreml rätselte, wie weit Washington im Zweifel wohl gehen würde.[15]

Dwight D. Eisenhower trat in Trumans Fußstapfen. «Die Vereinigten Staaten können es sich nicht leisten, den Einsatz von Atomwaffen von vornherein auszuschließen, noch nicht einmal in einem lokal begrenzten Krieg.»[16] Dementsprechend spielte seine Regierung binnen weniger Jahre gleich dreimal mit dem Gedanken einer nuklearen Eskalation, im Wissen, vermutlich auch in der Hoffnung, dass Informationen und Gerüchte durchsickern würden: gegen Ende des Koreakrieges, während der Einkesselung französischer Truppen im vietnamesischen Dien Bien Phu und anlässlich wiederholter Übergriffe der VR China auf die von Taiwan kontrollierten Inseln Quemoy und Matsu zwischen 1954 und 1958. Jahre später verstiegen sich Eisenhower und sein damaliger Vizepräsident Richard Nixon zu der Behauptung, den Waffenstillstand in Korea mit der Drohung eines Atomkrieges erzwungen zu haben. Dafür fehlt bis heute jeglicher Beleg. Aber um Fakten ging es ohnehin nicht. Wichtig war die Pflege einer Fiktion: Solange Amerika atomare Überlegenheit bewahrt, wird der kommunistische Moloch seine Eroberungsgelüste im Zaum halten. Von wegen Nukleartabu und Selbstbeschränkung. Ein Spiel mit der Angst, das demonstrative Offenhalten aller Möglichkeiten, schien allemal zweckmäßiger.[17]

Zum Beispiel John F. Kennedy: Die Risiken beim Kampf um Vormacht, Prestige und Image traten im Oktober 1962 in einmaliger Weise zutage. Der sowjetische Parteichef Nikita Chruschtschow hatte seit Jahren versucht, sein Land mit brachialen Auftritten und ruppigen Methoden auf das Niveau einer Weltmacht zu hieven. Kriegerische Absichten hegte er nicht, aber für einschüchternde Auftritte hatte er ein Faible. «Man darf sich nicht scheuen, andere zur Weißglut zu treiben. Andernfalls werden wir es nie zu etwas bringen. […] Wer schwache Nerven hat, wird an die Wand gedrückt.»[18] Mal setzte er in Berlin die Daumenschrauben an, mal drohte er wegen des Nahostkonflikts London, Paris und Tel Aviv mit Raketenbeschuss. Es war reine Kraftmeierei, aber der Kreml-Chef ließ umso weniger davon ab, je mehr er über den waffentechnologischen Rückstand zu den USA in Erfahrung brachte: 42 mehr oder weniger untauglichen Interkontinentalraketen der UdSSR standen 230 hochmoderne amerikanische gegenüber, die rote Luftwaffe zählte 155 Langstreckenbomber, die US Air Force 1400, bei den Atomsprengköpfen lag Amerika mit 5000 zu 300 noch deutlicher in Front. Gemessen daran war der Start des ersten künstlichen Erdsatelliten «Sputnik» nichts weiter als ein Propagandacoup, gut für Schlagzeilen, aber unerheblich auf der Skala der Macht. Mit einem vorgeschobenen Posten in Sichtweite der USA, davon war Chruschtschow überzeugt, konnte man schnell Abhilfe schaffen – also militärische Potenz und Politik auf Augenhöhe simulieren. 36 Mittelstreckenraketen auf Kuba sollten es richten, plus 42 000 Infanteristen, etliche Unterseeboote und diverse Atomsprengköpfe für den Gefechtsfeldgebrauch. Wenn sich damit auch die amerikanischen Gelüste zum Sturz von Fidel Castro dämpfen ließen, umso besser.

Dass dieser Aufmarsch am militärischen Kräfteverhältnis kein Jota änderte, war der Regierung Kennedy klar. Für sie stand etwas anderes im Mittelpunkt – die Maxime, erst gar nicht den Anschein aufkommen zu lassen, als hätten die USA ihre Dominanz und den Status als natürlicher Hüter der Ordnung eingebüßt. «Der Schein ist Teil der Realität», mahnte der Präsident. «Sie [die Sowjets] würden ansonsten so aussehen, als wären sie mit uns gleich.» Deshalb war es mit einem Abbau der sowjetischen Raketen auch nicht getan. Zur Psychologie der Macht gehörte vor allem eine bildstarke Demontage Chruschtschows. Er musste vor den Augen der Weltöffentlichkeit in die Knie gehen und in einem großen «Showdown» auf seinen Platz verwiesen werden. «Graduelle und kalkulierte Eskalation» nannte man dies im internen Sprachgebrauch. Vor 100 Millionen Fernsehzuschauern und Radiohörern wurde Kennedy am 22. Oktober 1962 noch deutlicher: «Wir werden nicht verfrüht oder unnötigerweise einen weltweiten Nuklearkrieg riskieren, [...] aber wir werden vor diesem Risiko auch nicht zurückschrecken, wenn wir ihm gegenüberstehen.» «Nicht verfrüht» und nicht «unnötig». «Ich habe die Streitkräfte angewiesen, sich auf alle Möglichkeiten vorzubereiten.»[19]

Wozu diese Anweisung führte, ist seither ungezählte Male beschrieben worden. Sobald man glaubt, jede Ecke sei ausgekehrt, kommt eine weitere haarsträubende Geschichte ans Licht – über Desaster in der Kommunikation zwischen dem Weißen Haus und dem Militär, über das Chaos während der Blockade von Schiffswegen nach Kuba, über eigenmächtige Entscheidungen bei der Jagd auf sowjetische U-Boote, über amerikanische Irrflüge im gegnerischen Luftraum, über den von Moskau ausdrücklich verbotenen Abschuss eines US-Aufklärers durch sowjetische Flak auf Kuba, über Fidel Castro, der vom Heldentod faselte und Chruschtschow zum nuklearen Erstschlag gegen die Vereinigten Staaten aufforderte. Und so weiter und so fort. Gewiss wäre es übertrieben, jedes Missgeschick und jede Tollpatschigkeit zum Vorboten eines dritten Weltkrieges aufzubauschen. Aber eine Unmenge Glück war im Spiel, mehr als Verstand in jedem Fall.[20]

Am Ende gab Kennedy die Entscheidung über Krieg und Frieden sogar aus der Hand. Im Grunde rechnete man mit einer spiegelbildlichen Eskalation Chruschtschows, also mit Startvorbereitungen für Raketen und Bomber, vielleicht sogar mit einer Abriegelung West-Berlins. Zur Überraschung aller geschah nichts dergleichen, es wurden noch nicht einmal Truppen mobilisiert oder Reservisten einberufen. Stattdessen kam der Kreml auf dem Siedepunkt der Krise den Amerikanern mit einer öffentlichen Erklärung zum baldigen Abzug der Raketen entgegen. Faktisch stand Chruschtschow mit leeren Händen da. Schriftlich auf eine künftige Invasion Kubas zu verzichten, hatte Kennedy abgelehnt, sein wachsweicher Hinweis, möglicherweise in einem halben Jahr US-Jupiterraketen aus der Türkei abzuziehen, durfte nicht nach außen dringen, war somit als Gegenleistung wertlos – und erreichte Moskau ohnehin erst Stunden nach Chruschtschows Entschluss. In anderen Worten: Mit klugem Krisenmanagement oder geheimdiplomatischer Finesse Washingtons hatte das glimpfliche Ende der Konfrontation nicht das Geringste zu tun. Chruschtschow lenkte spontan und einzig aus Angst vor einem Kontrollverlust auf Kuba ein. Es war instinktiv der richtige Schritt im letzten Moment. Denn im Weißen Haus standen alle Zeichen auf Sturm, eine Invasion oder Bombardierung der Insel war nur noch eine Frage des Zeitpunkts. Warum? Weil man den Nimbus der Stärke wahren wollte, weil der politische Nutzen nuklearer Überlegenheit auf dem Spiel stand, weil der alte Mythos im neuen Glanz erstrahlen musste, dass die Welt im Chaos versinkt, wenn Amerika nicht für Ordnung sorgt.[21]

Zum Beispiel Richard Nixon: «Das Nuklearwaffenarsenal der USA ist nur dann etwas wert, wenn wir bereit sind, es zu benutzen. [...] Wenn wir uns in dem atomaren Patt oder Beinahe-Patt, das sich abzeichnet, nicht selbst zur Ohnmacht verdammen wollen, sind wir gut beraten, eine andere Politik zu entwickeln.»[22] Diese Empfehlung Henry Kissingers passte wie maßgeschneidert in das Welt- und Politikbild von Richard Nixon, es war der Dreh- und Angelpunkt ihres von 1969 bis 1974 währenden Zwiegesprächs über Amerika als Ordnungsmacht: Wenn die USA die politische Landkarte in ihrem Sinn gestalten wollen, dürfen sie auf die Drohung mit Atomwaffen nicht verzichten, Diplomatie läuft ohne den Willen zur Erpressung ins Leere. Nixon selbst sprach von der «Madman-Theorie» oder der Kunst, auch in scheinbar ausweglosen Situationen anderen seinen Willen aufzunötigen – durch das Vortäuschen von Irrationalität und Unberechenbarkeit und durch schnelles, brutales Überreagieren, immer versehen mit dem Hinweis auf nervöse Hände am Atomknopf. Noch einmal Kissinger: «Wann immer wir Gewalt einsetzen, müssen wir es auf eine leicht hysterische Weise tun.»[23]

Öfter als jede andere Regierung traten Nixon und Kissinger mit theatralischen Gebärden in Erscheinung. Zum Auftakt ging es um Vietnam. Von der fixen Idee beseelt, dass Moskau seine Verbündeten in Hanoi wie Marionetten führt, wollte Nixon eine Wende bei den Waffenstillstandsverhandlungen erzwingen. Also ordnete er eine für die UdSSR gut lesbare Militärübung an, den «Joint Chiefs of Staff Readiness Test». In der zweiten Oktoberhälfte 1969 wurden Luftwaffenbasen in den USA, Europa und Ostasien in erhöhte Alarmbereitschaft versetzt, Kampfjets flogen simulierte Einsätze, ungewöhnlich viele mit Kernwaffen bestückte U-Boote liefen in den Atlantik, den Golf von Aden und in Gewässer vor Japan aus, das «Strategische Luftkommando» dirigierte mit Wasserstoffbomben beladene B-52 bis hart an die Grenze des sowjetischen Luftraums über Alaska. Es war eine ominöse Drohung. Sollte der Kreml seinen Einfluss auf Nordvietnam nicht geltend machen, würde eine beispiellose Ausweitung des Luftkrieges in Südostasien beginnen. Und die Sowjetunion wäre aus Rücksicht auf ihre eigene Sicherheit gut beraten, darauf nicht zu reagieren.[24]

Trotz der politischen Wirkungslosigkeit sämtlicher Bombenexzesse spielte Nixon weiterhin mit dem Image des «Madman». Als im September 1970 die palästinensische Befreiungsorganisation «PLO» mit Unterstützung syrischer Truppen zum Sturz des jordanischen Königshauses ansetzte, reagierten die USA erneut mit einer weltweiten Alarmierung ihrer Streitkräfte. Die Aufständischen sollten als Handlanger Syriens und die Machthaber in Damaskus als verlängerter Arm Moskaus wahrgenommen werden. Was im Umkehrschluss unterstellte, dass in Jordanien wieder Ruhe einkehrte, wenn die UdSSR, von Amerikas Muskelspiel verängstigt, klein beigab. Mit den Konflikten im Nahen Osten oder einem Bemühen um diplomatische Moderation hatte all dies nichts zu tun, wie Nixon beharrlich unterstrich. «Unser primäres Interesse ist – was bereitet den Sowjets am meisten Kopfzerbrechen?»[25] Er hätte auch sagen können: Die Vereinigten Staaten müssen Unerschrockenheit demonstrieren, um ihre Interessen zu schützen. Und ihr Interesse besteht darin, unerschrocken aufzutreten.[26]

Drei Jahre später ging es in die nächste Runde. Auslöser war der unverhoffte Angriff Ägyptens und Syriens gegen israelische Stellungen auf dem Sinai und den Golanhöhen. Ob Kairo sich ohne sowjetische Waffenlieferungen auf diese Aggression eingelassen hätte, ist fraglich. Fest steht indes, dass Moskau Vermittlungsangebote machte und die USA mit kühler Zurückweisung antworteten. Henry Kissinger: «Uns geht es immer um eines: Sobald die Sowjetunion auftaucht, müssen wir beweisen, dass alle, die von der Sowjetunion unterstützt werden, ihre Ziele nicht durchsetzen können, egal, um welche Ziele es sich handelt. [...] Das ist ein Wettbewerb, den wir gewinnen können.»[27] In der Nacht vom 24. auf den 25. Oktober erging in Washington der Befehl zu «Defense Condition III». Diese höchste Mobilisierungsstufe in Friedenszeiten war nur einmal, nämlich während der Kuba-Krise, verhängt worden. Und wie ein gutes Jahrzehnt zuvor erhoffte man sich den Hauptgewinn durch eine Steigerung des Schockeffekts.

Angenommen, Moskau hätte die militärische Überreaktion mit gleicher Münze quittiert? Oder unbeeindruckt vom Mummenschanz der USA Soldaten in das Krisengebiet geschickt? Wären dann die Abdeckungen auf amerikanischen Raketensilos entfernt und Luftlandetruppen an die Grenze des Warschauer Pakts verlegt worden? Wegen der Passivität der Sowjets erledigte sich eine Beschäftigung mit derlei Fragen. Am Ende konnte Nixon einen Sieg im Schattenboxen verkünden und vor Journalisten seine Risikobereitschaft als Schlüssel zur Beendigung der Kampfhandlungen im Nahen Osten rühmen. Die Beziehungen zwischen den Supermächten aber waren ramponiert, ohne Not und ungeachtet der Wirkung auf andere Konfliktherde. Seit wann sich Benzin zum Löschen von Feuer eigne, wollte der sowjetische Botschafter in Washington, Anatoly Dobrynin, im Gespräch mit einem Vertrauten Nixons wissen und fügte hinzu: «Diese Krise [wurde] losgetreten, um zu zeigen, dass Sie der Starke sind und wir nur der schwächere Partner im Schatten der viel mutigeren Vereinigten Staaten.»[28] Die Feststellung war als Demaskierung des «Madman», wenn nicht als Drohung gedacht.

Zum Beispiel Ronald Reagan: Ein tragisches Kapitel «atomarer Diplomatie» spielte während des Siechtums der Sowjetunion. Nicht genug damit, dass Außenminister Alexander Haig über «wichtigere Dinge als Frieden» und Verteidigungsminister Caspar Weinberger an der Seite renommierter Wehrexperten über führ- und gewinnbare Atomkriege schwadronierten.[29] Fast im Monatsrhythmus wurden in den frühen 1980er Jahren Geheimdokumente des Pentagon an die Presse durchgestochen, bemerkenswerterweise von Mitarbeitern der Regierung und folglich mit einem halboffiziellen Signal an Moskau: «Victory is Possible», die USA werden in jedwedem Kriegsszenario, von der Aufstandsbekämpfung bis zu einem nuklearen Schlagabtausch, die Oberhand behalten.[30] Mit diversen Psycho-Spielen – intern «psychological operations» oder «psyops» genannt – setzten die US-Streitkräfte ein Ausrufezeichen ganz eigener Art: Bei diversen Scheinangriffen drehten Bomberstaffeln erst im letzten Moment vor Erreichen des sowjetischen Luftraums ab oder drangen auf Höhe der Kurilen für kurze Zeit in das Hoheitsgebiet ein, in der Barentssee kreuzende Kriegsschiffe tricksten wiederholt die Radarsysteme der Gegenseite aus, auch andernorts summierten sich Störmanöver dieser Art, angeblich waren es über einen längeren Zeitraum hinweg monatlich an die 70.[31]

Der Zweck dieser Übungen lag auf der Hand. Man wollte der sowjetischen Führung zu verstehen geben, dass sie rüstungstechnologisch hoffnungslos ins Hintertreffen geraten war und noch nicht einmal die Landesgrenzen zuverlässig schützen konnte. Die Stationierung einer neuen Generation von Mittelstreckenwaffen in Westeuropa – zielgenauer zu programmieren als sämtliche Vorgänger – tat ein Übriges zum Schüren von Ängsten. Ob diese

Raketen innerhalb weniger Minuten tatsächlich einen «Enthauptungsschlag» gegen politische und militärische Kommandozentren im Herzen der UdSSR hätten führen können, war im Grunde unerheblich. Dass in aller Öffentlichkeit darüber spekuliert wurde und Kritiker wie Befürworter es für möglich hielten, gab den Ausschlag. Das Spiel mit Drohkulissen hätte perfekter nicht sein können. Verunsicherung, Nervosität und Zweifel an den eigenen Fähigkeiten – aus amerikanischer Sicht war dies der Preis, den Moskau für die Invasion in Afghanistan und die Repressalien gegen die Gewerkschaftsbewegung «Solidarność» in Polen zu zahlen hatte. Mit seinen Reden über das «Reich des Bösen» und die Entsorgung der Sowjetunion auf dem Müllhaufen der Geschichte setzte Präsident Reagan dem Ganzen die Krone auf, zur Freude seines ohnehin aufgeputschten Anhangs und zum beabsichtigten Entsetzen der Adressaten im Politbüro.[32]

Was in der Kalkulation Washingtons zum wiederholten Male unbeachtet blieb, war die Eigendynamik undurchsichtiger Informationen, Reden und Maßnahmen. 269 Passagiere einer koreanischen Boing 747 kostete es am 1. September 1983 das Leben, als ihr Flug KAL 007 auf dem Weg nach Seoul wegen eines Navigationsfehlers der Crew vom Kurs abkam und durch zwei Raketen sowjetischer Abfangjäger zerstört wurde. Dem Abschuss ging, so die Einschätzung amerikanischer Geheimdienste, ein fatales Missverständnis voraus. Wegen diverser «psyops» der US-Luftwaffe nervlich strapaziert, hatte die Besatzung von Luftabwehrstellungen nahe Sachalin den Jumbo-Jet mit einem zeitgleich auf dem Radar erfassten Spionageflugzeug des Typs RC-135 verwechselt und den Feuerbefehl erteilt.[33] KAL 007 war noch in den Schlagzeilen, als sich unbemerkt von der Öffentlichkeit ein noch größeres Desaster zusammenbraute. Am 26. September 1983 meldeten die Computer in einer Frühwarnstation südlich von Moskau den Anflug von fünf amerikanischen Interkontinentalraketen. 17 bange Minuten behielt der wachhabende Offizier die Nerven, ehe Entwarnung gegeben wurde. Offenbar hatten Satelliten die von einer Wolkendecke über dem mittleren Westen der USA reflektierten Sonnenstrahlen als Feuerschweif von Raketen gelesen.[34] Die nächste Konfusion ließ nur wenige Wochen auf sich warten. Weil die NATO während ihrer Kommandostabsübung «Able Archer» die Gegenseite nicht, wie es Usus war, über die Verschlüsselung nuklearer Einsatzbefehle informiert hatte, reagierte der Warschauer Pakt mit einer Teilmobilmachung. Atomar bestückte MiG-Jets standen mit laufenden Triebwerken auf Startbahnen in der DDR, für Infanteriedivisionen in Osteuropa galt erhöhte Kampfbereitschaft, Interkontinentalraketen in der UdSSR wurden startklar gemacht. Unter dem Eindruck monatelanger Anspannung erschien ein Routinemanöver des Westens als vorsätzliche Provokation, die eine provokante Antwort verdient hatte.[35]

Verschiedene Stimmungsberichte lassen darauf schließen, dass sogar Kriegsängste im Kreml umgingen. An einen bewusst vom Zaun gebrochenen Atomkrieg glaubte niemand. Aber das aufgeplusterte Gerede amerikanischer Eliten über nukleare Wunderwaffen, «Enthauptungsschläge» und sonstige «Siegoptionen» warf die Frage auf, ob Washington irgendwann nicht doch versucht sein könnte, seine Karten im Poker um Macht und Einfluss zu überreizen – egal, ob mit Absicht oder aus machttrunkenem Übermut. «Jetzt haben wir das Modell für einen totalen Krieg gegen die Sowjetunion und ihre Alliierten», meinte ein Berater von Parteichef Juri Andropow.[36] Der Generalsekretär selbst warnte – im Einklang mit Nikolai Ogarkow, dem Stabschef der Armee, und Außenminister Andrei Gromyko – vor einem «nuklearen Barbarossa» oder einem blitzartigen Überfall wie im Sommer 1941. Sie meinten tatsächlich, was sie sagten. Andernfalls wären bizarre Aktionen aus dieser Zeit kaum zu verstehen. Bei ihrer angestrengten Suche nach Belegen für Angriffsvorbereitungen der NATO meldeten Späher der «Operation RYAN» jede Lappalie nach Moskau – von Aufrufen zu Blutspenden bis hin zu nächtlichen Sitzungen in Ministerien oder Kasernen. Derweil wurde in der UdSSR ein vollautomatisches System installiert, welches im Fall einer Auslöschung der

Führungsgarde den Gegenschlag von sich aus hätte auslösen sollen. Ob die Weltuntergangsmaschine «Dead Hand» je zur Einsatzreife kam, sei dahingestellt. Dass an ihr fieberhaft gearbeitet wurde, sagt hingegen alles.[37]

Perpetuum Mobile

Fünf Jahrzehnte «atomarer Diplomatie» hat der Physiker und Friedensforscher Carl Friedrich von Weizsäcker auf den Nenner gebracht. «Die großen Bomben erfüllen ihren Zweck, den Frieden und die Freiheit zu schützen, nur, wenn sie nie fallen. Sie erfüllen diesen Zweck auch nicht, wenn jedermann weiß, dass sie nie fallen werden. Eben deshalb besteht die Gefahr, dass sie eines Tages wirklich fallen werden.»[38] Diesem Dilemma versuchten amerikanische Vordenker und Entscheidungsträger durch Selbstnarkotisierung zu entgehen. Niemand wusste, wie die andere Seite ambivalente Signale im ewigen Nervenkrieg lesen oder ob sie rote Linien respektieren würde. Trotzdem redete man sich unentwegt ein, dass die Risiken des Nichthandelns größer seien als das Risiko des Handelns. Schreibtischstrategen, auch «Verteidigungsintellektuelle» genannt, lehren das Mantra bis heute: Rational denkende Akteure zähmen das Irrationale, halten Widerspenstiges unter Kontrolle, setzen Gewalt dosiert, punktuell und jederzeit überschaubar ein, sie können im Zwielicht navigieren und sind die Meister des Risikomanagements. Wahlweise tut es auch die diffuse Hoffnung auf einen unverwüstlichen Selbsterhaltungstrieb aller Beteiligten. Selbst Extremerfahrungen mit Fehlkalkulationen oder eigendynamischer Eskalation können alledem nichts anhaben. Von lupenreinem Glückspiel zu sprechen, wäre übertrieben. Aber zumindest ein Hauch von Casino hängt beim Umgang mit Atomwaffen in der Luft.

Alle in den USA umlaufenden Phantasien hatten auch in der Sowjetunion ihren Platz und wurden von ihr an das heutige Russland vererbt. In den Worten des ehemaligen Verteidigungsministers Rodion Y. Malinowski: «Das Wesen des Atomkrieges [...] stellt uns vor die Wahl: Entweder Offensive oder Niederlage. [...] Der Erstschlag ist das wichtigste Instrument nuklearer Kriegsführung.»[39] Der einzige Unterschied zu den USA bestand zeitweise darin, dass eine teils eingebildete, teils reale Unterlegenheit die Triebfeder für einschlägige Rüstungsprojekte war.[40] Oder dass man in außenpolitischen Konflikten den Einsatz erhöhte, um den Amerikanern die Nutzlosigkeit ihres Vorsprungs bei Waffen und Technik vor Augen zu führen – etwa während der Berlin-Blockade 1948, im Laufe des Korea-Krieges und kurz darauf anlässlich des Suez-Konflikts, erst recht in den Tagen der Kuba-Krise. Ansonsten sind die Parallelen in der Entwicklung von Gerätschaften und Einsatzdoktrinen derart auffällig, dass sich ohne Übertreibung sagen lässt: Die Geschichte des Nuklearzeitalters spielt in einem geschlossenen Spiegelkabinett. Zu Lande, zu Wasser, in der Luft, im All – was der eine tut, kopiert der andere, wissend, dass der Vorsprung von heute schon morgen der Vergangenheit angehört, aber dennoch erpicht auf den Profit des Augenblicks. Ein Schelm, wer von China, der dritten nuklearen Supermacht, anderes erwartet.

Oft ist zu hören, dass der Teufelskreis nur unter einer Voraussetzung durchbrochen werden kann: Wenn es gelingt, das allseitige Misstrauen einzudämmen. Demnach werden Waffen nämlich nur gehortet, weil jeder jedem misstraut und alle auf alles vorbereitet sein wollen – «permanent preparedness» eben, wie es im Jargon des Pentagon heißt. Vor dem Hintergrund einer zählebigen, gegen Korrekturen immunen Hochrüstungs- und Drohpolitik kann diese Vermutung mühelos in ihr Gegenteil verkehrt werden: Waffenarsenale, nukleare zumal, sind der Urquell des Misstrauens, sie vergiften seit Hiroshima die internationale Politik an der Wurzel. Obwohl die Vereinigten Staaten für diesen Zustand nicht alleinverantwortlich sind, so zementieren sie ihn doch. Am amerikanischen Verständnis von Sicherheit festzuhalten, heißt, Probleme mit derselben Denkweise lösen zu wollen, durch die sie entstanden sind.

CENTRAL INTELLIGENCE AGENCY
CIA
UNITED STATES OF AMERICA
SPECIAL AGENT

Unter anderem Guatemala

Putschisten und weitere Stellvertreter

An einem Ende der Welt marodierten Regierungstruppen und wild zusammengewürfelte Todesschwadronen, brannten Siedlungen nieder, vernichteten Ernte und Vieh, vergifteten Brunnen, machten Straßen unpassierbar. Man musste die Opposition nicht unterstützt haben, um verhaftet zu werden und nach erfolterten Geständnissen in Massengräbern zu landen. Oder aus Hubschraubern ins offene Meer gestoßen zu werden. Unter den Opfern waren Bauern und Hochschullehrer, Schüler und Rentner, Männer wie Frauen, auch Kinder blieben nicht verschont. An die 200 000 Todesopfer hat der seit den 1950er Jahren bis 1996 wütende Bürgerkrieg gefordert, es war der größte Aderlass auf dem Subkontinent während des 20. Jahrhunderts – in einem Land mit 3,5 Millionen Einwohnern und von der Größe Bayerns. Die Wunden sind bis heute nicht verheilt.[1]

Auf einem anderen Erdteil und 13 000 Kilometer Luftlinie entfernt terrorisierte ein 60 000 Mann starker Geheimdienst die Gesellschaft. Seine Agenten infiltrierten sämtliche Gruppierungen, die man einer wie auch immer gearteten Abneigung gegen den «König der Könige» bezichtigte, noch nicht einmal im Ausland waren Studenten oder Geistliche sicher, von den Mitgliedern der kommunistischen Partei erst gar nicht zu reden. Jahr um Jahr wartete «Amnesty International» in seinen Berichten über die Lage der Menschenrechte mit Horrormeldungen auf. Zehntausende waren aus politischen Gründen interniert, darunter viele, die in Verliesen nach jeder nur erdenklichen Art gefoltert wurden, bis die Geständnisse aus ihnen herausbrachen, die man vorher in sie hineingeprügelt hatte. Es waren Orte, wo die Lebenden ihre bei der Verhaftung ermordeten Schicksalsgenossen beneideten.[2]

Die Rede ist von Guatemala und dem Iran. Zwei Länder, zwei Staaten, zwei Gesellschaften, die unterschiedlicher kaum sein könnten. Hier das zu Zentralamerika gehörende Guatemala, von tropischen Regenwäldern bewachsen, nach der Landung der Spanier in der Neuen Welt fast drei Jahrhunderte Kolonie mit einer mehrheitlich römisch-katholischen Bevölkerung, wirtschaftlich ein Armenhaus und politisch randständig, dort der Iran, durchzogen von Gebirgen und Wüsten, einer der größten Staaten der Erde mit der 16fachen Ausdehnung Guatemalas, ein in der Antike bis nach Ägypten ausgreifendes Großreich, seit dem 7. Jahrhundert n. Chr. eine Hochburg des schiitischen Islam, an strategischen Knotenpunkte gelegen, reich an Ölvorkommen und deswegen von konkurrierenden Imperien begehrt.

Innerhalb eines knappen Jahres, vom August 1953 bis zum Juni 1954, machten beide Staaten aus einem einzigen Grund Schlagzeilen – weil die Regierung in Washington der Meinung war, dass die künftige Ordnung der Welt von einer politischen Flurbereinigung in Guatemala und im Iran abhing. Und weil der amerikanische Geheimdienst CIA den Vorsatz auf seine Weise realisierte – indem er zwei demokratisch legitimierte Regierungen aus ihren Ämtern putschte.

Iran und Guatemala

Guatemala wurde damals von einem Bewunderer der Vereinigten Staaten regiert. Jacobo Árbenz Guzmán, von seinen Bewunderern nur beim Vornamen gerufen und ansonsten Árbenz genannt, nahm das Glücksversprechen der amerikanischen Unabhängigkeitserklärung beim Wort – die sich von selbst verstehenden Wahrheiten, dass alle Menschen gleich erschaffen wurden, dass sie allesamt berechtigt sind, unveräußerliche

Rechte in Anspruch zu nehmen, darunter das Recht auf Leben, Freiheit und Glück. In diesem Sinne wollte er, im November 1950 mit überwältigender Mehrheit gewählt und am 15. März 1951 als Präsident vereidigt, sein Land reformieren. Wie in den USA sollten Demokratie, Modernisierung und Kapitalismus im künftigen Guatemala zu einer verträglichen Einheit zusammenkommen, idealerweise ummantelt von sozialstaatlicher Fürsorge in der Tradition des Rooseveltschen «New Deal».

Reformen waren überfällig, denn in Guatemala herrschten vorsintflutliche Zustände. Heimische Großgrundbesitzer benahmen sich wie Feudalherren und hielten einen Gutteil der verarmten Landbevölkerung in Schuldknechtschaft, der größte ausländische Investor, die «United Fruit Company», schrieb die Geschichte der Kolonisierung in klassischer Manier weiter. Zehn Prozent des bebauten Bodens waren in ihrem Besitz, sie kontrollierte den Eisenbahnverkehr und als Besitzer des einzigen Tiefwasserhafens auch die Schifffahrtsrouten von und nach Guatemala. Elektrizitätswerke und Telefonanbieter standen ebenfalls unter US-amerikanischer Kontrolle. Árbenz verstaatlichte Teile der Energieversorgung, kratzte mit dem Bau neuer Straßen und eines zweiten Hafens am Transportmonopol der «United Fruit Company» und kündigte den Bau eines Wasserkraftwerks in öffentlicher Hand an. Das Herzstück war die im Juni 1952 vom Parlament verabschiedete Landreform. Wer mindestens 90 Hektar besaß und mehr als ein Drittel davon nicht bewirtschaftete, konnte zum Verkauf der Brachfläche an den Staat gezwungen werden. Die Regierung zahlte Entschädigungen in Höhe des Steuerschätzwertes. Dass die Eigentümer höhere Summen verlangten, war zu erwarten, aber gegenstandslos, hatten sie den Verkehrswert ihrer Objekte beim Fiskus doch selbst deklariert. So kamen 100 000 verarmte Familien binnen anderthalb Jahren in den Besitz von 600 000 Hektar Land, gut ein Viertel stammte aus dem nicht bewirtschafteten Besitz der «United Fruit Company». Von einer Kampfansage an das nordamerikanische Unternehmen konnte gleichwohl keine Rede sein. Der Lebensmittelriese sollte als Aushängeschild im Land bleiben und weitere ausländische Firmen anlocken – unter der Voraussetzung, dass sie Gesetze achteten, Steuern zahlten und Gewerkschaften akzeptierten.

Der seit April 1951 im Iran amtierende Premierminister Mohammad Mossadegh war – ähnlich wie Árbenz – ein in der Wolle gefärbter Modernisierer. An der Spitze der «Nationalen Front», eines losen Verbunds aus Aristokraten, Intellektuellen, Kleingewerbetreibenden, Textilfabrikanten und Geistlichen, wollte er die Rechte des Parlaments stärken und die Rolle des Schah auf Repräsentatives beschränken. Die Aussichten standen gut, denn aus dem mittelmäßigen, heillos zerstrittenen Personal der iranischen Politik stach Mossadegh heraus – charismatisch, zupackend, entschlussfreudig. Außenpolitisch setzte er gleichermaßen markante Akzente. Der Iran sollte in Zukunft seinen Weg selbstbestimmt gehen und den Begehrlichkeiten ausländischer Mächte Einhalt gebieten. Damit war die Sowjetunion, der undurchschaubare Nachbar im Norden, gemeint und noch mehr Großbritannien, dessen Kolonialpolitik Mossadegh mit ätzender Verachtung bloßstellte. Kaum im Amt, beschlossen Nationalversammlung und Senat auf sein Drängen die Verstaatlichung der anglo-iranischen Ölgesellschaft. Künftige Erlöse des Erdölexports waren für umfangreiche Sozialprojekte vorgesehen, in erster Linie für eine Landreform, die nur funktionieren konnte, wenn Großgrundbesitzer entschädigt und bäuerliche Kleinbetriebe mit günstigen Krediten versorgt wurden. Darüber hinaus mussten kostspielige Pläne zur Milderung sozialer Ungleichheit finanziert werden. Innenpolitisch hielt sich der Widerstand in Grenzen. Angesichts des Gegenwinds von außen hätte man aber den Eindruck haben können, ein sozialdemokratischer Paulus hätte sich über Nacht in Saulus den Kommunisten verwandelt.

Dass Mossadegh den ehemaligen Betreibern der Ölindustrie Ausgleichszahlungen angeboten hatte, konnte die Gemüter in London nicht beruhigen. Im Gegenteil. Sie kamen noch mehr in Wallung, als Teheran laut über eine amerikanische Vermittlung nachdachte und Washington um Finanzhilfen für seine Reformen bat. Ein Auftritt vor der UNO und Mossadeghs Wahl zum «Mann des Jahres 1951» durch das «Time Magazine» brachten das Fass zum Überlaufen. Nach dem unfreiwilligen Rückzug aus Indien, Palästina und Griechenland wollte sich Großbritanniens außenpolitische Elite nicht auch noch durch einen iranischen Patrioten demütigen lassen. Darum wurden Anthony Eden, mehrere Diplomaten und Vertreter des Auslandsgeheimdienstes MI-6 seit Oktober 1952 in Washington vorstellig. Von mal zu mal klang ihre Lagebeurteilung dramatischer und die Forderung nach einer gemeinsamen Aktion zum Sturz Mossadeghs aufdringlicher. Präsident Truman reagierte zurückhaltend – ob er von den Vorteilen eines Putschs nicht überzeugt war oder am Ende seiner Amtszeit vor weitreichenden Entscheidungen zurückschreckte, ist schwer zu beurteilen. Der Nachfolger Dwight D. Eisenhower jedenfalls pflichtete den Briten bei. Die Frage war nicht mehr, ob Mossadegh gehen musste, sondern wann.[3]

Was trieb Washington zum Handeln? Von einer bedrohlichen Sicherheitslage war der Iran weit entfernt, wie Analysten der CIA zum Missfallen ihrer britischen Kollegen betonten. Die Rote Armee hatte sich Ende 1946 aus den nördlichen Provinzen zurückgezogen, die marxistisch-leninistische Tudeh-Partei war wie eh und je nicht mehrheitsfähig. Die Dramatisierung der roten Gefahr, ein besonders von Außenminister John Foster Dulles gepflegtes Ritual, hatte mit der Realität wenig bis nichts gemein.[4] Noch weniger gab es in Guatemala Grund zu Alarmismus. Wenn eine Machtübernahme der Linken reine Utopie war, dann dort. Die kommunistische Partei zählte nur ein paar hundert versprengte Mitglieder, im Parlament stellte sie höchstens vier von 61 Abgeordneten. Und dass sie niemals mit einer Delegation nach Moskau aufgebrochen war, lag auch am Kreml. Die sowjetische Führung hatte schlicht kein Interesse an dem zentralamerikanischen Land, man bemühte sich noch nicht einmal um diplomatische Kontakte, von einem wirtschaftlichen oder militärischen Austausch ganz zu schweigen.

Ein Schlüssel zum Verständnis der Überreaktion liegt im imperialen Ordnungsverständnis der USA. Guatemala war zum Problem geworden, weil Jacobo Árbenz gegen ein Gewohnheitsrecht verstieß. Spätestens seit der Wende zum 20. Jahrhundert schien es selbstverständlich, dass die Vereinigten Staaten in Lateinamerika ohne Wenn und Aber das Sagen haben. Als Spaniens Kolonialreich wankte, erklärte man 1898 Kuba und Puerto Rico zur exklusiven Einflusszone; als Kolumbien 1903 die Abtretung von Land für den Bau eines Kanals zwischen Atlantik und Pazifik verweigerte, schickte Washington Kriegsschiffe und erzwang die Abspaltung des Zwergstaates Panama; als Nicaragua innen- und außenpolitisch seinen eigenen Weg einschlug, besetzten US-Marines 1909 das Land und blieben für die nächsten 24 Jahre; als amerikanische Wirtschaftsinteressen in Haiti wegen innerer Turbulenzen bedroht schienen, rückten 1914 ebenfalls Marines ein. Der Vollständigkeit halber gehören auch Honduras, die Dominkanische Republik und Mexiko gleich mehrfach auf diese Liste, immer aus denselben Gründen: Wer Unabhängigkeit anstrebt, ist von einem politischen Virus befallen und muss in Quarantäne. Nicht auszudenken, falls Árbenz andere Staaten der Region zu Alleingängen ermutigte. In diesem Fall stand, wie Eisenhowers Nationaler Sicherheitsrat betonte, «die Solidarität und Unterstützung der Hemisphäre mit Blick auf unsere weltpolitischen Ziele [auf dem Spiel], insbesondere innerhalb der UNO und anderen internationalen Organisationen».[5] Auf einen Block von 20 bedingungslosen Jasagern verzichten zu müssen, war unzumutbar – zumal in einer Zeit, in der sich die USA als Weltmacht beweisen und den Konkurrenten Sowjetunion in allen Belangen ausstechen mussten.[6]

Im Fall des Iran wurde diese Argumentation auf die Spitze getrieben. Einerseits wollte man wegen Mossadegh den Partner Großbritannien, wichtigster Stellvertreter innerhalb der NATO und Lastenträger beim geopolitischen Ordnen des Nahen Ostens, nicht verprellen. Andererseits – und dieser Aspekt wiegt noch schwerer – ging in Washington das Gespenst des Neutralismus um. Sollte sich neben Jawaharlal Nehru in Indien und Juan Perón in Argentinien ein weiteres Schwergewicht aus einer aufstrebenden Nation für die Blockfreiheit stark machen und einen von Washington wie von Moskau unabhängigen «dritten Weg» anvisieren, drohte die Front gegen den internationalen Kommunismus zu kippen. Ob diese Einschätzung realitätstauglich oder ein Hirngespinst war, tut nichts zur Sache; sie wurde jedenfalls in der amerikanischen Hauptstadt wie eine unumstößliche Wahrheit gehandelt – darauf kommt es an. Der den USA wohlgesonnene Mossadegh galt als tödliche Bedrohung des Westens, weil sein Eigensinn hätte Schule machen können, egal wann und gleichgültig wo. Deshalb schien vorbeugendes Handeln, die Abwehr einer zwar nicht akuten, aber möglicherweise irgendwann auftretenden Gefährdung, vonnöten.[7]

In Teheran lieferte die CIA mit der «Operation TP-AJAX» ihr Gesellenstück ab. Auf Geheiß des Weißen Hauses wurden seit März 1953 eine Million Dollar an die Außenstelle in Teheran zur freien Verwendung überwiesen. Kermit Roosevelt, Sohn des ehemaligen Präsidenten Theodore Roosevelt und geheimdienstlicher Statthalter im Iran, nutzte das Geld für eine Denunziationskampagne gegen die Regierung. Er knüpfte ein Netzwerk aus Oppositionellen, bestach Journalisten, Parlamentarier, Geistliche, Polizeikommandeure und Militärs, heuerte Straßenschläger an, bezahlte Demonstranten für provokante Auftritte – Maßnahmen, die in unterschiedlichen Milieus wurzelten und auf ein Klima voller Misstrauen, Verdacht und nervöser Unruhe abstellten. Alles war erlaubt, solange der Eindruck wucherte, dass Mossadegh die Lage nicht mehr unter Kontrolle hatte und das Land auf den Abgrund zusteuerte. Der künstlich erzeugte Budenzauber zeigte Wirkung, wie immer, wenn in Zeiten eines politischen Umbruchs das Alte noch nicht ganz abgedankt und Neues sich noch nicht hinlänglich stabilisiert hat.[8]

Zwischen dem 16. und 19. August kam es zum erhofften Showdown. Der Schah forderte in einem kaiserlichen Dekret Mossadegh zum Rücktritt auf, bekam aber wegen dessen Weigerung Angst vor der eigenen Courage und setzte sich überhastet nach Rom ab. Der Coup wäre vermutlich in einer Schmierenkomödie geendet, hätte Kermit Roosevelt in diesem Moment nicht seine stärksten Trümpfe ausgespielt. Zwei gedungene Mobs – der eine für, der andere gegen den Schah – lieferten sich drei Tage lang Straßenschlachten in Teheran, demolierten Moscheen und setzten öffentliche Gebäude in Brand. Entscheidend war indes die mit Dollars erkaufte Illoyalität ausgewählter Offiziere und Polizeikommandeure. Im Vertrauen auf den starken Verbündeten aus Washington ließen sie das Außenministerium, die Polizeizentrale und das Hauptquartier des Generalstabs des Heeres erstürmen. Weil der eingeschüchterte Rest des Militärs, von wenigen Ausnahmen abgesehen, keinen Widerstand leistete, war Mossadeghs Schicksal besiegelt. Er wurde verhaftet, vor ein Militärgericht gestellt und zu drei Jahren Einzelhaft verurteilt. Der vom Glück überrumpelte Schah kehrte zurück und ernannte den von der CIA auserkorenen General Fazlollah Zahedi zum Premierminister. Die Hoffnungen des kurzen iranischen Frühlings überlebten nur in den Worten seiner gestürzten Hauptfigur: «Mein einziges Verbrechen bestand darin, [...] dass ich die iranische Ölindustrie nationalisierte und das Netzwerk des Kolonialismus zerschlagen habe.»[9]

Ein knappes Jahr später bestand der amerikanische Geheimdienst in Guatemala seine Meisterprüfung. «PB-FORTUNE» und «PB-SUCCESS» hießen die verdeckten Operationen gegen Jacobo Árbenz, ausgestattet mit 4,5 Millionen Dollar, dem größten Etat, der bis zu diesem Zeitpunkt für den Sturz einer ausländischen Regierung zur Verfügung gestellt worden war. Welche Ziele der populäre Reformer im Einzelnen verfolgte, wie er sie umsetzen wollte und ob eine Mehrheit der Bevölkerung hinter ihm stand, war den Auftraggebern in Washington einerlei. Sie hatten sich, so eine rückblickende Analyse der CIA, auf ein kompromissloses Vorgehen verständigt: «Árbenz muss weg. Auf welche Weise, spielt keine Rolle.»[10]

Also wurde Guatemala Schauplatz des ersten psychologischen Abnutzungskrieges in Lateinamerika. Dort öffnete die CIA ihren Werkzeugkasten und führte jene Instrumente vor, die in den kommenden Jahrzehnten vorzugsweise in Ländern der Dritten Welt zum Zuge kommen sollten. Es ging um Desinformation, Verwirrung und Demoralisierung, in einem Wort um Chaos. Ein in Florida stationierter Radiosender «Stimme der Freiheit» flutete das Land mit Horrornachrichten über angebliche kommunistische Hintermänner der Regierung Árbenz, allerorten tauchten Flugblätter mit derselben Botschaft auf, auch Hirtenbriefe von katholischen Geistlichen, die nur zu gerne in diese Kerbe hauten. Todesdrohungen gegen Wortführer der Reformpolitik waren ebenfalls eine Selbstverständlichkeit. Derweil versteckten CIA-Agenten Waffen sowjetischer Bauart in Guatemala, die man nach der «Befreiung» entdecken und als Beweis sowjetischer Einmischung präsentieren wollte.[11] Unglücklicherweise trug Jacobo Árbenz noch zu dieser Legendenbildung bei, als er für seine schlecht ausgestattete Armee in letzter Minute Kleinwaffen aus der CSSR kaufte. Wohlgemerkt: Kleinwaffen. Dass der US-Außenminister John F. Dulles sich zu der Behauptung verstieg, Guatemala könnte fortan Zentralamerika «militärisch beherrschen» und dass der Kongressabgeordnete John McCormack von «einer Atombombe in einem Winkel unseres Hinterhofs» schwadronierte, setzte der absurden Propaganda die Krone auf.[12]

Allerdings war der Rückhalt für Árbenz viel zu groß, als dass diese Aktionen etwas hätten ausrichten können. Deshalb bereitete die CIA in Honduras und Nicaragua eine Truppe von 500 Mann, Exil-Guatemalteken und Söldner aus allerlei Ländern, auf eine Invasion vor. Auszurichten war mit diesem Haufen militärischer Dilettanten nichts. Es genügte, dass sie Mitte Juni 1954 die Grenze überschritten und als Kulisse in einem riesigen Täuschungsmanöver dienten. Den Rest erledigten die PR-Spezialisten der CIA. Die «Stimme der Freiheit» posaunte Meldungen über eine riesige «Befreiungsarmee» und deren unaufhaltsamen Vormarsch in den Äther, unterlegt mit Hinweisen auf eine bevorstehende Volkserhebung. Wer sich beeindrucken ließ, hielt die Kapitulation der Regierung für ausgemacht.[13]

Endgültig kippte die Stimmung, als unmarkierte Flugzeuge, gesteuert von US-amerikanischen Piloten, neuralgische Ziele bombardierten – Kasernen und andere Militärposten, Flughäfen, Öllager, Radiostationen, Munitionsdepots. Tiefflüge über Guatemala City und eine von der US-Marine verhängte Seeblockade nährten Gerüchte, Verunsicherung und Panik. Die Moral der im Grunde loyalen Armee sank, der Generalstab distanzierte sich von Árbenz, schließlich gaben die Oberkommandierenden der Streitkräfte dem Druck des US-Botschafters John Emil Peurifoy nach und enthoben den Präsidenten am 27. Juni 1954 seines Amtes. Dessen Rücktrittsrede konnte niemand hören; der US-Geheimdienst hatte mit Störsendern den Empfang des staatlichen Rundfunks sabotiert. Weil die CIA-Vertreter mit dem seitens der Armee vorgeschlagenen Nachfolger nicht einverstanden waren, musste sich der Stabschef des Heeres eine Standpauke anhören. «Sie genügen einfach nicht den Anforderungen der amerikanischen Außenpolitik.»[14] Der Wunschkandidat Washingtons war Carlos Castillo Armas, Führer der «Rebellenarmee». Er rief sich am 5. Juli 1954 zum Präsidenten aus, Jacobo Árbenz ging zehn Wochen später ins Exil.

Ob Árbenz das Reformprogramm auf Dauer hätte sichern können, steht in den Sternen. Interne Widersacher gab es genug, Oligarchen, Großgrundbesitzer und andere Marionetten US-amerikanischer Konzerne, Teile des Kleinbürgertums nicht zu vergessen, denen Gewerkschaften und Landreform ebenfalls suspekt waren. Und den Autokraten in der unmittelbaren Nachbarschaft – von Honduras über Nicaragua bis zur Dominikanischen Republik – wäre sein Scheitern sowieso recht gewesen. Aber derlei Überlegungen im Konjunktiv sind eitler Zeitvertreib. Was zählt, ist die Tatsache, dass Árbenz keine Chance hatte, weil Washington ihm keine Chance geben wollte. Ohne das Zutun der CIA hätte es im Sommer 1954 keinen Putsch gegeben. Und mit dieser Einmischung räumten die USA nicht nur eine Regierung aus dem Weg, deren einziges Vergehen der Wunsch nach einer Wirtschafts- und Sozialpolitik in eigener Regie war. Washington war auch dafür verantwortlich, dass ein vielversprechendes Experiment abgewürgt wurde, dass politische Demokratie und eine sozial verantwortliche Marktwirtschaft in Guatemala keine Wurzeln schlagen konnten.

Diverse Militärdiktatoren verheerten in den folgenden Jahrzehnten das Land. Nicht genug damit, dass sie sämtliche Reformen rückgängig machten und zwei Dritteln der Wahlberechtigten, in der Regel Analphabeten, das Wahlrecht entzogen. Politische Parteien, Gewerkschaften und Vertretungen von Landarbeitern wurden verboten, das kulturelle Leben kam zum Erliegen, weil alles und jedes, Bücher von Victor Hugo und Fjodor Dostojewski eingeschlossen, im Verdacht des Subversiven stand. Und die Wirtschaft dümpelte chronisch am Rande des Bankrotts vor sich hin, ausländische Investoren zeigten die kalte Schulter, abgesehen von der Mafia, die wie gehabt Spielhöllen und Bordelle betrieb.

Auf soziale Spaltung und anschwellenden Unmut reagierten die Machthaber nach Art aller Autokraten mit Einschüchterung und Repression. In ihre «Aufstandsbekämpfung» flossen Hunderte Millionen Dollar aus den USA, teilweise versteckt im Etat der «U.S. Agency for International Development». Über 90 Prozent der Opfer gehen auf das Konto des staatlichen Repressionsapparates, also von Armee, Polizei, Geheimdiensten und aushilfsweise gedungenen Mordbrennern. Hinzu kommen über eine Million entwurzelter Landarbeiter, die jahrelang in Flüchtlingslagern hausten, in «strategische Dörfer» umgesiedelt wurden oder in Mexiko Zuflucht suchten. So kam es, wie es kommen musste – zu einem Teufelskreis von Gewalt und Gegengewalt, Unterdrückung und Aufruhr. Ab Mitte der 1960er Jahre gingen Sondereinheiten dermaßen wahllos gegen alle vor, die Widerstand leisteten oder anderweitig suspekt waren, dass man selbst im US-Außenministerium von einem außer Kontrolle geratenen Apparat sprach.[15] Der Ausnahmezustand wurde zur Normalität, Guatemala versank in einem Bürgerkrieg, der erst 1996 durch ein Abkommen zwischen der Armee und der Führung der Guerilla sein Ende fand.

Welchen Weg der Iran ohne die Intervention der CIA gegangen wäre, kann niemand wissen. Umso klarer liegen die Folgen des Putsches auf der Hand. Nachdem Fazlollah Zahedi, ohnehin nur als Übergangslösung gedacht, im April 1955 vom Amt des Premierministers zurückgetreten war, übernahm der Schah die Regierungsgeschäfte und führte das Land knapp 25 Jahre im Geist der Pahlavi-Dynastie: nämlich als Zwangsherrscher. Zeitweilig schien er fest im Sattel zu sitzen. Sein monströs aufgeblähter Geheimdienst SAVAK sicherte das Regime im Inneren, mit Hilfe der USA stieg der Iran zur dominanten Militärmacht in der Region auf – nukleare Ambitionen eingeschlossen, für die man in Washington zur Zeit der Regierung Nixon tatkräftige Unterstützer fand. Atomwaffen in der Hand eines Diktators sind so lange kein Problem, meinte Henry Kissinger, wie dieser Diktator an der Seite der Vereinigten Staaten steht.[16] Es war ein charakteristisches Kalkül amerikanischer Ordnungshüter: fixiert auf den kurzfristigen Erfolg, blind für die dauerhaften Folgen. Dabei waren die fatalen Konsequenzen der Unterdrückung bereits im Sommer 1963 absehbar, als enttäuschte Bürger in Teheran gegen Misswirtschaft und wegen gebrochener Reformversprechen aufbegehrten. Entmündigt und geschurigelt, suchte die Opposition schon damals in Moscheen und Religionsschulen Zuflucht, also bei Geistlichen, die nicht allein den Schah, sondern den «Großen Satan» USA als Urheber aller Übel anklagten und zum Beweis die Machenschaften der CIA, des Pentagon oder wahlweise aller Ungläubigen anführten. Seither nahm die Politisierung des Islam und die Mobilisierung antiwestlicher Affekte Fahrt auf. Die Vereinigten Staaten für diese Weiterung allein verantwortlich zu machen, wäre vermessen, aber naiv wäre es, sie aus der Verantwortung zu nehmen und zu bagatellisieren, dass sie im Namen des Westens der westlichen Welt schweren Schaden zugefügt haben.

Der unaufhaltsame Aufstieg der CIA

Der Doppelschlag gegen Reformer in Guatemala und im Iran katapultierte die CIA ins Zentrum der Macht. Bis dahin hatte sich die «Firma», ihrem Gründungsauftrag entsprechend, auf das Sammeln und Auswerten von Informationen beschränken müssen. Weitergehende Missionen – etwa die Abwicklung von Waffenlieferungen an Griechenland zur Unterdrückung der kommunistischen Opposition – waren die Ausnahme, sie änderten nichts am nachgeordneten Status des Geheimdienstes. Doch seit dem Sommer 1954 galten die Agenten aus Langley als Machtmultiplikatoren im weltpolitischen Kräftemessen. Wie ihre Erfolge zustande gekommen waren, interessierte nur am Rande. Entscheidend war der Wille zur Überschreitung politischer und moralischer Grenzen. «In [diesem] Spiel gibt es keine Regeln», betonte General James H. Doolittle, Vorsitzender einer von Präsident Eisenhower einberufenen Kommission zur Bewertung verdeckter Operationen. «Bislang akzeptierte Normen menschlichen Verhaltens haben keine Gültigkeit mehr. Wenn die Vereinigten Staaten überleben sollen, dann müssen althergebrachte amerikanische Vorstellungen von ‹Fair Play› von Grund auf überdacht werden. Wir müssen […] lernen, unsere Feinde durch Methoden zu unterwandern, zu sabotieren und zu zerstören, die klüger, raffinierter und effektiver sind als die gegen uns angewandten.»[17] Die CIA sah in den neuen «Spielregeln» einen Freifahrtschein in ein goldenes Zeitalter und trat selbstbewusster, auftrumpfender und anmaßender denn je auf. Eben wie eine Organisation, die glaubt, über Wasser gehen zu können. «Man war fälschlicherweise der Meinung», so eine interne Auswertung, «die Entwicklung in der Dritten Welt nach Belieben und mit minimalem Aufwand lenken zu können.»[18] Trotzdem – oder gerade deshalb – standen dem Behördenchef Allen Dulles die Türen zum Weißen Haus jederzeit offen.

Verdeckte Operationen versprachen erstens einen maximalen

Ertrag bei minimalem Aufwand. Das im Iran und in Guatemala nötige Budget hätte vermutlich noch nicht einmal den Tagessatz eines Militäreinsatzes abgedeckt. Davon abgesehen wurde ein Schattenkrieg selten mit dem Leben eigener Soldaten bezahlt. Und weil das Leid der anderen, so es denn überhaupt ans Licht kam, erfahrungsgemäß kaum interessierte, musste man auch nicht mit unangenehmen Nachfragen oder öffentlichen Protesten rechnen. Florett statt Vorschlaghammer, dieses Angebot passte wie maßgeschneidert zu den sicherheitspolitischen Vorgaben der Regierung Eisenhower. «More bang for the buck» forderte der Präsident bei jeder sich bietenden Gelegenheit, also größere Effizienz in Kombination mit sparsamer Haushaltsführung. In diesem Sinne leistete die CIA sogar einen Beitrag zur politischen Glaubwürdigkeit und Legitimation der Regierung.

Zweitens konnte die CIA wie ein persönliches Machtwerkzeug des Präsidenten eingesetzt werden. Im Vorfeld des Putsches gegen Mohammad Mossadegh tappten die Iranexperten des Außenministeriums im Dunkeln, am Ende waren sie von den Vorgängen so überrascht wie normale Zeitungsleser. Ob sie zugestimmt oder opponiert hätten, ist an dieser Stelle nicht von Interesse. Dass man sie wie ihre Kollegen in anderen Ministerien geräuschlos übergehen konnte, war die zukunftsträchtige Lektion.[19] All dies kam den autokratischen Neigungen des CIA-Chefs Allen Dulles zweifellos entgegen. Mehr noch fügte es sich in einen seit den 1930er Jahren beobachtbaren und nach dem Zweiten Weltkrieg forcierten Trend: die Aufwertung der Exekutive mittels Abschottung. Je größer das weltpolitische Engagement der USA, desto exklusiver der Kreis der Entscheider, auf diesen Nenner lässt sich die Entwicklung bringen. Immer öfter wurden ressortübergreifende Gremien oder Zirkel handverlesener Berater mit Aufgaben betraut, die streng genommen in die Zuständigkeit von Ministerien oder Behörden fielen. Der kurze Dienstweg zum wichtigsten Geheimdienst gehörte zu diesen unbürokratischen Umgehungsstraßen. Sie hatten obendrein den verlockenden Vorteil, dass die parlamentarische Kontrolle mal gänzlich ausgeschaltet, mal an Ausschüsse delegiert werden konnte, die zur Geheimhaltung verpflichtet und deshalb politisch zahnlos waren.

Exklusivität kommt drittens der «plausible deniability» oder «glaubhaften Dementierbarkeit» zupass, wie es in der klobigen Übersetzung heißt. Was damit gemeint ist, hat der Politikwissenschaftler Samuel Huntington wie folgt beschrieben: «Es braucht eine Macht, die spürbar, aber nicht sichtbar ist. Macht bleibt so lange stark, wie sie im Dunkeln bleibt; einmal am Sonnenlicht, fängt sie an, sich zu verflüchtigen.»[20] Diese Rolle war der CIA auf den Leib geschneidert. Was immer die Regierung von ihr verlangte, es sollte und durfte nicht mit dem Weißen Haus in Verbindung gebracht werden. «Schmutzige Operationen» – Geldwäsche, Verfolgung politischer Gegner, Mord, Staatsstreich und dergleichen mehr – hätten dem Anspruch, für das Gute zu kämpfen und dem Rest der Welt moralisch überlegen zu sein, geschadet. Und sie hätten die Verantwortlichen, vorab den Präsidenten, zumindest in politische, wenn nicht strafrechtliche Schwierigkeiten gebracht. Immunisierung der Auftraggeber und Verwischen der Spuren sind demnach zwei Seiten einer Medaille. Beispielsweise gibt es erdrückende Indizien, dass der Putsch gegen Mohammad Mossadegh vom Weißen Haus genehmigt wurde, aber eine persönlich unterzeichnete Weisung Dwight D. Eisenhowers sucht man vergeblich. Den Rest besorgten dienstbare Geister in der Verwaltung: Eine unbekannte Zahl von Iran-Akten wurde entsorgt, ein interner, 128 Seiten starker Bericht über «Operation TP-AJAX» aus dem Jahr 1998 ist gut zur Hälfte geschwärzt.[21] Bis heute nutzen ausnahmslos alle Administrationen diese kreative Buchführung. Verfängliches lässt sich so gut wie nie bis zur obersten Ebene zurückverfolgen, in einschlägigen Dokumenten werden Ziele grob umrissen, aber die einzusetzenden Mittel nicht beim Namen genannt. Die Nachwelt kann sich, kurz gesagt, ihren Reim auf Vexierbilder machen. «Plausible deniability» geht also über den legitimen Schutz von Staatsgeheimnissen weit hinaus. Sie ist vorweg ein Mittel zur Ausdehnung und eine Einladung zum Missbrauch von Macht.

Schiffbruch vor Kuba

Gut 170 Geheimaktionen führte die CIA zwischen 1954 und 1960 in 48 Staaten durch, bis 1963 sollten über 300 weitere hinzukommen.[22] Der aufwändigste und langwierigste Einsatz spielte auf Kuba, ein Drama, das einem in Guatemala erprobten Drehbuch folgte, aber im Unterschied dazu außer Kontrolle geriet und die restliche Welt an den Rand des Abgrunds bugsierte. Die Behauptung, dass man sich gegen sowjetische Übergriffe zur Wehr setzen musste, klang selten so überzeugend. Und war doch so irreführend wie immer.

Der Reihe nach. Anfang März 1959 – acht Wochen, nachdem ein von Fidel Castro befehligter Revolutionstrupp den verhassten Despoten Fulgencio Batista außer Landes gejagt und Kuba in einen kollektiven Freudentaumel versetzt hatte – diskutierte der Nationale Sicherheitsrat in Washington erstmals über Mittel und Wege zur Beseitigung der neuen Machthaber. «Beseitigung» war wörtlich zu verstehen, denn der Katalog der vorgeschlagenen Maßnahmen schloss die Ermordung von Castro und seines engsten Umfeldes ein. Von einer kubanisch-sowjetischen Liaison konnte zu dieser Zeit noch keine Rede sein. Castro wollte seinen eigenen Weg finden, der sowjetische Parteichef Nikita Chruschtschow fand keinen Gefallen an dem selbstverliebten Befreier aus der Karibik und hatte überdies mit seinen Störmanövern in Berlin scheinbar Wichtigeres im Sinn. In der amerikanischen Hauptstadt zählte dergleichen nicht. Castro sollte weg, je eher, desto besser. Im Oktober 1959 stellte Präsident Eisenhower der CIA eine Vollmacht für Terrorattacken gegen die Insel aus, weil Castro drauf und dran war, sakrosankte Spielregeln auszuhebeln. Er hatte der Welt die Grenzen des amerikanischen Dominanzanspruchs in Lateinamerika aufgezeigt.[23]

Regierung und Presse befeuerten die Panik in trautem Einvernehmen. Ob Zeitungen und Zeitschriften der Geschäftswelt nahestanden, den Gewerkschaften, der katholischen Kirche oder Veteranenverbänden, war in diesem Fall einerlei. Der Blick in die Zukunft des Kontinents konnte ihnen und ihrer teils konservativen, teils liberalen Leserschaft gar nicht düster genug sein. Die einen sahen Kuba als Opfer einer Verschwörung, eingedenk der Überzeugung, dass Widerstand gegen die Macht, die stets das Gute will und immer das Beste schafft, nur das Ergebnis einer bösartigen Gesinnung sein kann. Andere verwiesen mit ähnlicher Inbrunst auf die veränderte Taktung des Kalten Krieges: Weil an den Einflusszonen der Supermächte in Europa nicht mehr zu rütteln war, würde über das Schicksal von Freiheit und Sozialismus in der politisch erwachten Dritten Welt entschieden. Demnach konnte man den Wettlauf der Systeme auf Kuba zwar nicht gewinnen, wohl aber verlieren, erst recht, wenn Castro von Mexiko bis Argentinien Nachahmer fand. Auf Kuba ging es also um die letzten Dinge, um die Strahlkraft der USA und mithin um die Erwartung, dass die Geschichte der Menschheit nur im Triumph Amerikas zu ihrer Bestimmung kommt. Anders ist schwerlich zu erklären, warum man sich landauf, landab seit Castros erstem Tag im Regierungspalast derart über eine kleine Insel im Schatten Floridas ereiferte.[24]

Kein Staat außer Kuba wurde über Jahrzehnte hinweg mit Terror überzogen. Wobei der übliche Vorsatz – das Schutzbedürfnis der Bevölkerung durch Sabotageaktionen und stetige Angst zu zermürben – mit einem zynischen Kalkül einherging: Je stärker der Druck auf Castro, desto radikaler würde das Regime sein Heil in der Repression von Kritikern und Dissidenten suchen, sich folglich noch mehr Feinde schaffen und den Ausnahmezustand mit dem eigenen Untergang bezahlen. Über 800 Angriffe, im Schnitt mindestens einen pro Monat, soll es bis heute gegeben haben, mit 3500 Todesopfern und 2000 Verletzten allein zwischen 1959 und 1965.[25] Wie viele Attacken von Gegnern Castros, Exilkubaner vorweg, auf eigene Faust verübt wurden und wann die CIA ihre Hand im Spiel hatte, ist nicht zu sagen. Aber ohne das Zutun der amerikanischen Regierung und ihres Geheimdienstes wäre die genannte Zahl noch nicht einmal annähernd erreicht worden.

Um Castro in den kritischen Anfangsjahren nicht zur Ruhe kommen zu lassen, wurden küstennahe Siedlungen von bewaffneten Banden überfallen, Fischerboote beschossen, Geschäfte, Hotels, Theater, Kinos und Restaurants in Brand gesetzt, Kraftwerke, Hafenanlagen und Verkehrswege gesprengt und Mordanschläge auf Unterstützer der neuen Regierung verübt. Ein gutes Dutzend Studenten musste sterben, weil sie Bauern Lesen und Schreiben beibrachten, andere Freiwillige gerieten in Hinterhalte, sobald sie wochenends über Land zogen und auf eigens hergerichteten Lastwagen Stummfilme aus Hollywoods Traumfabrik vorführten. In Havanna fanden am 4. März 1960 über 100 Hafenarbeiter den Tod, als zwei auf dem französischen Frachter «La Coubre» versteckte Bomben zündeten und die Ladung – für die kubanische Armee bestimmte Granaten und Munition – hochgehen ließen. Dass die CIA tausende Waffen auf der Insel deponiert hatte, dass binnen eines Jahres schätzungsweise 300000 Tonnen Zucker nebst Dutzenden von Tabaklagern durch Brandanschläge vernichtet wurden, ist ebenfalls gut dokumentiert. Allein für den Einsatz biologischer Kampfstoffe gegen landwirtschaftliche Ziele gibt es keine zweifelsfreien Belege, nur eine Vielzahl epidemiologischer Indizien. Nicht zuletzt sind Washingtons Beziehungen zum organisierten Verbrechen erwähnenswert. Ende August 1960 nahm die CIA mit ausdrücklicher Billigung des Behördenchefs Allan Dulles Kontakt zu Santos Trafficante, Meyer Lansky, Johnny Roselli und Sam Giancana auf, Mafiagrößen, die wegen des Verlusts kubanischer Bordelle und Kasinos scheinbar ein Motiv für die Ermordung Castros hatten. Es war der Beginn einer langjährigen Geschäftsbeziehung. Offiziell räumt die CIA für die Zeit von 1960 bis 1965 acht Mordversuche ein; der kubanische Geheimdienst zählt bis heute deren 638.[26]

Wenig bekannt ist der seit Oktober 1960 auf kubanische Familien ausgeübte Psychoterror. «Radio Swan», ein auf den karibischen Schwaneninseln stationierter und von der CIA unterhaltener Propagandasender, verbreitete die Horrormeldung über den Äther: «Kubanische Mütter, [...] das neue Gesetz der Regierung sieht vor, Euch Eure Kinder im Alter von fünf Jahren wegzunehmen und sie im Alter von 18 Jahren zurückzugeben. Dann werden sie bereits Monster sein. Achtung Mütter, geht zur Kirche und haltet Euch an die Weisungen der Geistlichen.»[27] Für Aufregung hatten die Einrichtung staatlicher Kindertagesstätten und das Bemühen der Regierung gesorgt, mehr Frauen von den Vorteilen einer Erwerbsarbeit zu überzeugen. Bei den hilfsbereiten Geistlichen handelte es sich um katholische Priester, die mit Kopien einer gefälschten Anweisung des Innenministeriums hausieren gingen und die Radiomeldung nach allen Regeln des Schauermärchens weiter ausschmückten. Mal war die Rede von Horten auf Kuba, die künftig die Elternrolle übernehmen sollten, mal von Umerziehungslagern im Ostblock, wo Kinder missbraucht, ermordet und mitunter zu Wurst verarbeitet würden. Auch der Hinweis auf langjährige Haftstrafen für widerständige Eltern fehlte nicht.

Initiiert hatten die Kampagne Mitarbeiter des katholischen «Wohlfahrtsbüros» in Miami und einige Glaubensbrüder auf Kuba. Aber den entscheidenden Impuls gaben die CIA, seit Juli 1961 für die Koordination des Täuschungsmanövers zuständig, und das Außenministerium in Washington, das sich über sämtliche Einwanderungsbestimmungen hinwegsetzte und von Januar 1961 bis Oktober 1962 rund 50000 Einreisevisa für unbegleitete Jugendliche ausstellte. Der Appell, Kinder vor einer ruchlosen Regierung in Sicherheit zu bringen, fand vor allem im Mittelstand Anklang – also einer Klientel, die von Castro ohnehin nichts wissen wollte und in Teilen sogar auf eine Invasion der USA hoffte. Codename «Peter Pan»: Bis zum Herbst 1962 verließen 14000 Kinder und Jugendliche im Alter von fünf bis 16 Jahren ihre Heimat Richtung USA, knapp 10000 sollten in den kommenden Jahren auf dem Umweg über Spanien folgen. Dass es sich um ein organisiertes Unternehmen handelte, fiel der kubanischen Regierung erst 1965 auf. Die Gegenmaßnahmen kamen viel zu spät. «Peter Pan», das Kind, das niemals erwachsen wird, hatte seinen Namen für tausende Kinder hergeben müssen, die niemals zurückkehrten. Ihre mittlerweile erwachsenen Stimmen wurden erst in den 1990er Jahren gehört.[28]

In einer Farce endete der Versuch, den 1954 in Guatemala inszenierten Putsch auf Kuba zu wiederholen. Mit einem Doppelschlag – der Landung von rund 1500 Exilkubanern auf der Insel und der gleichzeitigen Ermordung Castros durch die Hand gedungener Mafia-Killer – sollte das Signal zu einem Regimewechsel gegeben werden. Um nicht eindeutig als Drahtzieher dazustehen, zögerte Präsident John F. Kennedy die erhoffte Luftunterstützung allzu lange hinaus. Die Invasoren wurden entlang der Schweinebucht eingekesselt und in Sichtweite des amerikanischen Flugzeugträgers «Essex» gefangen genommen. Der Generalinspekteur der CIA, Lyman Kirkpatrick, bezeichnete die in Washington ausgeheckte «Operation Zapata» schlicht als «wahnsinnig». «Die Agency marschierte vorwärts, ohne genau zu wissen, was sie tat.»[29]

Aus ihrem Schaden wurde die amerikanische Regierung nur noch wütender. Fortan verstiegen sich die Brüder Kennedy zu einer Familienvendetta. Robert Kennedy – auf dem Papier Justizminister, tatsächlich aber wichtigster Vertrauter, Auge und Ohr des Präsidenten – brachte den Apparat auf Linie. «Alle Schrecken dieser Welt» sollten Kuba heimsuchen, ein Regimewechsel «hat höchste Priorität, alles andere ist zweitrangig, wir dürfen keine Zeit verlieren, der Aufwand an Geld oder Arbeitskraft spielt keine Rolle. […] Wir befinden uns im Krieg [mit Castro]. Für ein Scheitern gibt es keine Entschuldigung. Es ist absolut nicht einsehbar, dass die reichste und mächtigste Nation der Welt das nicht hinkriegen kann.»[30] Tag für Tag dieselbe Litanei, überdosiert und derart in Schnappatmung vorgetragen, dass selbst treue Paladine wie Arthur Schlesinger Jr. noch Jahre später von einer «brutalen», «hektischen» und «hysterischen» Stimmung im Weißen Haus sprachen.[31] Die außenpolitische Räson galt für die Kennedys auch im Privaten: Wer nicht für uns ist, ist gegen uns und wird die geballte Macht des Stärksten zu spüren bekommen. Nachgeben ist keine Option.

«Operation Mongoose» nannte man intern den seit Herbst 1961 verschärften Schattenkrieg gegen Kuba. Zahlreiche Spuren wurden im Laufe der Zeit verwischt, viele Dokumente liegen bis heute unter Verschluss. Eines indes lässt sich ohne Übertreibung festhalten: Gegen keinen Gegner in der Dritten Welt betrieb die CIA jemals einen derartigen Aufwand. 600 Agenten wurden auf dem Campus der Universität von Miami zusammengezogen; mehr Personal arbeitete nur am Hauptsitz der «Firma» in Langley. Der Terrorphantasie schienen keine Grenzen gesetzt. So spannte man, um das Wirtschaftsleben alsbald zum Stillstand zu bringen, neben der Gewerkschaft der Transportarbeiter auch ausländische Tochterunternehmen amerikanischer Konzerne in die Wirtschaftsblockade ein. Die einen sollten das Löschen aus Kuba kommender Fracht verweigern, die anderen den Abschluss internationaler Handelsverträge mit der Insel torpedieren. Von einem übereifrigen oder gar aus dem Ruder laufenden Geheimdienst kann in diesem Fall keine Rede sein. Sämtliche Maßnahmen wurden von Spitzenvertretern des Nationalen Sicherheitsrats sowie des Außen- und Verteidigungsministeriums im Wochentakt diskutiert und abgesegnet. Aus dem Kreis dieser von Robert Kennedy geleiteten «Special Group» stammte auch die Idee, notfalls einen Kriegsgrund vorzutäuschen und auf der Insel zu landen – aber nicht noch einmal mit dilettierenden Exilkubanern, sondern mit US-Streitkräften. Die Einsatzpläne lagen seit April 1962 vor, die Truppen standen zum Einsatz bereit, der Ernstfall wurde an Land und zu Wasser bis zum Herbst 1962 mehrmals geübt. Jahrzehnte später räumte der damalige Verteidigungsminister Robert McNamara ein, dass Washington ohne Not eine Lawine losgetreten hatte. «Wenn ich damals ein kubanischer Führer gewesen wäre, hätte ich eine US-Invasion erwartet. [...] Und wenn ich ein sowjetischer Führer gewesen wäre, wäre ich wohl zu demselben Schluss gekommen.»[32]

Kein Monat ohne Sabotageaktionen, dazu diffuse Erwartungen eines bevorstehenden Militärschlags – sollte Fidel Castro je an eine gute Nachbarschaft mit den USA oder zumindest an eine zeitweilige Duldung seiner Regierung geglaubt haben, so ließ er diese Illusion alsbald fahren. Das Kalkül war denkbar einfach: Wenn die USA mit innenpolitischen Gegnern gemeinsame Sache machen, müssen diese Dissidenten ausgeschaltet werden, im Zweifel auch willkürlich, Hauptsache, die Zahl der potentiellen Rekruten für die CIA wird auf ein Minimum reduziert. Damit ist nicht entschuldigt, wohl aber erklärt, warum Castro in den ersten Jahren seiner Herrschaft 1900 Oppositionelle von Revolutionstribunalen zum Tode verurteilen und ungezählte andere in Gefängnissen verschwinden ließ. Ob er auch ohne den Druck aus den USA so weit gegangen wäre, kann niemand wissen. Bekannt ist indes, dass engste Weggefährten zu einer vorbeugenden Repression rieten, Ernesto «Che» Guevara vorweg, der sich während des Putsches gegen Jacobo Árbenz in Guatemala aufgehalten und militante Abwehr schon damals als einziges Mittel der Selbstbehauptung gepredigt hatte. Von ihm hätte der Satz stammen können, den Castro zur Rechtfertigung seines Kurses immer wieder anführte: «Kuba ist nicht Guatemala.»[33]

In der Sowjetunion um Unterstützung zu bitten, musste Washington erst recht zur Weißglut treiben. Für Castro schien es ein naheliegender, wenn nicht zum Überleben notwendiger Schritt. Nach anfänglichem Zögern genehmigte der Kreml im Sommer 1959 den Kauf von in Polen mit sowjetischer Lizenz produzierten Waffen, im Jahr darauf wurde ein umfangreiches Kredit- und Handelsabkommen unterzeichnet. Von einem Brückenkopf in der Karibik kann jedoch erst nach der gescheiterten Invasion in der Schweinebucht gesprochen werden. Kuba zu einer uneinnehmbaren Festung auszubauen, würde das Prestige der UdSSR in der Dritten Welt aufwerten und nebenbei die chinesische Regierung mit ihrer Kampagne gegen die «Revolutionsverräter» in

Moskau Lügen strafen. So sah es jedenfalls der in der Außenpolitik nahezu machtvollkommene Nikita Chruschtschow. Und ein weiteres Thema reizte den Parteichef: Wenn sich die USA das Recht herausnahmen, an jedem beliebigen Ort der Welt und vor allem in unmittelbarer Nähe zur UdSSR Atomraketen zu stationieren, warum durfte man dieses Recht nicht auch für sich selbst in Anspruch nehmen und Mittelstreckenraketen nach Kuba verschiffen? Sollte dadurch der Eindruck entstehen, dass die in der Raketenbewaffnung weit zurückliegende Sowjetunion in Kürze mit den USA gleichziehen könnte – umso besser. In jedem Fall trieben diese Waffen den Preis einer Invasion ins Unkalkulierbare. Weil auch John F. Kennedy den Sowjets eine Lehre erteilen wollte, nahm die dramatischste Konfrontation des Nuklearzeitalters ihren Lauf.

Warum die Kuba-Krise im Oktober 1962, ein 13tägiges Irrlichtern am Rande des Abgrunds, glimpflich ausging, ist bekannt.[34] Allerdings geraten bei der Nacherzählung des «Happy End» die Anfänge mitunter aus dem Blick. Genauer gesagt die berechtigte Vermutung, dass Castro wegen Kennedys Terrorkampagne in die Arme Moskaus getrieben wurde und dass es ohne Washingtons Fixierung auf einen Regimewechsel in Havanna keine Krise gegeben hätte. Von allen Spekulationen über hintergründige Triebkräfte der damaligen Ereignisse kommt diese dem tatsächlichen Geschehen besonders nahe.

In Washington blieb man freilich auf Jahrzehnte gegen derlei Einsichten immun. Dass Chruschtschow seine Raketen ohne Gegenleistung abzog, galt als triumphale Bestätigung des eigenen Kurses – und als Ermunterung, wie gewohnt weiterzumachen. Kennedy hielt das Militär weiterhin in Habacht-Stellung: «Wir müssen davon ausgehen, dass wir eines Tages wahrscheinlich auf Kuba landen müssen.»[35] Derweil gingen die Sabotageakte unter dem Codenamen «Integrated Covert Action Program» unvermindert weiter. Neu war allenfalls, dass man den Terrorgruppen mehr operative Autonomie einräumte. 22 Millionen Dollar flossen 1963 zu ihrer Unterstützung, 110 Tonnen

Waffen hinterlegte das Pentagon bis dahin in Depots auf Costa Rica, etwa zehn «schwarze Operationen» wurden pro Monat durchgeführt, die Ermordung Fidel Castros stand weiterhin auf der Agenda: alles mit Wissen und ausdrücklicher Billigung des Weißen Hauses. Vom Blutzoll – den 400 Arbeitern, die am 8. November 1962 bei einem Sprengstoffanschlag auf ihre Fabrik getötet wurden, bis zu den 73 Insassen eines Passagierflugzeugs der «Cubana Airlines», das am 6. Oktober 1976 nach der Explosion von zwei Zeitbomben ins Meer stürzte – nahm außerhalb Kubas kaum jemand Notiz. Und dass die Täter von der CIA ausgebildet worden waren, fiel ebenfalls unter den Tisch.[36] Gerade dieses Schweigen kam dem Zweck verdeckter Operationen entgegen: Macht ist so lange stark, wie sie im Dunkeln bleibt.

Andererseits provozierten die USA genau das, was sie hatten vermeiden wollen: noch mehr Unruhe und Widerstand. Von Mexiko City bis Buenos Aires schwoll die Empörung über die «Gringos» an, marxistische, trotzkistische und maoistische Gruppen bekamen nicht nur regen Zulauf, sondern fanden auch Gefallen an Theorie und Praxis des bewaffneten Widerstands. Über alle Differenzen hinweg waren sie sich in einer Sache einig: dass mit dem Moloch im Norden kein Auskommen ist, egal, ob man auf behutsame Reformen oder radikalen Umbruch setzt. Und dass der beste Selbstschutz darin besteht, Zähne zu zeigen. Also Orte und Zeitpunkt der Konfrontation selbst zu wählen und Goliath nach Art eines finassierenden Judokämpfers aus dem Gleichgewicht zu bringen.

«Ein Zurückweichen gab es für uns nicht. Um die Wahrheit zu sagen: Es kam uns überhaupt nicht in den Sinn, nachzugeben.»[37] Damit beschrieb Fidel Castro seine Politik während der Raketenkrise und noch mehr Kubas Auftreten in den Jahren danach. Die «kubanische Art der Abschreckung» oder «Strategie der Schwachen» war – Moskau hin oder her – eine Rückbesinnung auf die eigene Kraft und noch mehr das Vortäuschen von Stärke. In einem Satz: Der Imperialismus wird nur dann von Kuba lassen, wenn es mehr Brandherde auf der Welt als Feuerwehren gibt, wenn der Starke überbeschäftigt ist, sich verzettelt und seine Ressourcen allmählich, aber sicher verschleißt. In diesem Sinne wurde Kubas Freiheit auf drei Kontinenten verteidigt, in Lateinamerika ohnehin, aber in Asien und Afrika nicht minder. Und aus diesem Grund war die Unterstützung von Guerillas in möglichst vielen Ländern eine Frage des eigenen Überlebens, deshalb musste man, in den Worten von «Che» Guevara, den Widerstand exportieren – oder «zwei, drei, viele Vietnam» schaffen.[38]

Den Worten folgten im Oktober 1963 erstmals Taten, als Castro 800 Soldaten und 70 Panzer nach Algerien verlegte, Hilfe für die Regierung Ben Bella in ihrem Streit mit Marokko um Gebiete in der Ostsahara. Kurz darauf versorgte man Aufständische in Venezuela mit Waffen. Und gut zehn Jahre später mischten 30000 Kämpfer aus Kuba bei den Bürgerkriegen in Angola, Äthiopien, Guinea, Guinea-Bissau, Mozambique und Benin mit. Es waren beispiellose Schachzüge, hatte doch kein Land der Dritten Welt jemals Truppen auf einem anderen Kontinent eingesetzt. Dass Castro seinen «großen Bruder» in Moskau im Dunkeln ließ, wusste niemand. Es hätte in Washington auch keinen Eindruck gemacht. Dort gaben die üblichen Reflexe – Phantasien von beschädigter Glaubwürdigkeit, verlorener Macht und drohendem Untergang – den Takt vor.

Man schaukelte sich so lange gegenseitig hoch, bis kaum jemand mehr wusste, wer eigentlich angefangen oder wer auf wen zu welchem Zeitpunkt und warum geantwortet hatte. Letztendlich ist es auch belanglos, derlei Erbsen zu zählen. Worauf es mit Blick auf Washington ankommt, ist etwas anderes: Dass eine Administration nach der anderen nicht mehr die Kraft aufbrachte, aus diesem Teufelskreis auszusteigen. Dass Warnungen vor Überreaktion und selbst gestellten Fallen auch dann nicht gehört wurden, wenn sie aus den eigenen Reihen kamen. Und dass der sofortige Gewinn wieder einmal mehr zählte als die langfristigen Kosten.

Auf Gewalt gegründet

Südvietnam, Indonesien, Lateinamerika

Südostasien war seit 1945 ein Epizentrum politischen Aufbruchs und sozialer Verwerfungen. Länder wie Vietnam und Indonesien mussten nach dem Ende der japanischen Besatzung und dem überfälligen Abschied europäischer Kolonialmächte – Frankreich hier, die Niederlande dort – ihren eigenen Weg in die Zukunft suchen. Wie dieser verlaufen sollte, blieb lange Zeit offen. Ho Chi Minh, Gallionsfigur des Widerstands gegen Japan, galt anfänglich als Bewunderer der USA und stellte das neue Vietnam in die Tradition der amerikanischen Unabhängigkeitserklärung – selbstbestimmt im Inneren, souverän nach außen, der Freiheit aller und dem Glück des Einzelnen verpflichtet. Warum auch nicht, schließlich hatte der kurz vor Ende des Zweiten Weltkrieges verstorbene Franklin D. Roosevelt immer wieder die Unterstützung der Vereinigten Staaten bei der Überwindung kolonialer Bevormundung in Aussicht gestellt und Europa diesbezüglich in die Pflicht genommen.

Indonesien hatte zwar keinen Ho Chi Minh. Aber dort war ein Mann mit ähnlichen Ambitionen zum ersten Präsidenten der Republik gewählt worden: Sukarno, ein entschiedener Antikolonialist, setzte nicht nur außenpolitisch auf einen «dritten Weg» zwischen Kapitalismus und Sozialismus. Dergleichen schwebte ihm auch beim Umbau der Gesellschaft vor, nämlich eine Zähmung der Märkte durch einen starken Sozialstaat. In diesen Suchbewegungen spiegelten sich die Ambivalenzen der Zeit, sie machten deutlich, dass vieles im Fluss und Wichtiges noch längst nicht beantwortet war.

In Washington hatte man weder Zeit noch Sinn für die Nuancen dieser Umbrüche. Gesucht wurden vielmehr Wellenbrecher, Verbündete, die sich dem antikolonialen Nationalismus entgegenstemmten und amerikanische Vorstellungen einer geordneten Welt bedienten. Deshalb ist die Lektüre von Memoranden des Nationalen Sicherheitsrats oder des Außenministeriums ein immerwährendes Déjà-vu. Was zu Lateinamerika bereits gesagt worden war, tauchte bei der Bewertung Südostasiens wieder auf, mit dem einzigen Unterschied, dass die Namen der Antipoden Jacobo Árbenz und Fidel Castro durch Ho Chi Minh und Sukarno überschrieben wurden. Über sie war das Urteil längst gefällt: Unsichere Kantonisten, offen für Neues und dem Experimentieren nicht abgeneigt, könnten den Lockrufen aus Moskau erliegen – irgendwann, irgendwie und irgendwo. Die Panik vor dem Abstrakten verstellte wieder einmal den Blick auf das Konkrete. Und führte einer Politik die Hand, deren Prophezeiungen sich durch eigenes Zutun erfüllten.

Unter Tyrannen

Das absehbare Desaster nahm in Vietnam seinen Anfang. In den frühen 1950er Jahren war Ho Chi Minhs künftiger Kurs noch nicht abgesteckt, außer, dass er das koloniale Joch Frankreichs abwerfen und die Einheit des Landes wahren wollte. Beides schien im Mai 1954, nach der französischen Niederlage bei Dien Bien Phu, in greifbarer Nähe. Die kurz darauf während der Genfer Indochinakonferenz für das Jahr 1956 anberaumten Wahlen hätte Ho Chi Minh nach Meinung der meisten Beobachter haushoch gewonnen. Warum daraus nichts wurde, ist zigfach beschrieben worden und kann dennoch nicht oft genug wiederholt werden: Weil die USA dem selbstbewussten Charismatiker misstrauten, weil sie dessen Stellung nicht noch weiter aufwerten wollten, weil sie an allen Ecken und Enden das Gift abweichenden Verhaltens einsickern sahen. Daran scheiterten die Wahl und eine Umsetzung des Genfer Abkommens, deshalb wurde das Land entlang des 17. Breitengrades geteilt und im Süden ein Strohmann von Washingtons Gnaden installiert: Ngo Dinh Diem. Für die Aufgaben des Ministerpräsidenten brachte er keinerlei Qualifikation mit, zu seinen Gunsten sprach allein der Umstand, dass man im Weißen Haus keinen anderen Kandidaten kannte.[1]

Auf diese Weise hatten die USA zum wiederholten Male den Bock zum Gärtner gemacht. Ausgestattet mit opulenter Wirtschafts- und Militärhilfe, glaubte Diem, auf nichts und niemanden mehr Rücksicht nehmen zu müssen. Er etablierte ein nepotistisches Regime, auf ihn persönlich zugeschnitten und geführt – wie der Journalist Stephen Kinzer mit angemessener Bissigkeit bemerkte – von «einem Politbüro eigener Art, das er aus nahen Verwandten bildete».[2] Vor allem ließ er kaum eine Gelegenheit zur sozialen Spaltung samt der dazugehörigen politischen Polarisierung des Landes aus. Seine Landreform begünstigte die ohnehin privilegierten Grundbesitzer, Zwangsumsiedlungen in Wehrdörfer gingen nicht zu Lasten der erstarkenden Guerillabewegung, sondern schädigten in erster Linie die entwurzelten Bauern, die Unterdrückung buddhistischer Kritiker heizte deren Widerstand weiter an – bis zur Selbstverbrennung mehrerer Mönche vor den Kameraobjektiven der Weltpresse. Ho Chi Minh ließ die Chance nicht ungenutzt und fachte die bürgerkriegsähnliche Stimmung mit der vermehrten Entsendung von Untergrundkämpfern weiter an. Eine Vereinigung Vietnams zeichnete sich ab, diesmal allerdings zu den Bedingungen der Machthaber im Norden, die – vom Westen enttäuscht und auf der Suche nach starken Partnern – teils der UdSSR, teils der VR China Avancen machten.

Unbeirrbar darauf fixiert, ein politisches Problem mit militärischen Mitteln zu lösen, ermunterte das Weiße Haus eine Handvoll südvietnamesischer Generäle zum Putsch gegen Diem. Alternative Vorschläge – sich als Vermittler zwischen Nord und Süd anzubieten, die Genfer Verhandlungen wieder aufleben zu lassen oder auf die Einsetzung einer Zivilregierung zu drängen – hatten in den wochenlangen, oft quälenden Debatten in Washington keine Chance. Nicht dass sie nach sorgsamer Abwägung der Vor- und Nachteile verworfen worden wären; sie kamen nicht zur Sprache, weil man sie schlicht nicht hören wollte. Gestritten wurde einzig über die Erfolgsaussichten und den Zeitpunkt eines Staatsstreichs, selbstverständlich auch über eine zweckmäßige, Amerikas Rolle ausblendende Inszenierung. Und maßgebend war allein, ob General Duong Van Minh und seinen Mitstreitern das Abwürgen einer hausgemachten Opposition zugetraut werden konnte. Selbst der Hinweis der Putschisten, Diem gegebenenfalls zu ermorden, schreckte die Regierung Kennedy nicht ab. Sie ließ den Dingen ihren Lauf und kommentierte das Blutbad vom 1. November 1963 ebenso routiniert wie halbherzig. Es gehörte zum Preis ihrer kurzsichtigen, aber mit langem Atem betriebenen Ordnungspolitik.[3]

Dasselbe Trauerspiel wurde in Indonesien aufgeführt. Sukarno hatte kaum den Amtseid abgelegt, als in Washington erste Ideen zu seinem Sturz zirkulierten. Der Vorwand schien schlüssig. Die Kommunistische Partei Indonesiens, die «PKI», war mit 3,5 Millionen Mitgliedern die stärkste ihrer Art außerhalb des Ostblocks, 20 Millionen Mitglieder in parteinahen Verbänden für Frauen, Jugendliche, Bauern, Künstler und Intellektuelle schufen ihr zusätzlichen Rückhalt in allen gesellschaftlichen Bereichen. Einer gewaltsamen Revolution hatte diese Partei längst abgeschworen, sie strebte über Wahlen zur Macht und hielt sich an parlamentarische Spielregeln – Grund genug für Sukarnos Politik der wohlwollenden Duldung und punktuellen Zusammenarbeit. Eben darum galt der Präsident aus amerikanischer Sicht als Steigbügelhalter oder nützlicher Idiot der Kommunisten, in anderen Worten als legitimes Ziel verdeckter Operationen. Die CIA füllte die Kassen seiner politischen Gegner und päppelte seit 1957 zwei Rebellengruppen auf, die ihre Stützpunkte in Sumatra und Sulawesi für Terrorvorstöße nach Indonesien nutzten. Entscheidend aber war die Nähe zu rechtsgerichteten Militärs, hergestellt mit großzügiger Finanzhilfe und Einladungen zur Ausbildung an amerikanischen Offiziersschulen. Auf diese Kader kam es an, ohne ihr Eingreifen hatten die Kommunisten nichts und Sukarno wenig zu befürchten. Sofern es gelang, ihnen die Angst vor der eigenen Courage zu nehmen, wähnte sich die US-Regierung auf gutem Weg.[4]

In den Jahren 1964 und 1965 verschärfte Washington die Gangart. Stimmen aus dem Außenministerium maßen Indonesien mehr Gewicht zu als Südvietnam und stellten Vergleiche zum «Verlust Chinas» an – gemeint war, dass die USA im Zuge der chinesischen Revolution der 1940er Jahre eine angeblich unverzichtbare Bastion in Asien verloren hatten. Die auf die Rolle der Kassandra abonnierte CIA wollte sich keine Blöße geben und forderte einen «Masterplan» für einen baldigen Regimewechsel in Jakarta, garniert mit dem Hinweis, dass der «Verlust Indonesiens» selbst einen Sieg in Vietnam entwerten würde.[5] Die auch andernorts, vorweg unter britischen Diplomaten, geteilte Panik hing mit Sukarnos Haltung zu Amerikas jüngstem Krieg zusammen. Nachdem Lyndon B. Johnson im August 1964 den Bombenkrieg erstmals auf Nordvietnam ausgeweitet und mit einer Lüge – einem angeblichen Torpedoangriff auf US-Kriegsschiffe im Golf von Tonkin – begründet hatte, brach Indonesien nicht nur seine diplomatischen Beziehungen zu Saigon ab. Man erkannte auch die kommunistische Regierung in Hanoi formell an und bemühte sich obendrein um intensivere Kontakte zur VR China. Alles passte ins Bild der fallenden Dominosteine. Und die entsprechenden Warnungen klangen umso schriller, als sämtliche Bemühungen zur Demontage Sukarnos noch keine greifbaren Erfolge erbracht hatten.

Die Wende kam Anfang Oktober 1965, unversehens und ohne amerikanisches Zutun. Eine Gruppe junger Offiziere, die sich mit dem großspurigen Etikett «Bewegung 30. September» eine nicht vorhandene Bedeutung zuschrieb, ermordete sechs Generäle und einen Leutnant – angeblich, um Sukarno vor einem geplanten Putsch der Armeeführung und einem Hinterhalt der

CIA zu schützen. Welche Vorbehalte an der Spitze des Militärs gegen den Präsidenten auch immer gehegt wurden, von einer Verschwörung konnte zu diesem Zeitpunkt keine Rede sein. Und für eine akute Intrige des US-Geheimdienstes gibt es bis heute keinen Beleg. Dennoch kam es, wie von den Meuterern befürchtet, ausgerechnet sie setzten in Gang, was sie hatten vermeiden wollen. Statt nach dem Spuk zur Tagesordnung überzugehen, erkannte Generalmajor Suharto die Gunst der Stunde. Auf sein Betreiben lancierte die Propagandaabteilung des Militärs ein Märchen ganz anderer Art: dass die Kommunistische Partei bei der «Bewegung 30. September» die Fäden zog und mit deren Hilfe den Griff nach der Macht im Staat wagte. Einen besseren Vorwand zum Zerschlagen der «PKI» und zur anschließenden Entmachtung Sukarnos hätte man sich nicht wünschen können. Und die Gegner des Präsidenten machten tatsächlich das Schlimmste daraus.[6]

So begann einer der größten Massenmorde des 20. Jahrhunderts. Binnen weniger Tage ging die Armee dazu über, Kommunisten – oder wen man dafür hielt – zu verhaften, in Lager zu pferchen, zu foltern oder gleich auf der Stelle zu töten. Binnen eines Jahres wurden 500 000 Menschen ermordet und eine Million weggesperrt, ungefähr 30 000 hielt man bis zum Ende der 1970er Jahre in Gefängnissen und Arbeitslagern fest. Kein Landstrich, keine Insel blieb von dem Gemetzel verschont, überall kam ein aufgeputschter Mob von Zivilisten der staatlichen Soldateska zu Hilfe. Mal gab politischer Fanatismus den Ausschlag, mal religiöse Feindseligkeit, oft wurde auch gemeuchelt, um andere Rechnungen zu begleichen oder weil Exzesstäter eine Gelegenheit witterten, sich schadlos zu halten. Weil ihm die Kontrolle über Militär und Polizei zusehends entglitten war, verharrte Präsident Sukarno in der Rolle des hilflosen Beobachters. Im März 1966, knapp sechs Monate nach Beginn der Schlächtereien, trat er zurück. Der despotische Nachfolger, General Suharto, profitierte bis zum Ende seiner Amtszeit im Jahr 1998 davon, dass sich die Weltöffentlichkeit weniger für die Umstände seiner

Machtergreifung als für die zeitgleiche Eskalation des Krieges im benachbarten Vietnam interessierte. Und was der amerikanische Geheimdienst zu berichten wusste, war ohnehin nur für den Dienstgebrauch bestimmt. Die CIA stellte das indonesische Drama in eine Reihe mit den Verbrechen Hitlers, Stalins und Maos.[7]

«Die Vereinigten Staaten zeigten sich über die Massenmorde in Indonesien geradezu begeistert.» Ein Satz wie ein Peitschenhieb, aus der Feder eines amerikanischen Historikers, ein Satz, den man vielleicht nicht wahrhaben will, aber im Licht einer nüchternen Bestandaufnahme akzeptieren muss.[8] Daran ändert auch der erhebliche Aufwand beim Verwischen der Spuren nichts. Trotz verschwundener oder bis heute in groteskem Umfang geschwärzter Quellen lässt sich sagen, dass Washington voll im Bilde war und der marodierenden Armee gerade deshalb den Rücken stärkte – insbesondere in der entscheidenden Phase zwischen Oktober 1965 und März 1966. Diplomaten in der US-Botschaft in Jakarta wussten im Voraus von den Absichten der Armee, sie führten gar Buch darüber, wie viele Kader der kommunistischen Partei wann und wo hingerichtet wurden. Kaum hatten die Massaker begonnen, war in Depeschen vom «Töten in sehr großem Umfang» und von «Schlächtereien» die Rede. Im Weißen Haus, im Außenministerium und bei der CIA wurden diese Informationen bis in die Chefetagen weitergereicht und in unmissverständlichen Worten kommentiert. Außenminister Dean Rusk: «Sollte die Bereitschaft der [indonesischen] Armee zu einem harten Durchgreifen gegen die PKI in irgendeiner Weise vom Einfluss der Vereinigten Staaten abhängen, so dürfen wir die Gelegenheit zum Handeln nicht verpassen.»[9]

Die Propagandamaschine wurde umgehend angeworfen und auf das Übliche kalibriert. Presse und Öffentlichkeit sollten glauben, dass die Militärführung um General Suharto das Land gegen putschbereite Kommunisten und ihre Hintermänner in Peking verteidigte. Das Wesentliche indes – der Transfer von Geld, Kommunikationstechnik, Lebensmitteln und medizinischer Ausrüstung an die indonesische Armee – spielte sich im Verborgenen ab. Wobei es weniger auf Art und Umfang der Hilfsgüter ankam als auf die politische Botschaft: Wir, die USA, decken alle Repressalien und erwarten die gleiche Entschlossenheit bei der Umsetzung der zweiten Aufgabe – dem Sturz von Präsident Sukarno. «Dass [Menschen] abgeschlachtet wurden», meinte ein Mitarbeiter des Außenministeriums, «war allen egal, solange es sich um Kommunisten handelte.»[10] Die amerikanische Regierung begnügte sich also nicht mit der Rolle des Zuschauers; Washington ermutigte die Täter und konnte deren Vollzugsmeldungen nicht schnell genug bekommen.

Dass auch Großbritannien und Thailand das Morden tolerierten und auf ihre Weise guthießen, dass die Sowjetunion Waffen an Jakarta lieferte, als sei nichts geschehen, sei der Vollständigkeit halber erwähnt. Es relativiert die Rolle der Vereinigten Staaten nicht im Mindesten. Sie behandelten das Terrorregime auch im Anschluss wie einen Premiumverbündeten im Dienst der Freiheit.

Die Rendite ließ in der Tat keinen Wunsch offen. Innenpolitisch erfüllte Suharto mit Dekreten zur Förderung ausländischer Investitionen und mit der Entrechtung von Gewerkschaften die in ihn gesetzten Erwartungen, Finanzinvestoren konnten ohne Rücksicht auf Gemeinwohl und andere sozialdemokratische Visionen befreit aufspielen. In der Außenpolitik gehörte das Liebäugeln mit einem «dritten Weg» der Vergangenheit an, Grund genug für Washington, von einer Kehrtwende in Südostasien und einem leuchtenden Vorbild für die gesamte Dritte Welt zu träumen. Zumindest erhoffte sich Sicherheitsberater McGeorge Bundy einen zusätzlichen Schub für Amerikas Vietnampolitik, wie einem Brief an Präsident Johnson zu entnehmen ist. «Der Kurswechsel [in Indonesien] ist eine eindrucksvolle Rechtfertigung unseres Bemühens […], im Spiel um die langfristigen Einsätze dabeizubleiben, obwohl ständig von uns verlangt wird, dass wir uns [aus Vietnam] zurückziehen.»[11]

Andererseits hatten sich die USA in ein Abhängigkeitsverhältnis begeben. Wer derart viel politisches Kapital investiert, kann seinen Protegé nur bei Strafe des Gesichtsverlusts fallenlassen. Suharto wusste um seinen Handlungsspielraum und nutzte ihn weidlich aus. Im Grunde konnte er sich benehmen, wie er wollte, die Waffenlieferungen versiegten ebenso wenig wie die Kredite zur Alimentierung seiner Satrapen. Mitte der 1970er Jahre schlüpfte er gar in die Rolle eines Erpressers und erweckte den Eindruck, als wedelte der Schwanz mit dem Hund. Auf der Wunschliste stand damals die Einverleibung Ost-Timors. Diese Inselparzelle, gut 2000 Kilometer östlich von Jakarta gelegen und über Jahrhunderte eine portugiesische Kolonie, wollte nach der «Nelken-Revolution» in Lissabon endlich eigene Wege gehen. Allerdings hatten die Nationalisten um die Gruppe «FRETELIN» ihre Zukunftspläne ohne Suharto gemacht. Er reklamierte Ost-Timor als Provinz Indonesiens, erklärte das Unabhängigkeitsdekret vom 28. November 1975 für null und nichtig und holte sich Anfang Dezember für die anstehende Militärinvasion die Rückendeckung von Präsident Ford und Außenminister Kissinger, die auf der Rückreise von einem Staatsbesuch in China bei ihm Station machten.

«Wir wollen Ihr Einverständnis für den Fall, dass wir schnelles oder drastisches Handeln für notwendig halten.» Schon der herrische Ton entlarvte Suhartos Absicht. Er bat nicht um etwas, er machte seinen Gesprächspartnern ein Angebot, das sie nicht ablehnend konnten – wissend, dass seine Hilfsdienste unentbehrlich waren, weil in Washington wie eh und je die Panik vor einem «strategischen Vakuum» in Südostasien umging. Entsprechend devot gab sich Gerald Ford: «Wir werden [für eine Invasion Ost-Timors] Verständnis haben und Sie deswegen nicht unter Druck setzen. Wir verstehen Ihre Probleme und Absichten.» Zwar verstieß diese Zusage gegen ein Votum des US-Kongresses, demzufolge Indonesien seine aus den USA bezogenen Waffen nur zur Selbstverteidigung einsetzen durfte. Aber der im Umgang mit solchen Hindernissen erfahrene Henry Kissinger wusste Rat. «Es hängt davon ab, wie wir es hindrehen, ob es nach Selbstverteidigung oder nach einem Eingriff von außen aussieht. [...] Was immer Sie tun, es ist wichtig, dass es schnell zum Erfolg führt.»[12]

Der Coup gelang. So absurd die Behauptung auch war, dass sich Indonesien gegen einen von Ost-Timor geführten Angriff zur Wehr setzen musste, der US-Kongress gab klein bei und genehmigte eine Fortsetzung der Militärhilfe im gewohnten Umfang. Die Invasion kostete allein in den ersten vier Jahren weit über 100000 Menschen das Leben, Opfer von Kampfhandlungen, Repressalien, Krankheiten und Unterernährung. Zudem wurden 300000 Ost-Timorer, knapp die Hälfte der Bevölkerung, jahrelang in Lagern der indonesischen Armee interniert. Erst im Herbst 1999 zogen sich die Invasoren zurück und machten den Weg frei für eine von der UNO vermittelte Unabhängigkeit. Bereits ein Vierteljahrhundert früher greifbar, musste sie jetzt unter ungleich schwierigeren Bedingungen erworben werden.

Fast zeitgleich zahlte auch Vietnam teuer für Washingtons Kumpanei mit einem Diktator, der anfänglich den Platzhalter hatte geben sollen und sich am Ende wie ein Tyrann gebärdete. Nach dem Sturz von Ngo Dinh Diem im November 1963 war eine Junta nach der anderen an ihrer Inkompetenz gescheitert, ehe General Nguyen Van Thieu 1967 die Macht in Saigon übernahm und mit standesgemäßer Skrupellosigkeit acht Jahre lang verteidigte. Was immer er zu verantworten hat, sein fortgesetztes Veto gegen einen Waffenstillstand wird auf ewig mit seinem Namen verbunden bleiben. Und die Art und Weise, wie er eine Schwäche Washingtons zur Stärkung der eigenen Position nutzte.

Der damalige US-Präsident Richard Nixon hätte, wie er freimütig einräumte, nach seinem Wahlsieg Ende 1968 den Krieg, der nicht zu gewinnen war, Knall auf Fall beenden können. «Und so schlecht wäre das gar nicht gewesen. Ja, die Nordvietnamesen hätten wahrscheinlich zwei Millionen südvietnamesische Katholiken abgeschlachtet und kastriert, aber das hätte niemanden aufgeregt. Diese kleinen, braunen Leute, so weit weg, wir kennen sie doch gar nicht, hätten alle gedacht.» Aber Nixon wollte nicht. «Das konnten wir nicht tun. Nicht wegen Vietnam, sondern mit Blick auf Japan, Deutschland und den Nahen Osten. [...] Wir mussten die Sache durchstehen.»[13] Um Image ging es also, um symbolische Politik und um Inszenierung. Der Vorwurf, einen Verbündeten im Stich gelassen zu haben, würde Amerikas ohnehin ramponierten Ruf als Ordnungsmacht noch weiter schädigen. Wenn Thieu schon nicht zu retten war, so sollte es doch so aussehen, als hätte er seinen Absturz selbst verschuldet. Zwischen dem unvermeidlichen Abzug aller US-Truppen und dem ebenso unaufhaltsamen Einmarsch nordvietnamesischer Einheiten in Saigon musste folglich eine gesichtswahrende Übergangsfrist – ein «decent interval» in den Worten des Präsidenten – liegen. Weil Nixon wusste, dass auch Nguyen Van Thieu das wusste, ließ er sich wohl oder übel vor dessen Karren spannen. Ob Thieu glaubte, in letzter Minute seinen Kopf doch noch aus der Schlinge ziehen zu können oder ob er sich zum Märtyrer stilisieren wollte, sei dahingestellt. In jedem Fall setzte er Washington mit dessen eigenen Interessen erfolgreich unter Druck und stellte die Machtverhältnisse vorübergehend auf den Kopf. In den Worten der Historikern Barbara Tuchman: «In einem Abhängigkeitsverhältnis vermag der Schützling seinen Beschützer stets zu kontrollieren, indem er damit droht, zusammenzubrechen.»[14]

So wurde der Krieg in die Länge gezogen, deshalb war die im Januar 1972 vereinbarte Waffenruhe noch nicht einmal ihr Papier wert. Thieus Zustimmung zu dem brüchigen Stillhalteabkommen hatte Nixon mit dem Versprechen erkauft, Rückzugsräume der Vietcong und der nordvietnamesischen Armee in Kambodscha und Laos zu verheeren und im Zweifel auch den Bombenkrieg gegen Nordvietnam wieder aufzunehmen. Bevor der Kongress diesem Irrsinn einen Riegel vorschob, löste Nixon seine Zusage zwischen Februar und Mitte August 1973 ein – mit den schwersten Luftangriffen, die das ohnehin geschundene Kambodscha bis dahin erlebt hatte. Dass die Zahl der Opfer in die Hunderttausende ging, steht fest; wie viele es genau waren, wird niemals zu ermitteln sein. Sie zahlten den Preis für Washingtons Liaison mit Despoten, die immer ein Geschäft auf Gegenseitigkeit war.

Die offenen Adern Lateinamerikas …

… nannte der uruguayische Journalist Eduardo Galeano sein 1971 publiziertes Buch, das von einem anderen Kontinent berichtet und doch wie eine ferne Spiegelung Südostasiens gelesen werden kann. Von heute aus betrachtet mag manches korrekturbedürftig sein, aber in einer Hinsicht ist diese Tour d'Horizon zeitlos – weil sie aus der Perspektive von unten, also jener geschrieben ist, die von Generation zu Generation unter Erniedrigung, Ausbeutung und Terror litten. Und weil sie die Geschehnisse der folgenden Jahrzehnte vorwegnimmt. Der politische Furor zwischen 1970 und 1990 kostete Hunderttausenden das Leben: ungefähr 200 000 in Guatemala, 140 000 in Kolumbien, in El Salvador und Nicaragua zusammen 120 000, in Argentinien zwischen 30 000 und 50 000. Setzt man diese Zahlen in Bezug zur Gesamtbevölkerung, hätte das Gemetzel in den Vereinigten Staaten gut 1,5 Millionen Tote gefordert und damit mehr als in allen Kriegen der USA zusammengenommen. Hinzu kommen die Flüchtlingsdramen. Aus Chile flohen zehn Prozent der Bevölkerung oder eine Million Menschen, aus Uruguay gar 20 Prozent, eine halbe Million kehrte ihrer Heimat El Salvador den Rücken. Vom wirtschaftlichen Ruin haben sich viele Staaten bis heute nicht erholt. Auf einer 2009 von der UNO erstellten Entwicklungsskala mit insgesamt 182 Ländern rangierte El Salvador auf Platz 106, Guatemala auf Platz 122 und Nicaragua auf Platz 124. Im direkten Vergleich verblasst sogar die nach 1945 von der Sowjetunion verübte Repression.[15]

Hauptsächlich die USA für diese Horrorzahlen verantwortlich zu machen, wäre eine abenteuerliche Behauptung. Dazu gab es in Lateinamerika viel zu viele hausgemachte Despoten, denen die Kosten ihrer Macht schlicht gleichgültig waren. An sie dachte der kolumbianische Schriftsteller Gabriel García Márquez, als er in den frühen 1980er Jahren auf die Geschichte seines Kontinents zurückblickte: «Die Unabhängigkeit von der spanischen Herrschaft rettete uns nicht vor dem Wahnsinn.»[16] Und dennoch kann man die Geschichte drehen und wenden, wie man will, ihre Spuren führen selten an der nordamerikanischen Hauptstadt vorbei, viele fangen dort erst an.

Das Auftreten der USA seit den 1960er Jahren mutet wie eine Wiederholung des Immergleichen an: «Guatemala reloaded». Land für Land wurde einem politischen Lackmustest unterzogen, randständige Kleinststaaten wie Britisch-Guayana oder Haiti genauso wie Brasilien, Chile oder Argentinien. «Grün» galt für alle, die sich unauffällig verhielten, also das Los von Ausgebeuteten und Entrechteten als naturgegeben hinnahmen und im Übrigen an der weltpolitischen Richtlinienkompetenz der USA nichts auszusetzen hatten. «Gelb» war den Experimentierfreudigen vorbehalten, Reformern, die außenpolitisch gehört werden wollten und im Inneren das Recht auf Mitbestimmung auch für jene forderten, deren Stimme gewohnheitsmäßig nichts zählte – Landarbeiter, Gewerkschafter, Vertreter ethnischer Minderheiten. Alarmstufe «Rot» wurde ausgerufen, sobald Charismatiker mit der Aussicht auf Erfolg in freien, demokratischen Wahlen auf den Plan traten, Politiker vom Schlage eines Juan Bosch in der Dominikanischen Republik, eines João Goulart in Brasilien oder eines Salvador Allende in Chile. Der Verdachtsfall lag vor, sobald die von Washington gegen Kuba verhängte Quarantäne kritisiert wurde. Oder wenn Fragen zum Krieg in Vietnam gestellt wurden. Oder wenn Reformen – von der Verstaatlichung industrieller Schlüsselbetriebe bis zum Ausbau von Sozialprogrammen – auf den Weg gebracht wurden, die geeignet schienen, andernorts Nachahmer zu inspirieren und einen politischen Flächenbrand auszulösen. Mit kommunistischer

Agitation oder einer von Moskau ferngesteuerten Unterwanderung hatte all dies nichts zu tun, beides existierte nur in der Phantasie notorischer Schwarzseher. Aber auch Einbildungen sind Teil der Realität und mitunter ebenso wirkmächtig.

Mit den praktischen Konsequenzen ließe sich ein Almanach zur lateinamerikanischen Zeitgeschichte füllen. Wohin man auch blickt, Washington reklamierte mit der größten Selbstverständlichkeit das Recht zur Einmischung. In Britisch-Guayana, damals noch Kolonie des Vereinigten Königreichs, wollte die CIA im Jahr 1964 die Wiederwahl des Sozialdemokraten Cheddi Jagan in bewährter Manier verhindern – indem man ihm das Etikett eines Marxisten-Leninisten umhängte, indem man die Kassen politischer Konkurrenten füllte, indem man für ein geändertes Wahlgesetz und einen die Opposition begünstigenden Zuschnitt wichtiger Stimmbezirke sorgte. Jagans Sympathien für die Bewegung der Blockfreien kam bei seinen Wählern trotzdem gut an, sie votierten mehrheitlich für ihn, konnten aber nicht verhindern, dass sein Gegner Forbes Burnham mittels interner Tricksereien mit der Regierungsbildung beauftragt wurde.[17] In Chile pumpte die CIA 1964 pro Kopf der Bevölkerung mehr Geld in den Präsidentschaftswahlkampf als Lyndon B. Johnson und Barry Goldwater in ihren zeitgleichen Wettstreit um das Weiße Haus. Ob der Christdemokrat Eduardo Frei aus eigener Kraft gewonnen hätte, bleibt Spekulation; geschadet hat es ihm jedenfalls nicht, dass die CIA seine Kampagne aufpäppelte und dem Widersacher Salvador Allende unter anderem andichtete, im Falle eines Sieges berufstätigen Müttern die Kinder wegzunehmen und in osteuropäische Erziehungslager zu deportieren. Weil in Brasilien der Sozialreformer João Goulart trotz aller Störfeuer Präsident geworden war, bat Robert Kennedy um eine Audienz und forderte die Abberufung unliebsamer Minister. Kurz darauf, im April 1964, setzte eine Militärjunta mit amerikanischer Unterstützung der Demokratie ein Ende und hielt das Land für 21 Jahre im Würgegriff. Und ein Jahr später schickte Washington 23 000 Marines in die Dominikanische Republik, die zusammen mit einheimischen Militärs eine zweite Amtszeit des populären Präsidenten Juan Bosch verhinderten; der Traum, dem geplünderten, ausgezehrten Land mittels einer sozialen Marktwirtschaft wieder auf die Beine zu helfen, war ausgeträumt, dafür sorgten der neue Machthaber Joaquín Balaguer und seine in enger Abstimmung mit der US-Regierung bestallten Minister.[18]

Chile wurde in mehrfacher Hinsicht zum Inbegriff amerikanischer Übergriffigkeit. Als sich Salvador Allende in einem neuerlichen Anlauf durchgesetzt und den Präsidenteneid abgelegt hatte, gab es für Richard Nixon kein Halten mehr. «Dieser Hurensohn, dieser Hurensohn, wir werden ihn kurz und klein schlagen.»[19] Der Chef des CIA-Postens in Santiago hatte verstanden. «Sie haben uns beauftragt, in Chile Chaos heraufzubeschwören. […] Wir liefern Ihnen ein Rezept für ein Chaos, das vermutlich nicht ohne Blutvergießen abgehen wird.»[20] Also kam die so genannte «Chaosstrategie» zum Zuge – eine Gesellschaft wirtschaftlich so lange zu strangulieren und auf «kalten Entzug» zu setzen, bis putschwillige Militärs mit scheinbar guten Gründen losschlagen konnten. Washington strich seine Wirtschaftshilfe von ehemals 110 Millionen Dollar auf drei Millionen Dollar zusammen; die U.S. Export-Import Bank, die unter Allendes Vorgänger 280 Millionen Dollar an chilenische Privatinvestoren weitergereicht hatte, vergab seit September 1970 weder Kredite noch Anleihen; die Weltbank, vorher mit 31 Millionen Dollar auf dem chilenischen Markt engagiert, folgte diesem Beispiel. Nicht zuletzt bekamen amerikanische Geschäftsleute den langen Arm ihrer Regierung zu spüren, im Zweifel durch den Wegfall von Bürgschaften für Auslandsinvestitionen. Den Rest erledigten Augusto Pinochet und andere Mordbrenner aus der Generalität. Mehr als 3000 ihrer Gegner ließen sie ermorden, ungezählte foltern und auf Jahre in Kerkern schmoren.

Ein Kontinent mit offenen Adern, treffender hätte das Bild kaum sein können. Der Terror nahm nämlich kein Ende, für jeden hausgemachten Despoten fanden sich in Washington Ansprechpartner und Unterstützer mit Zugang zum Zentrum der Macht. Seit den späten 1970er Jahren wurden Nicaragua, El Salvador und Guatemala von Wirtschaftskriegern und Todesschwadronen an den Rand des Zusammenbruchs gebracht, das winzige Grenada mit US-Truppen mittels einer «Operation Rasender Zorn» «befriedet» und Haiti von der Last einer frei gewählten Regierung «befreit».[21] Das ideologische Passepartout für jeden einzelnen Fall stammte von Henry Kissinger, der aus seiner Verachtung für Lateinamerika noch nie einen Hehl gemacht hatte – Caudillos ausgenommen. «Ich sehe nicht ein, wieso wir ein Land den Marxisten überlassen sollen, nur weil seine Bevölkerung sich unverantwortlich verhält.»[22]

Welche Beispiele sich auch immer aufdrängen, die Gewaltdynamik erschließt sich erst beim Blick auf eine fatale Entscheidung der Regierung Kennedy. Von Mexiko bis Argentinien, so die Mahnung aus Washington, sollte das Militär sein Hauptaugenmerk nicht auf die Verteidigung der Landesgrenzen oder des Kontinents richten, sondern auf die innere Sicherheit – auf den Kampf gegen Abweichler, Dissidenten und Aufständische «überall in den Bergen, in den Ebenen und Tälern Lateinamerikas».[23] Mit der gleichzeitigen Ankündigung einer «Allianz für den Fortschritt» zwischen Nord- und Südamerika war diese Forderung durchaus vereinbar, vorausgesetzt, man teilte die Logik Kennedys: Zukünftiger Wohlstand setzt politische Stabilität in der Gegenwart voraus, stabil wird ein Land aber erst, wenn Geheimdienste, Polizei und Militär eine hinreichende Kontrolle über Unruheherde haben.

Den Großteil amerikanischer Wirtschaftshilfe an Diktatoren zu überweisen, war nur konsequent, sorgten diese doch am schnellsten für die gewünschte Ordnung. Die Kosten – mehr Widerstand wegen ausbleibender Reformen – waren eingepreist, man konnte sie mit zusätzlichen Sicherheitskräften kleinhalten. Ein Teufelskreis, gewiss, aber sehenden Auges in Kauf genommen.

Nachdem sich zwischen März 1962 und Ende 1964 das Militär in sechs Staaten – Brasilien, Argentinien, Peru, Ecuador, Bolivien und Honduras – an die Macht geputscht und Hand in Hand mit den Junten Guatemalas und Uruguays eine Repressionswelle sondergleichen losgetreten hatte, quoll die Hilfe aus Washington über. Umstritten ist nur, was wichtiger war – die Aufstockung der Waffenkammern oder die Ausbildung von Sicherheitskräften. Letzteres wurde in der «International Police Academy» in Washington, D.C., in der «U.S. Army School of the Americas» in Panama und in diversen Stützpunkten des «Office of Public Safety» angeboten. Allein das «OPS» – auf dem Papier zur «U.S. Agency for International Development» gehörend, faktisch von der CIA geleitet – trainierte in kürzester Zeit 100000 brasilianische Polizisten, darunter berüchtigte «Schocktruppen», die nächtens mit einer Lizenz zum Töten durch die Elendsquartiere von Rio de Janeiro zogen. Noch bereitwilliger nahmen Militärs und Geheimdienstler aus ganz Lateinamerika die Offerten Washingtons an.[24]

Wie die Lehrpläne im Einzelnen aussahen und welche Lektionen auf wen zugeschnitten waren, gehört zu den gut gehüteten Juwelen der Geheimdienstwelt. Recherchen investigativer Journalisten, Berichte parlamentarischer Untersuchungsausschüsse, Studien von Historikern und Aussagen von Folteropfern legen jedoch eine Schlussfolgerung zwingend nahe: Die USA exportierten Terrorwissen. Einige der im Unterricht zirkulierenden Handbücher lehrten «weiße» oder «saubere Folter», Techniken, die als «integrierte Verhörpraxis» seit den 1950er Jahren zum Inventar der CIA gehörten. Mit angsteinflößenden und das Selbstwertgefühl zersetzenden Maßnahmen – «pride and ego down», «fear up» – konnte man von Verdächtigen die gewünschten Aussagen erzwingen, ohne auf ihren Körpern sichtbare Verletzungen zu hinterlassen. Mal waren es «Stresspositionen», in denen ein Gefangener sich durch die eigene Bewegung extreme Schmerzen zufügte, mal Dauerbeschallung, mal komplette sensorische Deprivation, erlaubt war alles, was die Spuren der Täter verwischte und für ein plausibles Dementi taugte. Amerikanische

Ausbilder trafen auf gelehrige Schüler und Institutionen mit langer Foltererfahrung, überzeugten sich aber trotzdem von der richtigen Anwendung ihrer Empfehlungen oder legten selbst Hand an – nicht in Ausnahmefällen, sondern regelmäßig.[25]

Darüber hinaus flossen die in Vietnam bei der «Aufstandsbekämpfung» gemachten Erfahrungen in den Unterricht ein. Wie man Guerillas von Rückzugsräumen und Nachschubwegen abschneidet, also «austrocknet», gehörte ebenso zum Basiswissen wie die Mittel und Methoden, um die Kontakte zwischen Landbevölkerung und bewaffneten Kämpfern zu kappen. Wenn Einschüchterung und Drohung nicht wirkten, sollte der Druck durch Entführung und Mord erhöht werden; als Zielgruppen galten Staatsbeamte wie Richter und Bürgermeister oder wahllos herausgegriffene Bürger. Näheres ist in den «Murder Manuals» nachzulesen, die an rechtsterroristische «Contras» in Nicaragua ausgehändigt wurden – einschließlich der Empfehlung, auch Kriminelle für Sonderaufgaben anzuwerben. Als operatives Vorbild wurde, nebenbei bemerkt, das Unternehmen «PB-SUCCESS» zum Sturz des guatemaltekischen Präsidenten Jacobo Árbenz im Jahr 1954 genannt. Von Präsident Jimmy Carter kurzfristig außer Kraft gesetzt, gehörten diese Ausbildungsprogramme unter Ronald Reagan wieder zum Repertoire. Nachdem im Oktober 1984 die «New York Times» ein 90 Seiten starkes CIA-Handbuch über «Psychologische Kriegsführung im Guerillakampf» kommentiert hatte, war die Aufregung in Langley groß – aber nur wegen des dilettantischen Umgangs mit Terrorwissen. «Im Dschungelkrieg [werden] keine Gefangenen gemacht», meinte Behördenchef William Casey. «Aber war es nötig, das schwarz auf weiß zu Papier zu bringen?»[26]

In der Praxis blieb alles beim Alten. Von den USA alimentierte Milizen und Todesschwadronen schlugen in Zentralamerika eine Schneise der Verwüstung, sie terrorisierten die Landbevölkerung mit eigener Mordlust und ihren aus den USA importierten Regeln. In Guatemala befahlen die regierenden Obristen Romeo Lucas García und Efraín Ríos Montt einen Unterwerfungskrieg gegen die indigenen Maya, der mit Fug und Recht als versuchter Genozid bezeichnet wird. Mehr als 600 Dörfer der Ureinwohner wurden heimgesucht, viele vollständig ausgelöscht, darunter auch solche, in denen sich nie ein Guerillero aufgehalten hatte. El Salvador, berüchtigt für fliegende Mordkommandos, konnte seine Armee von 10000 auf 50000 Mann aufstocken, weil das Land in den 1980er Jahren hinter Israel den zweiten Platz unter den Empfängern amerikanischer Militärhilfe belegte. Verbucht wurde eine Milliarde Dollar, nicht eingerechnet der Sold jener U.S.-Offiziere, die Spitzenpositionen in der Armee El Salvadors übernommen hatten und über die Effektivität der Aufstandsbekämpfung wachten. In Nicaragua war die Beteiligung von CIA-Agenten an der Verminung von Häfen und anderen Terrorakten derart offensichtlich, dass der Internationale Gerichtshof die USA 1986 aufforderte, ihre «illegale Gewalt» einzustellen und Reparationen in Höhe von 370 Millionen Dollar zu zahlen. Was erwartungsgemäß nicht geschah.[27]

Stattdessen stärkte Washington ausnahmslos jedem Mordregime den Rücken. Im Grunde konnte passieren, was wollte, aus den Vereinigten Staaten kamen verständnisvolle Worte. Solange die Presse nicht zugegen war, duldete Henry Kissinger auch hier keine Konkurrenz. Geradezu unterwürfig entschuldigte er sich bei Augusto Pinochet für die hier und da in den USA aufflammende Kritik an den Zuständen in Chile. «Es geht nicht darum, Sie zu schwächen, wir möchten Ihnen helfen. Mit dem Sturz Allendes haben Sie dem Westen einen großen Dienst erwiesen. Andernfalls wäre Chile den Weg Kubas gegangen.» Ähnlich unverblümt ermunterte er die argentinische Militärjunta unter Jorge Videla nach deren Staatsstreich vom März 1976. «Wir sehen ein», so der Wortlaut eines Gesprächs mit Außenminister César Augusto Guzzetti drei Monate nach der Machtergreifung, «dass Sie ihre Autorität unter Beweis stellen müssen. Wenn etwas getan werden muss, dann sollten Sie es schnell tun. Aber Sie sollten dann schnell zur Normalität zurückkehren.»[28] Guzzetti kehrte euphorisiert nach Buenos Aires zurück, wissend, dass Terror über kurz oder lang als neue Normalität hingenommen würde. Der in Argentinien so genannte «schmutzige Krieg» gegen Kritiker des Regimes ging unvermindert weiter, Zehntausende verschwanden für immer in anonymen Massengräbern. Und die Geheimdienste Argentiniens und Chiles fahndeten zusammen mit ihren Kollegen aus Paraguay, Uruguay, Bolivien und Brasilien im Stil einer internationalen Polizeibehörde nach allen, die ihnen verdächtig vorkamen. Allerdings machten sie im Unterschied zu Interpol keine Gefangenen, selbst in den USA forderte die «Operation Condor» ihre Opfer. Am 21. September 1976 wurden der ehemalige chilenische Botschafter Orlando Letelier und seine Assistentin Ronni Moffitt in Washingtons Diplomatenviertel mit einer Autobombe in die Luft gesprengt.

Unter Ronald Reagan lieferten sich amerikanische Spitzenpolitiker sogar in der Öffentlichkeit einen Überbietungswettbewerb um die Gunst lateinamerikanischer Staatsterroristen. Kein Vergleich war zu hanebüchen, keine Behauptung zu haarsträubend, sie wurden zum Besten gegeben. Der Präsident persönlich adelte die «Contras» in Nicaragua zu «Freiheitskämpfern», ja zu «Brüdern» aller aufrechten Amerikaner, «[denn] sie sind das moralische Äquivalent der Gründerväter».[29] Seine als Botschafterin zur UNO entsandte Beraterin Jeane Kirkpatrick bastelte daraus eine unter konservativen Intellektuellen hoch gehandelte Theorie vom qualitativen Unterschied zwischen «Autoritarismus» und «Totalitarismus». Totalitär und von Haus aus aggressiv war die marxistische Linke, autoritär manche ihrer Gegner, die aus Gründen der Selbstverteidigung politisch zweifelhafte, aber moralisch angebrachte Mittel aufboten. Wer es weniger verschwurbelt haben wollte, konnte zu Interviews mit Außenminister Alexander Haig samt der Behauptung greifen, dass sich Guerilleros bei ihren Mordeinsätzen mit fremden Uniformen tarnten. Oder dass Opfer mitunter selbst Täter waren, etwa die von rechten Rollkommandos in El Salvador gemeuchelten Ordensschwestern der katholischen Kirche. Haig machte aus ihnen kurzerhand «pistolentragende Nonnen».[30]

Für den realpolitischen Zuckerguss war wie gehabt Henry Kissinger zuständig, in diesem Fall als Vorsitzender einer überparteilichen Kommission zu Zentralamerika. Im Brustton des von sich selbst am meisten überzeugten Kalten Kriegers gab er seine Weisheiten zu Protokoll: Die politischen Unruhen in Guatemala, Nicaragua und El Salvador wurden aus Moskau und Havanna geschürt, wenn nicht gesteuert, sämtlichen Anrainerstaaten drohte eine lebensgefährliche Ansteckung, selbst für die USA braute sich wegen der Übergriffe auf freie Schifffahrtsrouten Unberechenbares zusammen. «Man kann die Meinung vertreten, dass die Gefahr […] für die Stabilität der Region bedrohlicher ist als die Mittelstreckenraketen der 1960er Jahre. […] Eine erfolgreiche Aufstandsbekämpfung […] ist eine notwendige Voraussetzung für eine politische Lösung.»[31] Übergriffe auf lebenswichtige Handelslinien? Als Folge politischer Umbrüche in Zentralamerika? Ein politisches Gären an der Schwelle zum totalen Krieg? Ein unbedingter Vorrang militärischer Lösungen, weil Verhandlungen zwischen den verfeindeten Gruppen angeblich unmöglich waren? Dieser Unfug ging auch vielen Konservativen zu weit, sie warfen Kissinger vor, dass er Unbewiesenes zur Begründung des Untauglichen ins Feld führte. Präsident Reagan war es einerlei. Er bekam mit dem Bericht der «Kissinger-Kommission», was er bestellt hatte – die Begründung für ein «business as usual». Ermahnungen wegen Menschenrechtsverletzungen waren nicht an die Mitstreiter in Zentral- und Lateinamerika adressiert, sondern zur Beruhigung liberaler Geister in den USA gedacht.

Dass es in den Reihen der Widerstandsgruppen Marxisten, Trotzkisten, Maoisten und glühende Verehrer Castros gab, steht außer Frage. Aber von kommunistischen Frontorganisationen und einem verlängerten Arm Moskaus zu sprechen, geht komplett an den Tatsachen vorbei. Um sich beispielsweise in El Salvador über die himmelschreiende Ausbeutung auf Kaffeeplantagen zu empören, brauchte es keine Stichwortgeber aus irgendeinem Politbüro; es genügte ein Blick auf die Grabsteine jener 30000 Bauern, die bereits in den 1930er Jahren niederkartätscht worden waren, nachdem sie eine gewerkschaftliche Vertretung oder Landreformen verlangt hatten. Jene Nachfahren, die Jahrzehnte später zum bewaffneten Kampf übergingen, bezogen ihre Gewehre nicht aus dem Ostblock, sondern über Schwarzmarkthändler aus Nordamerika. Die einzige ausländische Macht, die sich dauerhaft in der Region einmischte, waren die USA. Kubas Hilfestellung blieb in relativen wie in absoluten Zahlen weit dahinter zurück, die UdSSR verhielt sich auffallend passiv, selbst ihre Lieferung von Erdöl, Lebensmitteln und Waffen nach Nicaragua nahm erst Fahrt auf, als Reagan die «Contras» zum letzten Gefecht animiert hatte. Nicht zuletzt entbehrt die Behauptung, dass Linke wie Rechte in gleicher Weise gemordet haben, jeder Grundlage. Mehreren Untersuchungen der UNO zufolge waren Guerillas in El Salvador, Guatemala und Nicaragua für jeweils maximal fünf Prozent der getöteten Zivilisten verantwortlich, weit über 90 Prozent fielen also der bewaffneten Staatsmacht nebst Hilfstruppen zum Opfer.[32]

Ein Appell an und aus Europa

«Lateinamerika möchte keine willenlose Schachfigur sein, noch hat es Grund, dies zu wünschen; und es ist auch nicht illusorisch, dass sein Streben nach Unabhängigkeit und Originalität zu einem Anliegen des Westens wird. [...] Die Originalität, die uns in der Literatur vorbehaltlos zugebilligt wird, warum verwehrt man sie uns mit allen möglichen Verdächtigungen bei unseren schwierigen Versuchen sozialer Veränderung? Warum sollte die soziale Gerechtigkeit, die fortschrittliche Europäer in ihren Ländern durchzusetzen versuchen, nicht auch ein lateinamerikanisches Ziel mit anderen Methoden unter unterschiedlichen Bedingungen sein? Nein: Die maßlose Gewalt und der maßlose Schmerz unserer Geschichte sind das Ergebnis von jahrhundertelangen Ungerechtigkeiten und Bitternissen ohne

Zahl und nicht eine Verschwörung, die dreitausend Meilen von unserem Haus entfernt ausgeheckt wurde. Doch viele europäische Führer und Denker glaubten mit dem Infantilismus von Großvätern, die die fruchtbaren Verrücktheiten ihrer Jugend vergessen haben, es gebe kein anderes Schicksal, als von der Gnade der beiden größten Herrn der Welt zu leben. […] Die ausgesprochen wohlhabenden Länder haben […] ein Vernichtungspotenzial angehäuft, das ausreicht, um nicht nur hundertmal alle Menschen, die bis heute gelebt haben, auszulöschen, sondern die Gesamtheit aller Geschöpfe, die je auf diesem Unglücksplaneten existiert haben. […] Wir Erfinder von Erzählungen […] glauben, dass es noch nicht zu spät ist, eine Gegenutopie in Angriff zu nehmen. Die neue mitreißende Utopie eines Lebens, bei dem niemand – bis zur Art des Todes – über einen anderen entscheiden darf.»[33]

Die Worte von Gabriel García Márquez in seiner Dankesrede für die Verleihung des Literaturnobelpreises Anfang Dezember 1982 klingen nicht nur wie ein politischer Appell, sie waren es auch. Beim Nachdenken über die «Anliegen des Westens» erwähnte er Washington an keiner Stelle. Aber gerade dieses Schweigen war eine beredte Abrechnung. Nämlich mit einer Politik, die vier Jahrzehnte lang jede Gelegenheit zur Förderung von Demokratie in den Wind geschlagen hatte, die in der Vorstellungswelt von Kriegern verwurzelt war und dementsprechend agierte: «the winner takes it all», dem Sieger gehört Alles, dem Verlierer Nichts.[34] Und es war die Abrechnung mit einer Politik, die ihre Gewinne so schnell wie möglich einstreichen wollte und keine Geduld für zeitraubende Diplomatie aufbrachte. Die «Einsamkeit Lateinamerikas», von der García Márquez sprach, war das Ergebnis eines in Washington ausgestellten Freifahrtscheins für Diktatoren, deren Gleichgültigkeit gegenüber sozialen Fragen allenfalls von der Bereitschaft übertroffen wurde, mit importierten Gewehren auf all jene zu zielen, die sich ihren Sinn für Soziales bewahrt hatten. Er hätte auch sagen können: Die USA haben mehr Probleme geschaffen als gelöst, sie haben im Namen des Westens demselben einen Bärendienst erwiesen.

Deshalb bat Gabriel García Márquez den alten Freund Pierre Schori, damals stellvertretender Außenminister und Botschafter Schwedens bei der UNO, um Rat vor der Abfassung der für ihn wichtigsten Rede seines Lebens. Dass er über lateinamerikanische Zustände sprechen wollte, war klar. Doch wie massiv die Kritik an den Vereinigten Staaten ausfallen sollte, dessen war er sich unsicher. Er verfasste eine Hommage voller Liebe für seine gequälte Heimat und voller Zorn gegen alle, die auf ihr herumtrampelten und dafür auch noch andere, Kommunisten hauptsächlich, verantwortlich machten. Apropos Kommunisten: Weil man ihn in Washington für einen solchen hielt, durfte García Márquez auf seiner Reise nach Europa keinen Zwischenstopp in den USA einlegen, sondern musste über Havanna fliegen. Fidel Castro wusste die Gelegenheit zu nutzen und gab ihm einige Paletten Rum für die kubanische Botschaft in Stockholm mit auf den Weg – eintausend 0.5-Liter-Flaschen.

Am Abend nach der Preisverleihung gab Schwedens Premierminister Olof Palme ein Abendessen in seinem Amtssitz. Geladen waren, neben García Márquez, unter anderen die Abrüstungsaktivisten und frisch ausgezeichneten Träger des Friedensnobelpreises, Alfonso García Robles aus Mexiko und Alva Myrdal aus Schweden, ferner der türkische Politiker Bulent Ecevit und seine Frau Rashan, Danielle Mitterand, Frau des französischen Staatspräsidenten, sowie die Spitzen des schwedischen Außenministeriums. Ihre Gespräche drehten sich immer wieder um Zentralamerika und Europas möglichen Beitrag zu einer Aussöhnung der dortigen Kriegsparteien. Noch während des Essens bat Olof Palme um Vorschläge für eine Friedensresolution, die – unterzeichnet von ihm, García Márquez, García Robles und Alva Myrdal – in Kürze einigen lateinamerikanischen Staatschefs vorgelegt werden sollte. Heraus kam der «Appell von Harpsund»: «Wir bitten Politiker und Militärs in der Region darum, unverzüglich und ohne Vorbedingungen Verhandlungen aufzunehmen. Ein erster Schritt ist, den Export und den Handel mit Waffen sowie jegliche Militärhilfe innerhalb der Region und von außerhalb einzustellen und die territoriale Integrität aller betroffenen Staaten zu respektieren.» Dass damit nicht zuletzt die USA angesprochen waren, lag auf der Hand. Weil aber niemand der Initiatoren an eine zielführende Antwort aus Washington glaubte, hing alles von der Eigeninitiative in Lateinamerika ab. Die Hoffnung wurde nicht enttäuscht. Wenige Monate später trafen sich die Präsidenten Kolumbiens, Mexikos, Venezuelas und Panamas auf der Insel Contadora. Die dort auf den Weg gebrachte Politik der Vertrauensbildung, auch Contadora-Prozess genannt, wurde von den USA immer wieder torpediert. Wie sie am Ende trotzdem zum Erfolg führte, ist eine eigene Erzählung wert – aber nicht an dieser Stelle, denn die USA spielen darin keine Rolle.[35]

Gewinnen um jeden Preis

Kriege in der Dritten Welt

Von 1965 bis 1973 führten die USA am Boden und aus der Luft Krieg in Vietnam. Es war ein Krieg, der bis heute den schauerlichsten Rekord in der Geschichte hält. Zu keiner anderen Zeit und an keinem anderen Ort wurden derart viele Vernichtungsmittel eingesetzt. Allein in den Jahren 1966 bis 1968 klinkten Kampfflugzeuge der USA und ihrer Verbündeten 2 865 808 Tonnen Bomben über Vietnam, Laos und Kambodscha aus – gut 800 000 Tonnen mehr als auf allen Schauplätzen des Zweiten Weltkrieges. Bis 1975 verfeuerten die US-Streitkräfte sieben Millionen Tonnen Bomben und Artilleriegranaten in Nord- und Südvietnam. Auch diese Zahl liegt weit über der von den USA im Laufe des Zweiten Weltkrieges aufgewendeten Feuerkraft. Ein Land, das mit 330 000 Quadratkilometern Fläche etwas kleiner ist als Deutschland, blieb am Ende des Krieges mit 26 Millionen Bombenkratern zurück.[1]

Wenn wir den niedrigsten Schätzungen Glauben schenken, kamen zwischen 1965 und 1973 an die 627 000 Zivilisten in Nord- und Südvietnam infolge von Kriegshandlungen beider Seiten ums Leben – weit über 80 Prozent von ihnen lebten im Süden des Landes. Die nordvietnamesische Armee und der Vietcong verloren – abzüglich der in der Gefallenenstatistik fälschlicherweise geführten Zivilisten – 444 000 Mann, die USA knapp über 56 000 und ihre Alliierten knapp 226 000, sodass von ungefähr 726 000 getöteten Soldaten auszugehen ist. Zusammengenommen beliefe sich die Zahl aller Kriegstoten demnach auf 1 353 000. Andere Autoren halten diese Angaben für weit untertrieben. Sie sprechen von einer Million gefallener vietnamesischer Soldaten und über zwei Millionen getöteten und über vier Millionen verwundeten Vietnamesen – in einem Land mit damals zwischen 60 und 70 Millionen Einwohnern. Sich auf die eine oder andere Statistik festzulegen, ist müßig. Die Wahrheit liegt irgendwo dazwischen. Und in jedem Fall war der Anteil von Zivilisten unter den Kriegsopfern exorbitant – im mindesten Fall ist von 46 Prozent auszugehen, schlimmstenfalls von 66 Prozent. Jeder hier anzunehmende Mittelwert übertrifft die für den Zweiten Weltkrieg vermutete Zahl von 42 Prozent zivilen Opfern bei Weitem.[2]

Der gewollte Krieg

Auf ganz andere Weise unfasslich ist die politische Pointe dieses Wahnwitzes: Washington wusste, dass der Krieg in Vietnam nicht zu gewinnen war und führte ihn trotzdem weiter – weil man sich wider besseres Wissen einredete, Widerspenstiges zähmen zu können, und vor allem, weil man mit aller Macht den Eindruck vermeiden wollte, auf der Verliererstraße zu sein. Welchen Preis andere dafür zahlten, war egal. Eigene Interessen ohne Rücksicht auf Verluste durchsetzen, das war – wieder einmal – Washingtons Maxime.

Warnungen gab es zuhauf. Meinungsführer im Kongress wie Mike Mansfield, Richard Russell oder J. William Fulbright sprachen sich für einen zeitigen Rückzug aus, von der CIA und anderen Geheimdiensten zirkulierten auffällig viele skeptische bis ablehnende Memoranden. McGeorge Bundy, nationaler Sicherheitsberater unter Kennedy und Johnson, kommentierte im Juni 1965 die geplante Aufstockung des Truppenkontingents mit den Worten: «Dieses Programm ist so überstürzt, dass man schon von Torheit sprechen muss.» Edward Lansdale, der Jahre zuvor die Aufstandsbekämpfung auf den Philippinen koordiniert hatte, schrieb Ende 1964 in «Foreign Affairs», Hauszeitschrift der politischen Klasse, dass revolutionärer Elan immer und überall schierer Feuerkraft überlegen ist. Ähnlich äußerte sich Clark Clifford, bevor er 1968 Robert McNamara im Amt des Verteidigungsministers nachfolgte: «In dieser Region kann ich für unsere Nation nichts anderes erkennen als eine Katastrophe.» Und George W. Ball, Staatssekretär im Außenministerium, redete ohnehin ständig auf Lyndon B. Johnson ein. «Niemand kann Ihnen versichern, dass wir den Vietcong schlagen oder zu unseren Bedingungen an den Konferenztisch zwingen können – egal, wie viele hunderttausende weißer amerikanischer Truppen wir entsenden. Kein Mensch hat bisher glaubhaft machen können, dass weiße Bodentruppen, egal welcher Größe, imstande sind, einen Guerillakrieg zu gewinnen.»[3]

Revolutionärer Elan, weiße Soldaten, Guerillakrieg – drei Stichworte, die ins Zentrum des Problems führten. Die Ablehnung von äußerer Einmischung und Fremdherrschaft war in Vietnam ein kollektives Gut, virulent seit dem 19. Jahrhundert, emotional aufgeladen seit den Erfahrungen mit Japanern und Franzosen hundert Jahre danach. Daraus bezogen die bewaffneten Widerständler – die Vietminh oder Vietcong, wie sie von Amerikanern genannt wurden – ihre Motivation, deshalb wurden sie als Volksvertretung anerkannt. «Der Vietcong ist hier nichts eigenes», wie es in einem Bericht der U.S.-Army zur Lage in der Provinz Quang Ngai hieß. «Der Vietcong ist das Volk.»[4] Dass die Guerilla Solidarität und Gefolgschaft auch mit Gewalt erzwang, ist richtig; aber es ändert kein Jota an dem Gesagten. Der unbändige Wille, das Joch des Kolonialismus abzuwerfen, erklärt ansonsten unerklärliche Zahlen: dass die kommunistische Seite, gemessen an der Gesamtbevölkerung, im Kampf gegen die USA doppelt so viele Soldaten opferte wie Japan im Zweiten Weltkrieg und zwölf Mal so viele wie China und Nordkorea während des Koreakrieges. Mochte die politische und militärische Führung dem Leben ihrer Soldaten nur geringen Wert beimessen, Skrupellosigkeit allein hätte diese exorbitante Opferbereitschaft nicht erzwingen können – zumindest nicht auf

Dauer. Dass der Vietcong in diesem Krieg nach eigenen Regeln kämpfte, gab erst recht Anlass zum Pessimismus. Materielle Überlegenheit ist nutzlos gegen einen Feind, der sich so gut wie nie einer offenen Schlacht stellt, sondern die Fronten auflöst und wie ein Phantom agiert – an Orten und Zeitpunkten seiner Wahl, ausgestattet mit einer überlegenen Kenntnis der Geographie und im Wissen darum, dass die Moral jedweder Truppe mit der Zeit zermürbt werden kann. Indem man nämlich die Kampfzone entgrenzt und dafür sorgt, dass scheinbar von jedem Reisfeld, jedem Deich, jedem Baum und jedem Strauch eine tödliche Gefahr ausgeht, indem man die Angst vor Minen, Sprengfallen und Heckenschützen zu einem dauerhaften Begleiter macht. Unter solchen Bedingungen werden die traditionellen Annahmen von Stärke und Schwäche auf den Kopf gestellt.

Davon abgesehen lag ein weiterer Vorteil von Guerillakriegern auf der Hand: Sie mussten keine militärischen Siege erringen, um zu gewinnen, sie hatten gewonnen, so lange sie nicht verloren. Zeit ist in «irregulären Kriegen» ein am Ende alles entscheidender Faktor, sie arbeitet gegen jede Kriegspartei, die nicht um ihre nationale Existenz kämpft. Warum in kleinen Kriegen große Opfer bringen? Weshalb seine Kräfte ohne Aussicht auf einen durchschlagenden Erfolg verschleißen? Und warum sich vor den Augen der Weltöffentlichkeit in der Rolle des Hilflosen demütigen lassen? Unter der Last solcher Fragen bröckelt die Unterstützung der Heimatfront. Und Parlamente setzen Regierungen mit der Drohung von Budgetkürzungen unter Druck, eine Waffe, die seit dem 18. Jahrhundert bei verschiedenen Kolonialmächten immer wieder zur Geltung kam. Dieser Abnutzungseffekt eines in die Länge gezogenen Krieges ist mit Divisionen kaum aufzuwiegen. «Die amerikanische Heimatfront war verwundbar», meinte ein nordvietnamesischer Offizier im Rückblick. «Unsere Führung hörte jeden Morgen um 9 Uhr die Weltnachrichten im Radio, um das Anwachsen der amerikanischen Anti-Kriegsbewegung zu verfolgen. [...] Das Gewissen Amerikas war Teil seiner Kriegsressourcen, und wir machten uns diese Ressource zunutze. Amerika verlor, weil es eine Demokratie war.»[5] Das wussten auch die Abgeordneten und Senatoren in Washington nur zu gut. Seit 1967 genügte ein Blick aus dem Fenster, um den landesweiten Unmut an einer stetig steigenden Zahl von Demonstranten in der Hauptstadt abzulesen.

Je länger der Krieg dauerte, desto stärker trugen Politiker und Militärs diesen Bedenken Rechnung. Es hatte gar den Anschein, dass die Bereitschaft zu einem vollständigen Rückzug aus Südostasien schon Ende 1967 in Kreisen konservativer Offiziere noch größer war als in der Öffentlichkeit. Ihre Stimmen wurden gehört. Intern räumte jeder Präsident ein, dass die Risiken eines Scheiterns deutlich größer waren als die Aussicht auf Erfolg und dass die Regierungsübernahme durch die Kommunisten zwar hinausgezögert, aber letztendlich nicht verhindert werden konnte. John F. Kennedy verglich seine Situation mit der eines Alkoholikers: «Das ist doch wie mit einem Drink. Du nimmst einen, die Wirkung lässt nach, und schon will man nachgießen.»[6] Dennoch gab er 10000 neuen Militärberatern den Marschbefehl und stieß damit das Tor zur Entsendung von Bodentruppen weit auf – eine Verhaltensweise, die Lyndon B. Johnson kopierte. Richard Nixon schließlich war sich im Klaren, dass er den Krieg umgehend hätte beenden können. Nach dem Wahlsieg im November 1968 brach er seine Versprechen und stimmte das Land auf eine bekannte Parole ein: weitermachen.

Das Bild vom «Hineinschlittern» in den Krieg und von unwissenden Präsidenten ist mithin ein Trugbild. Gewiss hatten sich alle in ein «quagmire», einen Sumpf und Morast, hineinbegeben – aber ihre Entscheidungen waren nicht tragischen Missverständnissen geschuldet, beruhten nicht auf einer naiven Neigung zu Optimismus und wurden schon gar nicht von intriganten Hofschranzen eingefädelt. Von einem Umherirren im «Nebel des Krieges» ist genauso wenig zu sehen. Zu vermuten ist vielmehr, dass die Dinge auch dann ihren Lauf genommen hätten, wenn noch mehr pessimistische Prognosen und noch mehr ungeschminkte Lagebeurteilungen abgegeben worden wären. Die Alternativen lagen vor, die Entscheider wussten um sie und hätten sich mit der Rückendeckung eines erheblichen Teils der politischen Elite dafür aussprechen können. Und dies ohne Beeinträchtigung ihrer Wahlchancen.

In der Glaubwürdigkeitsfalle

Warum stellten sich alle Präsidenten von John F. Kennedy bis Richard Nixon taub? Die Antwort gibt ein einziges Wort: Glaubwürdigkeit. Schier endlos variierten amerikanische Spitzenpolitiker einen seit alters her geläufigen Gedanken. Demnach ist Glaubwürdigkeit der psychologisch wichtigste Gradmesser von Macht – Wort halten, das Gesicht nicht verlieren und unbedingt Entschlossenheit demonstrieren. Weltmacht konnte demnach auf Dauer nur sein, wer nicht im Verdacht stand, beim Einsatz seiner Machtmittel zu zögern, wer zumindest den Anschein erweckte, zur Not alles in die Waagschale zu werfen. Insofern fußt Glaubwürdigkeit auf einer ebenso einfachen wie weitreichenden Prämisse: Die Instrumente der Macht sind für sich genommen wertlos, sie müssen genutzt werden, um wirksam zu sein. Im Grunde verspielt eine Weltmacht ihre Glaubwürdigkeit, sobald Zweifel an ihrer Gewaltbereitschaft geduldet werden – an ihrem Willen zum Risiko und ihrer Bereitschaft zum Krieg.

Ausgerechnet in dieser Frage plagten Amerikas politische Klasse tiefsitzende Unsicherheiten. Das Land mochte noch so mächtig sein, man fürchtete, nicht ernst genommen zu werden. Die fixe Idee selbstverschuldeter Minderwertigkeit taucht, unausgesprochen oder offen formuliert, nach 1945 in sämtlichen Debatten über die globale Rolle der USA auf. Ständig geht es darum, dass die Vereinigten Staaten als Neuankömmling im Klub der Großen ihre Chancen zur Demonstration von Glaubwürdigkeit nicht genutzt hätten und diesen Nachholbedarf dringend abstellen müssten. Oder dass das wetterwendische Verhalten nach dem Ersten Weltkrieg – die Gründung des Völkerbundes anzuregen und am Ende den Beitritt zu verweigern – ein ewiges Fragezeichen hinter die Zuverlässigkeit Washingtons setzte. Die nach dem Zweiten Weltkrieg angehäuften Atomwaffen dramatisierten das Problem zusätzlich. Sie waren politische Waffen, entwerteten den Krieg und damit eine überzeugende Androhung von Gewalt. Die Verunsicherung drängte zur Tat, zu immer neuen Anläufen, die nur eines unter Beweis stellen sollten: Amerikas Glaubwürdigkeit. John F. Kennedy: «Wir haben ein Problem damit, unsere Macht überzeugend zur Geltung zu bringen, und Vietnam scheint die richtige Gelegenheit.»[7] Hektische Selbstvergewisserung war der Preis für das Streben nach einem makellosen Weltmachtstatus.

Unter den Bedingungen des Kalten Krieges geriet die Demonstration von Glaubwürdigkeit zur Obsession. «Wenn man auch nur ein wenig Schwäche zeigt, und wenn diese Hurensöhne [die Sowjets] glauben, man wäre schwach, dann sind sie wie Straßenköter. Bleibst du stehen, beißen sie dich tot, rennst du weg, reißen sie dir den Arsch auf.»[8] Sätze aus dem Mund von Lyndon B. Johnson, die jedem anderen Präsidenten ebenfalls hätten über die Lippen kommen können. Seit Harry S. Truman wurde das Adjektiv «vital» so weit inflationiert, dass es rund um den Erdball keine Region mehr zu geben schien, die für die USA aktuell oder prospektiv nicht «lebenswichtig» war. Überall ging es ums Ganze, noch im hintersten Winkel mussten Grenzen gezogen und Ansprüche verteidigt werden, ein falscher Zug und der gesamten Weltordnung drohte Einsturzgefahr. Von der Verteidigung Berlins in Saigon und umgekehrt zu sprechen, war nur konsequent – ausgehend von der Prämisse, dass das Verhalten in einer Region den Takt für Entwicklungen andernorts vorgibt. Damit veränderte sich die Maßeinheit des Politischen. Wer sein Prestige ständig herausgefordert sieht, wandelt auf einem schmalen Grat zwischen Selbstverpflichtung und Selbstfesselung. Je größer der Einsatz, desto stärker der Druck, je höher die selbst geweckten Erwartungen, desto umfangreicher die politische Investition. Man verdammt sich zum Erfolg und muss, in den Worten Richard Nixons, «die Sache durchstehen», Entscheidungen wider besseres Wissen inklusive.[9]

Anders gesagt: Die Vereinigten Staaten müssen Entschlossenheit demonstrieren, um ihre Interessen zu schützen; und ihr Interesse besteht darin, entschlossen aufzutreten.[10] Ein Zirkelschluss, gewiss. Aber zugleich die beste Beschreibung einer Außenpolitik, die sich Schritt für Schritt ihrer Optionen beraubt und am Ende in der Glaubwürdigkeitsfalle feststeckt. Anfang der 1960er Jahre war diese Falle endgültig zugeschnappt, die monotone Rhetorik der Zeit belegt es: Ein Rückzug aus Vietnam stand für Niederlage, Niederlage für Demütigung, Demütigung für nationale Katastrophe und mithin für das Ende der amerikanischen Weltmacht. In diesem Sinne konstruierte Lyndon B. Johnson aus der Ermordung John F. Kennedys einen Vorwand für die Eskalation in Vietnam. «Die [Chinesen] denken, wir hätten jetzt unseren Biss verloren, dass wir feige sind und nicht meinen, was wir sagen. […] Die [Russen] werden sich jetzt fragen, wie weit sie gehen können. […] Ich will um Himmels willen, dass sie [die amerikanischen Generäle] ihren Hintern hochkriegen, dass sie in diesen Dschungel gehen und ein paar Kommunisten kräftig versohlen.»[11]

Um Vietnam selbst ging es am wenigsten, es war und blieb ein Stück Land ohne nennenswerte Rohstoffe, als Markt randständig und geopolitisch ohne Bedeutung. Ob für den internen oder öffentlichen Gebrauch bestimmt, diesbezügliche Wortmeldungen klangen wie eine verhakte Schallplatte: «Zu 70 Prozent geht es [in Vietnam] darum, eine für unseren Ruf als Schutzmacht demütigende Niederlage zu verhindern; zu 20 Prozent darum, Südvietnam und die angrenzenden Gebiete nicht in die Hände der Chinesen fallen zu lassen; zu 10 Prozent darum, dem südvietnamesischen Volk ein besseres und freieres Leben zu ermöglichen» – so der stellvertretende Verteidigungsminister John McNaughton, Staatssekretär im Pentagon. «Amerika gewinnt die Kriege, die es anfängt. Behalten Sie das immer im

Auge» – Lyndon B. Johnson. «Vietnam als solches war nicht bedeutend. Was am Beispiel Vietnam zählte, war, dass Freunden und Verbündeten demonstrativ amerikanische Unterstützung und unseren Feinden amerikanische Willensstärke vor Augen geführt wurde» – Richard Nixon. «Die Art, wie wir diesen Krieg beenden, ist entscheidend für Amerikas Position in der Welt und für den Zusammenhalt unserer Gesellschaft» – Henry Kissinger.[12] Gemeint war immer nur eines: Die Symbolik der Tat und damit der Beweis, dass die USA eine Weltmacht mit dem Willen zur Macht sind.

Welchen Furor konservative Kreise in der Debatte über «vitale Interessen» und Amerikas Glaubwürdigkeit entfachen konnten, war seit den frühen 1950er Jahren bekannt. Der damalige Streit über den «Verlust Chinas» hatte nicht allein den McCarthyismus groß gemacht, sondern allen Präsidenten eine Warnung mit auf den Weg gegeben. Wer im Verdacht stand, «weich» gegen die Kommunisten zu sein, setzte Ruf, Karriere und Amt aufs Spiel. Für Lyndon B. Johnson war der «Verlust Chinas» ein «Hühnerdreck, verglichen mit dem, was geschehen würde, wenn wir Vietnam verlören».[13]

Selbst ein Eisenfresser wie Nixon wurde die aufgeputschten Geister, die er einst beschworen hatte, nicht mehr los. Im Wahlkampf des Jahres 1972 begegnete ihm mit George Wallace ein Wiedergänger Joseph McCarthys, der von einem «Siegfrieden» in Vietnam phantasierte und großen Zuspruch einheimste, ehe ihn die Kugeln eines Attentäters zum Invaliden machten. Aber auch ohne Wallace sah sich Nixon jener Klientel verpflichtet, die eine Schmach in Vietnam unter keinen Umständen hinnehmen wollte. Auf sie hatte er seine berühmte Rede über die «schweigende Mehrheit» zugeschnitten, ihnen präsentierte er sich als glaubwürdiger Repräsentant amerikanischer Weltmacht. «Lassen Sie uns vereint gegen eine Niederlage auftreten. Weil wir eines verstehen sollten: Nordvietnam kann die Vereinigten Staaten nicht schlagen oder demütigen. Das können nur Amerikaner tun.»[14]

Dass es in Vietnam obendrein um ihre persönliche Glaubwürdigkeit ging, machten die Kriegsherren im Weißen Haus zur Genüge deutlich. Keiner wollte der erste Präsident sein, der einen Krieg verlor oder für Amerikas weltpolitische Rückstufung geradezustehen hatte. Und alle redeten, als wäre das eigene Prestige mit dem Nimbus der USA auf eine Stufe zu stellen. Man spürt förmlich die weltanschauliche Prägung der «GI-Generation», jener Altersgruppe also, die den Zweiten Weltkrieg als Amerikas größte Stunde erlebt hatte und die Erfolgsgeschichte jener Jahre als unhintergehbare Verpflichtung verstand. Vor dieser Herausforderung nicht zu bestehen hieß, den Auftrag des höchsten Amtes zu verwirken. Hier liegt der Kern des viel zitierten Siegeskultes und der dazugehörigen Inszenierung von Männlichkeit und Härte. Gehuldigt wurde einem heroischen Verständnis von Politik und der Überzeugung, dass die Zukunft des eigenen Landes von zweierlei abhängt: von einem nimmermüden Behauptungswillen und von unerschrockenen Politikern, die diesem Willen Gesicht und Stimme geben.[15]

Gerade Richard Nixon machte den Vietnamkrieg zum ultimativen Prüfstein seiner Karriere. Kennedy und Johnson waren an dieser Herausforderung gescheitert, er – der Außenseiter aus dem ländlichen Kalifornien, der von den Ostküsteneliten Bespöttelte – würde den USA Stolz und Würde zurückgeben. Und sich im wahren Leben verdienen, worüber JFK nur in Büchern räsoniert hatte: das unsterbliche Renommee eines Präsidenten «voller Charakter und mit einem Kern aus Stahl», wie sein Stabschef «Bob» Haldeman notierte.[16] Dementsprechend war die Atmosphäre im Weißen Haus. Nixon steigerte sich wiederholt in eine kaum gezügelte Erregung hinein, er fluchte, brüllte, schlug mit den Fäusten auf den Tisch und blaffte Mitarbeiter an, endlich großformatig zu denken. In solchen Momenten war Vietnam nichts weiter als ein «verschissenes Land» voller «Bastarde».[17] Und Richard Nixon gab den Ordnungshüter, der einer Bande Unerziehbarer auch deshalb das Handwerk legen muss, weil sich an diesem Ort sein Schicksal als Politiker und Privatmann entschied.

Präsident Nixon: «Wir müssen gewinnen. Wir dürfen dort [in Vietnam] einfach nicht verlieren. Weil es nämlich mit China zu tun hat. Mit Russland. Mit dem Nahen Osten. Mit Europa. Darum dreht sich die ganze Sache. [...] Amerikas Außenpolitik [ist] für alle Zeit ruiniert, wenn wir dort verlieren sollten. Dann werden wir nie wieder irgendwo kämpfen. [...] Der Punkt ist einfach, wir haben keine andere Wahl. [...] Falls die Vereinigten Staaten in Vietnam den Kürzeren ziehen, wenn dort eine von den Sowjets unterstützte Invasion erfolgreich ist, dann wird dasselbe als nächstes im Nahen Osten probiert werden, und die Vereinigten Staaten werden sich auch dort nicht behaupten können. [...] Ich sag's jetzt mal geradeheraus. Südvietnam verliert vielleicht, aber die Vereinigten Staaten können nicht verlieren. [...] Also, also, also fickt die Wichser. [...] Zur Hölle damit! Wir werden gewinnen. Wir müssen es. Ich muss es. [...] Diesen Hurensöhnen werden wir es zeigen.»[18]

Krieg gegen die Zivilbevölkerung

Was Richard Nixon in der Endphase des Krieges von sich gab, beschreibt eine seit den frühen 1960er Jahren in Washington vorherrschende Haltung. Der Zweck heiligte die Mittel selbst dann noch, wenn die Gewalt aus dem Ruder lief. Infanteristen machten daraus einen bis heute landläufigen Satz: «In Vietnam gab es von allem etwas mehr.» In der Tat. Weil man aus Angst vor möglichen Reaktionen der UdSSR und der VR China nicht mit Bodentruppen in Nordvietnam einmarschieren konnte, verlegte sich das Pentagon auf eine als «Blutpumpe» oder «Vakuumfalle» bezeichnete Strategie. Ein Gebiet wurde besetzt, geräumt, abermals besetzt und wieder geräumt – so lange, bis der Feind mit frischen Truppen nachrückte und unter dem massiven Feuer amerikanischer Einheiten übermäßig hohe Verluste erlitt. «Wir werden sie derart ausbluten», meinte der von 1965 bis zum Frühjahr 1968 das Oberkommando in Vietnam führende William Westmoreland, «bis die Spitzen in Hanoi eines Tages realisieren, dass sie mit dem Aderlass ihr Land für Generationen an den Rand des Untergangs gebracht haben. Dann werden sie neu über ihre Position nachdenken müssen.»[19] Noch im Jahr 1967 glaubte man im U.S.-Hauptquartier, dass Nordvietnam in absehbarer Zeit seine Verluste nicht mehr mit neuen Rekruten würde ausgleichen können. Vorausgesetzt, es wurden Jahr für Jahr 250000 vietnamesische Soldaten getötet. Der Kriegsberichterstatter David Halberstam: «Wir gingen in ein fremdes Land, in dem unsere einzige Überlegenheit in unserer Bewaffnung bestand. [...] Die andere Seite verfügte über eine absolute politische Überlegenheit, die es ihr ermöglichte, immer mehr und immer neue Kräfte zu mobilisieren. Im Endeffekt kämpften wir gegen die Geburtenrate einer Nation.»[20]

In der Praxis lief diese Strategie auf einen Krieg gegen die Zivilbevölkerung hinaus. Was interessierte, waren nicht Geländegewinne, nicht die Behauptung strategisch wichtiger Bastionen, nicht der Wert erbeuteten Materials oder die Zahl der Gefangenen. Was zählte, war die «Tötungsquote» oder der «Body Count». Und das Mittel der Wahl war Feuerkraft – der maximale Einsatz von Bomben, Granaten und Napalm gegen reale und vermutete Stellungen des Feindes, gegen tatsächliche und möglicherweise nutzbare Rückzugsräume, gegen alles militärisch Verwertbare. Mit diesem «Overkill» wurden Kampfzonen ins Uferlose ausgeweitet. «Wir haben das Dringendste versäumt», hieß es in einem Lagebericht des U.S. Hauptquartiers vom Frühjahr 1969. «Nämlich für eine immer größere Zahl von Menschen Schritt für Schritt tatsächliche Sicherheit zu schaffen.»[21] Belege gibt es zuhauf. Militärische Einsatzberichte, journalistische Reportagen und Erzählungen entlassener Soldaten sind voll davon. Und ständig trifft man auf dasselbe Muster. Bei geringfügigsten Anlässen wurden ganze Dörfer dem Erdboden gleichgemacht, selbst einen Beschuss durch Heckenschützen beantwortete man mit dem Einsatz von Kampfbombern. Von «unobserved fire» war dann die Rede, also von Beschuss auf

Verdacht mit der Lizenz zu eigenmächtigen Entscheidungen. Ein Infanterist: «Wenn es da draußen keinen Feind gab, dann besorgten wir uns eben einen Feind.»[22]

Dass in neun von zehn Fällen die Artillerie ihre Geschosse gegen Unbekannt verfeuert hatte, musste der Stabschef der Armee, Harold K. Johnson, nach einer Inspektionsreise Ende 1967 feststellen. Und zwar «unter Absehung humanitärer Erwägungen», wie es an anderer Stelle hieß. Gleiches galt für die Luftwaffe. Nur ein Bruchteil ihrer Gefechtsflüge galt der Unterstützung von Truppen, die akut in Kämpfe verstrickt waren. Mit dem Ergebnis, dass oft hunderte Häuser zerstört, aber keine Feinde dingfest gemacht wurden.[23] Am allerwenigsten in den so genannten «Free Fire Zones», den offiziell zum großflächigen Vernichten freigegebenen Gebieten. Wer sich dort aufhielt, ob Soldat oder Zivilist, war Freiwild, wer sich nicht evakuieren lassen wollte, hatte automatisch den Anspruch auf Schutz verwirkt. Sobald Bodentruppen Verdächtiges ausmachten, feindliche Unterkünfte, Nachschubrouten oder Sammelplätze, schossen sie auf alles, was sich bewegte – ohne Identifizierung, ohne Rücksicht auf die Folgen. Ob in diesen willkürlich zu «Sperrgebieten» erklärten Abschnitten tatsächlich – wie es in einer Studie des amerikanischen Senats hieß – 300 000 Menschen von 1965 bis Ende 1968 getötet wurden, ist im Nachhinein nicht mehr festzustellen. Aber die Beispiele verkohlten Lebensraums sind ungezählt. Allein in der Provinz Quang Ngai hatten amerikanische Truppen in kürzester Zeit 70 Prozent der Dörfer und aller bewohnten Häuser zerstört. «Wir werden Alles [...] zu einem platt gewalzten Gebiet machen», erfuhr der Journalist Jonathan Schell während seiner Recherche. «Der Vietcong wird sich dort nicht mehr verstecken können.»[24]

Von Kollateralschäden und unbeabsichtigten Folgen des Krieges kann keine Rede sein. Der Terror gegen Zivilisten war Teil der Strategie, er war geplant und wurde ebenso planmäßig umgesetzt. Ganze Landstriche zu verheeren, Vieh abzuschlachten oder die Ernte zu vernichten, galt als kriegswichtige Botschaft:

Wer den Feind in welcher Weise auch immer unterstützt, wer ihm Abgaben zahlt oder Unterschlupf gewährt, soll wissen, dass er sein Leben aufs Spiel setzt und eine Streitmacht herausfordert, die vor nichts zurückschreckt. Und wer dergleichen noch nicht getan hatte, sollte erst gar nicht auf die Idee kommen, es zu tun. Mit dem Codewort «military necessity» oder «kriegsbedingte Notwendigkeit» ließ sich schlicht alles entschuldigen. Deshalb wurden Kriegsverbrechen wie Mord, Folter und Vergewaltigung nur in Ausnahmefällen bestraft, deshalb sahen die Verantwortlichen – vom Truppenführer bis zum Oberkommando – in der Regel selbst über Massaker an Zivilisten hinweg. Dass jeder tote Zivilist als Vietcong verbucht werden konnte, tat ein Übriges. Weil der Erfolg ihrer Einheiten an der «Body Count»-Bilanz gemessen wurde und gute Ergebnisse bei der weiteren Karriere eine Rolle spielten, stachelten viele Vorgesetzte ihre Untergebenen zu aggressivem Vorgehen auf. Die Wahl der Mittel spielte am Ende keine Rolle, die Strategie selbst war eine Einladung an jeden Einzelnen, über die Stränge zu schlagen. Mit den Toten hinterließ man eine Botschaft an die Lebenden: dass alle mit Allem rechnen mussten, weil einige zu Allem fähig und willens waren.

Es kam, wie es kommen musste. Die Zahl der Massaker ging in die Dutzende, wie viele Bewohner bei Feuerüberfällen auf Dörfer, beim «Durchkämmen» von Landstrichen oder beim «Zielschießen» aus Helikoptern ermordet wurden, ist noch nicht einmal annähernd zu sagen. Vage Anhaltspunkte geben allenfalls Großeinsätze wie «Speedy Express» im Mekong-Delta, wo zwischen November 1968 und April 1969 11 000 Tote registriert wurden – und knapp 700 erbeutete Waffen. Einigermaßen zu beziffern und trotzdem unvorstellbar ist die Zahl der Entwurzelten, Vertriebenen und Deportierten, euphemistisch «Flüchtlinge» genannt. Zwischen 1964 und 1969 verbrachten 3,5 Millionen Südvietnamesen ihr Leben auf der Flucht – 20 Prozent der Bevölkerung. In Quang Ngai, einer heftig umkämpften Provinz, lag dieser Anteil zeitweise bei über 40 Prozent. Und bis zum Ende des Krieges verließen angeblich an die zehn Millionen vorübergehend oder dauerhaft ihre Heimatdörfer. Wie viele zurückkehrten, wurde nicht erfasst, ebenso wenig die Zahl der in «Wehrdörfer» zwangsweise Umgesiedelten, die hinter Stacheldraht abgeschirmt und von Milizen bewacht ihrem früheren Leben nachtrauerten. Für unzählige Bewohner des Zentralen Hochlandes und der nördlichen Provinzen Südvietnams bot noch nicht einmal die Hoffnung auf ein Ende des Krieges Trost. Ihre alte Welt war verbrannte Erde, auf Dauer ruiniert.[25]

Dass auch die Guerilla, unterstützt von regulären Truppen aus Nordvietnam, die Zivilbevölkerung nicht schonte und exorbitante Verluste billigend in Kauf nahm, ist bekannt. Dass sie mitunter ganze Dörfer zu Geiseln machte und die Bewohner als menschliche Schutzschilde missbrauchte, ebenfalls. Und dass ihnen die Übergriffe amerikanischer Truppen als Propagandamittel zur moralischen Delegitimierung der USA gerade recht kamen, kann genauso wenig bestritten werden. Aber zur Relativierung oder Entschuldigung amerikanischer Kriegspolitik taugt all dieses nicht. Im Gegenteil. Führende U.S.-Militärs, unter ihnen der Stabschef des Marine Corps, wussten um die fatale Dynamik und forderten deshalb mit Nachdruck einen Strategiewechsel. Ihr Einwand: Man kann einen Guerillakrieg nicht mit überlegenen Waffen gewinnen, sondern nur durch wohlüberlegte Politik, wer bäuerliche Lebenswelten zur Kampfzone macht, hat von vornherein verloren. Daher das Plädoyer für Wirtschaftshilfe, für den Ausbau der Infrastruktur und vor allem für eine Bodenreform, also für Gegenentwürfe zur Agitation der kommunistischen Konkurrenz. Amerikanische Soldaten sollten zugleich Entwicklungshelfer in Uniform sein, die mit der lokalen Bevölkerung leben und sich an der Umsetzung von Reformprojekten beteiligen. Was für oder gegen diese Überlegungen sprach, spielt für unseren Zusammenhang keine Rolle. Entscheidend ist etwas anderes: Sie kamen aus dem inneren Kreis hochrangiger Militärs, sie richteten sich nicht gegen den Krieg als solchen, sondern gegen die spezielle Art der Kriegsführung in Vietnam. Und entscheidend ist die rabiate Zurückweisung der Kritiker. Ehe sie richtig begonnen hatte, wurde die Debatte über mögliche Alternativen mit drei Wörtern abgewürgt – aufwändig, teuer, zeitraubend.[26]

Aber dem Weißen Haus rannte die Zeit ohnehin davon. 30000 GIs hatten bis Ende 1968 ihr Leben im Dschungel und in den Reisfeldern gelassen, die Bevölkerung war kriegsmüde, die junge Generation rebellierte in den Straßen, Intellektuelle schlugen sich auf ihre Seite, in der politischen Elite gärte es wie selten zuvor. Und allen Erwartungen zum Trotz zeigte der Feind keine Ermüdungserscheinungen. Ob man Truppen zurückziehen sollte, war längst nicht mehr die Frage. Diskutiert wurden nur die Geschwindigkeit und der Umfang des Abzugs, alles andere hätte die «Heimatfront» noch mehr in Unruhe versetzt. Gerade Richard Nixon, der mit dem dubiosen Versprechen eines Friedensplans an die Macht gekommen war, konnte sich diesem Druck nicht entziehen. Von den 543000 im April 1969 in Vietnam stationierten Soldaten verließen binnen Jahresfrist knapp 140000 das Land, weitere 180000 kehrten bis Juli 1971 nach Hause zurück. Ein Jahr später hielten nur noch 46000 Mann die Stellung, eine mit Logistik beschäftigte Truppe ohne Kampfauftrag. In ähnlicher Weise bereitete das Scheitern der «Vietnamisierung» Kopfzerbrechen, also des Versuchs, die südvietnamesische Armee mit mehr Waffen und besserer Ausbildung zu einer kampfwilligen Truppe zu machen. So gut wie alle Proben aufs Exempel endeten in einem Desaster, darunter der mit großen Hoffnungen verknüpfte Einsatz gegen feindliche Nachschublinien in Laos. 16000 Soldaten, angeblich die kämpfende Elite Südvietnams, sollten dort zwischen Dezember 1970 und März 1971 den Ho-Chi-Minh-Pfad kappen. Noch nicht einmal die Hälfte von ihnen kehrte nach Hause zurück.

Präsident Nixon hatte erneut die Wahl: Entweder die Konsequenzen aus einer im Ansatz fehlgeleiteten Politik zu ziehen und Frieden zu schließen oder den Krieg mit anderen Mitteln fortzusetzen. Er entschied sich für Letzteres. Wenn eine Entscheidung mit Bodentruppen nicht zu erzwingen war, so die Order des Weißen Hauses, muss die Luftwaffe einspringen. Zu gewinnen war der Krieg auf diese Weise nicht. Wohl aber konnte man dem unbesiegbaren Feind noch für einige Jahre schmerzhafte Wunden schlagen und ihm den höchsten Preis für seinen unvermeidlichen Triumph abverlangen. «Wenn [...] das Zielgebiet wichtig genug ist, werde ich einen entsprechenden Plan trotz des Risikos ziviler Opfer billigen», meinte Nixon, unterstützt vom ewig devoten Sicherheitsberater Henry Kissinger: «Wir müssen bis zum Anschlag eskalieren.»[27] So gesehen sollte Vietnam zum abschreckenden Beispiel für Guerillas in aller Welt werden: Das blüht jedem, der sich mit Amerika anlegt, am Ende seines Weges werden die Lebenden die Toten beneiden.

Tote Zonen

Für eine Eskalation «bis zum Anschlag» gab es ein Vorbild: Laos. Das kleine «Land der Millionen Elefanten» war bitterarm, in den Weltwirtschaftsstatistiken der 1950er und 1960er Jahre landete es weit abgeschlagen auf dem letzten Platz. Seine Bewohner, verteilt auf eine Vielzahl von Stämmen und ethnischen Gruppen, lebten von der Hand in den Mund und oft an der Grenze zur nächsten Hungersnot. Viele Regionen hatten keinen Anschluss an das Trinkwasser- und Stromnetz, von anderen infrastrukturellen Annehmlichkeiten ganz zu schweigen. Der einzige Reichtum waren die Nutztiere, Wasserbüffel vor allem, Kühe, Schweine und Hühner. Tausende winziger Ortschaften prägten das bevorzugte Siedlungsgebiet in der Mekong-Ebene, jede kreisförmig gruppiert um einen buddhistischen Tempel, Ort des Glaubens, der Ahnenverehrung und aller kulturellen Aktivitäten in einem. Als aufgeschlossen und sanftmütig wurden die Reisbauern von jenen Besuchern beschrieben, die einer anderen Kultur nicht mit dem Dünkel der wirtschaftlich Überlegenen begegneten. Sachbearbeiter des Washingtoner Außenministeriums ausgenommen – sie hielten Laos für eine «Nation der Homosexuellen» und leiteten diese Einschätzung auf dem Dienstweg an Präsident Eisenhower weiter.[28] Es sollte wohl eine launige Umschreibung von «bedingt abwehrbereit» sein.

Allerdings ging die Herablassung mit ausgesprochener Nervosität einher. Im Grunde kopierten die USA in Laos ihre bereits in Vietnam erprobte Strategie, in kleinerem Maßstab zwar, aber nicht minder verbissen. Stein des Anstoßes war eine Gruppe von Nationalisten, die Pathet Lao. Mit der Unabhängigkeit von Frankreich im Jahr 1953 hatte diese Widerstandsbewegung ihr ursprüngliches Ziel erreicht. Doch wollte sie mehr. Nämlich einen innenpolitischen Frühling, der ohne den Sturz der zwischen Konservatismus und Rechtsextremismus schwankenden Regierung nicht zu haben war. Für kommunistisch konnte die Pathet Lao nur halten, wer Alphabetisierung und Bildung, eine gerechtere Verteilung von Grund und Boden und außenpolitische Neutralität als sowjetische Erfindung ansah. Weißes Haus und CIA waren allemal davon überzeugt und ergriffen auf ihre Weise Partei. So wurde die laotische Armee, eher eine Nachtwächtertruppe in Uniform, mit amerikanischem Geld binnen weniger Jahre auf 30000 Mann aufgestockt und mit modernen Waffen gepäppelt. Womit die Zweifel an ihrer Tauglichkeit zur Unterdrückung der Pathet Lao allerdings nicht ausgeräumt waren. Zusätzlich 700 Agenten schickte die CIA mit dem Auftrag ins Land, neben den regulären Streitkräften eine Geheimarmee aus Söldnern und einheimischen Kämpfern aus dem Bergvolk der Hmong aufzubauen. Im Vergleich dazu waren Chinas und Nordvietnams Hilfspakete für die Pathet Lao ein Rinnsal.[29] Indem die Vereinigten Staaten mehr als jede andere ausländische Macht intervenierten, trugen sie auch in höherem Maße zum Anheizen der bürgerkriegsträchtigen Spannungen bei.

Im Sog des Vietnamkrieges wurde das Schicksal von Laos auf Jahrzehnte besiegelt. 1962 sah es kurzfristig nach einer Beruhigung aus, nachdem sich die USA, die UdSSR, die VR China sowie Nord- und Südvietnam in Genf auf eine Nichteinmischung geeinigt und die Bildung einer «Regierung der nationalen Einheit» unterstützt hatten. Doch die Vereinbarung stand auf brüchigem Fundament. Nicht genug damit, dass die inneren Kämpfe alsbald wieder aufflammten. Nordvietnam ignorierte seine in Genf gegebene Zusage und schickte Truppen nach Laos, vornehmlich zur Sicherstellung von Nachschub für die Guerilla in Südvietnam. Auf der Gegenseite fiel die laotische Geheimarmee, instruiert von der CIA, mit Stoßtrupps in Nordvietnam ein. Und amerikanische Pionierbataillone bauten im nördlichen Laos Radarstationen auf, die anfänglich für militärische Aufklärung und in späteren Jahren als Leitstellen für den Luftkrieg gegen Hanoi genutzt wurden. Auf die Verletzung eines internationalen Abkommens mit den Mitteln der Diplomatie zu reagieren, war bereits im Frühjahr 1964 keine Option mehr. Damals lehnten die USA eine Wiederaufnahme der Genfer Laos-Konferenz – angeregt von Frankreich, Indien, Kambodscha und der UdSSR – kategorisch ab. Wenige Wochen später brach über Laos ein Luftkrieg herein, wie ihn die Welt noch nicht gesehen hatte und seither auch nie wieder erleben sollte.

Von Mai 1964 bis April 1973 warfen amerikanische Flieger ungefähr 2,1 Millionen Tonnen Bomben über Laos ab, dieselbe Menge, die man während des Zweiten Weltkrieges gegen sämtliche Zielgebiete in Europa und Asien eingesetzt hatte und knapp ein Drittel der im Laufe des Vietnamkrieges verbrauchten Zerstörungslast von 6,7 Millionen Tonnen. Die offizielle und anstelle einer formellen Kriegserklärung vorgetragene Begründung wird heute so stereotyp wie damals bemüht. Demnach richtete sich alles gegen den Ho-Chi-Minh-Pfad, die logistische Lebenslinie von Nordvietnam in das Herz des verfeindeten Südens. Tatsächlich wurde dieses Ziel und seine unmittelbare Umgebung heftig attackiert. Aber Art und Umfang des Bombenkrieges gegen Laos sind damit längst nicht erklärt. Zu gleichen Teilen ging es darum, in den Hochburgen der Pathet Lao für unerträgliche Zustände zu sorgen und der Bevölkerung jede Sympathie mit den Widerständigen im Wortsinn auszutreiben.

Davon abgesehen war Laos ein Laboratorium. Dort konnte man die Erfolgsaussichten eines Krieges ohne Bodentruppen testen, dort ließen sich die für einen «großen Krieg» entwickelten Kampfjets auf ihre Wendigkeit und Belastbarkeit prüfen. Ein Luftwaffenpilot: «Die Russen drehen doch durch, wenn sie sehen, was wir dort lernen. Was würden die nicht alles dafür geben, ihren Kram ausprobieren zu können.»[30] Im toten Winkel der Weltpresse gelegen, konnte in Laos geschehen, was wollte. Weil niemand darüber berichtete, interessierte sich auch kaum jemand dafür. Eine staatlicherseits verhängte Nachrichtensperre wäre kaum effektiver gewesen.

Die intensivste Phase begann Ende 1968. Seither flog die U.S. Air Force hunderte von Einsätzen pro Tag, hauptsächlich im Nordosten und dort immer wieder gegen die «Ebene der Tonkrüge» in der Provinz Xieng Khouang. Diese für laotische Verhältnisse wohlhabende Gegend, besiedelt von ungefähr 150000 Bauern, wurde seit gut vier Jahren von den Pathet Lao kontrolliert – auf autoritäre Weise und dennoch ohne Terror. Auf amerikanischer Seite zählte dieser Unterschied nicht. Das Gebiet wurde systematisch umgepflügt, Dorf für Dorf, Haus für Haus, so lange, bis buchstäblich kein Stein mehr auf dem anderen stand und das soziale Leben vollständig zum Erliegen gekommen war. Die Menschen zogen sich in die Wälder zurück, sie gruben Höhlen in Berge und Erdlöcher in das flache Land, wo sie oft monatelang hausten, tagein, tagaus geplagt von Ratten und allem erdenklichen Ungeziefer und hüfthoch verschlammt nach Regengüssen. Es war kein Vergleich zu all dem, was sie außerhalb ihrer notdürftigen Verstecke erwartete – Streu- und Splitterbomben, die nach der Explosion wie aus einer Schrotflinte hunderte Geschosse abfeuerten, deren Widerhaken sich tief in Muskeln und Gewebe bohrten, die riesige Wunden rissen und oft nicht mehr zu entfernen waren. Zum Bestellen der Felder wagten sich die Menschen nur wenige Stunden ins Freie, in der Dämmerung meistens, wenn das Tagesbombardement abgeklungen war und die nächtlichen Angriffe noch nicht begonnen hatten. Sich außerhalb dieses Zeitfensters zu zeigen, war lebensgefährlich. Aufklärungsflugzeuge markierten Verdächtige – und verdächtig war alles, was sich bewegte – mit Farbbomben zur besseren Zielerfassung für die Jagdflieger, die anschließend aus dem Himmel stürzten. Die Erde bebte Tag und Nacht, Rauchsäulen standen über dem Land, soweit das Auge reichte. Nach wenigen Monaten gingen die Vorräte zu Ende, ohne Aussicht auf Nachschub wegen der vom Bombenhagel unbrauchbar gemachten Felder. Es waren Verheerungen apokalyptischen Ausmaßes, von oben angeordnet und von Piloten ausgeführt, die gleichgültig oder auch zustimmend den Befehlen folgten.[31]

Nur eine einzige Quelle gibt über die Geschehnisse in der «Ebene der Tonkrüge» Auskunft – «Voices from the Plain of Jars», das 1972 erstmals publizierte Buch des Journalisten Fred Branfman. Während die meisten seiner Kollegen über den Krieg im benachbarten Vietnam berichteten, schlug er sich durch die Ruinen von Laos und besuchte ein halbes Dutzend Flüchtlingslager nahe der Hauptstadt Vientiane. Unterstützt von einem laotischen Begleiter suchte er das Gespräch mit Vertriebenen, mit Menschen, die nicht wussten, warum dieser Krieg über sie hereingebrochen war, die vor dieser Zeit Flugzeuge nur vom Hörensagen gekannt hatten und jetzt beim bloßen Gedanken daran erstarrten. Sehr viele verweigerten das Gespräch. Einige aber schrieben ihre Erinnerungen auf, oft nur in wenigen Zeilen, manchmal seitenfüllend und in Form kurzer Aufsätze. Skizzen und Zeichnungen verdeutlichten auf ihre Weise, was sprachlich schwer zu fassen war – die Angst, vor Angst wahnsinnig zu werden.

«Die Flugzeuge kamen wie die Vögel, die Bomben fielen wie Regen.» – «Wir lebten wie die Tiere, die verzweifelt versuchen, ihren Jägern zu entkommen.» – «Der Krieg lastete wie ein riesiger Stein auf uns.» – «Man konnte kein Feuer machen, um sich etwas zu kochen. Wenn Rauch aufstieg, kamen die Flugzeuge und bombardierten uns. [...] Jedes Mal, wenn sie jemanden gesehen haben, eröffneten sie das Feuer.» – «Man musste nur einen falschen Schritt machen und konnte auf eine Streubombe treten.» – «Wir hatten Angst, im kommenden Jahr alle zu verhungern, wenn wir weiter unsere Felder nicht bestellen konnten.» – «Alle waren aschfahl – als hätten sie aus Angst über ihren verlorenen Besitz und über ihre toten Tiere alles Blut aus den Adern verloren.» – «Ich wollte nichts mehr bauen oder sonst irgendetwas tun, weil ich Angst hatte, dass alles ja doch gleich wieder von den Bomben zerstört würde.»[32]

Ein paar Tausend, die genaue Zahl ist nicht bekannt, kehrten in die «Ebene der Tonkrüge» zurück. Aber an einen Wiederaufbau des alten Lebens war nicht zu denken. 80 Millionen Streubomben hatte die U.S.-Air Force über Laos abgeworfen, eine riesige Anzahl war nicht explodiert – Blindgänger, die auf Feldern, im Wald oder in Seen bei jeder Berührung hochgehen können. Der größte Teil des Ackerlandes ist bis zum heutigen Tag unbrauchbar, nur 0,3 Prozent des verseuchten Bodens wurden seither von den Sprengsätzen geräumt, selbst die Aufzucht von Nutztieren ist unter diesen Umständen eine riskante Investition. 20000 Bauern starben durch Explosionen oder verbrachten den Rest ihres Lebens mit verstümmelten Gliedmaßen. Ein Ende ist nicht abzusehen. Die Lao Pheun-Zivilisation, eine 700 Jahre alte bäuerliche Kultur, existiert seit Ende der 1960er Jahre nicht mehr.[33]

«Killing Fields»

Laos war ein Nebenkriegsschauplatz, darüber wurde im Weißen Haus nie oder allenfalls am Rande diskutiert, die Dinge nahmen einfach ihren Lauf. Die geballte Aufmerksamkeit galt Vietnam. Dort wollten Präsident Richard Nixon und sein Sicherheitsberater Henry Kissinger nach dem unfreiwilligen Rückzug der Bodentruppen noch einmal die Macht der Vereinigten Staaten demonstrieren – mit einem «wilden, entscheidenden Schlag», einer «Schocktherapie» oder einem «bestialischen Auftritt».[34] Bei der Lektüre der einschlägigen Protokolle gewinnt man bisweilen den Eindruck, einer Beratung von Folterern zu lauschen. Ständig ist von «Daumenschrauben» die Rede, die es anzuziehen gilt, von «Schmerzgrenzen», die man finden und überschreiten muss, von «Heiß-Kalt-Behandlungen» und immer wieder vom «breakpoint», der Bruchstelle im gesellschaftlichen Gefüge Nordvietnams. Es konnte nicht sein, was nicht sein durfte. «Ich weigere mich einfach anzuerkennen», predigte Henry Kissinger sich selbst und noch mehr seiner Umwelt, «dass eine kleine viertklassige Macht wie Nordvietnam keinen Bruchpunkt hat.»[35] Vom Innenleben dieser «viertklassigen Macht» hatte er nicht die geringste Ahnung, er wollte es auch gar nicht wissen – übrigens zur Erleichterung der CIA, die ihre mageren Feindinformationen fast ausschließlich über das britische Generalkonsulat in Hanoi bezog. Strategisch ahnungslos und ohne Verständnis für die Folgen militärischer Operationen, schaukelten sich die beiden «Realpolitiker» im Oval Office gegenseitig bis an die Grenze des politischen Deliriums. Kissinger riet dazu, die Nordvietnamesen «systematisch plattzumachen und mit einem großen Knall die ganze Sache zu beenden. […] Wir könnten ihnen im Norden einen großen Schlag versetzen und es damit zu Ende bringen.»[36] Ab und zu vorgetragene Bedenken – etwa von Verteidigungsminister Melvin Laird oder von Creighton Abrams, Oberbefehlshaber in Vietnam – wurden mit herablassenden Bemerkungen über naive Zivilisten oder verfettete, dem Alkohol zugeneigte Militärs abgetan.

Präsident Nixon: «Wir werden Nordvietnam die Seele aus dem Leib bomben. […] Wir werden eine Blockade errichten und weiterbomben. […] Und wenn es mich die Wahl kostet. Ist mir scheißegal. […] Was auch immer mit Südvietnam geschieht, wir werden Nordvietnam wegputzen. […] Einmal wenigstens werden wir die maximale Kraft dieses Landes einsetzen müssen […] gegen dieses verschissene kleine Land. […] Wir werden nicht mit einem Wimmern da rausgehen. Wir werden ihnen verdammt noch mal alles um die Ohren hauen. […] Wir haben einige Karten in der Hinterhand [...] und wir werden sie verdammt hart ausspielen. [...] Wir werden den gottverdammten Norden bombardieren, wie er noch nie bombardiert worden ist. [...] Lasst dieses Land in Flammen aufgehen. [...] Einfach die verdammte Scheiße aus dem Land rausbomben. [...] Einfach drei Monate lang die Scheiße aus ihnen herausprügeln. [...] Macht Kleinholz aus ihnen, macht Kleinholz aus ihnen, macht Kleinholz aus ihnen. [...] Wir müssen dort alles treffen, was sich bewegt. [...] Man muss diese Bastarde einfach – einfach pulverisieren. [...] Ich will, dass [Nordvietnam] zu Klump gebombt wird. Wenn wir schon das Schwert ziehen, dann werden wir diese Bastarde an allen Ecken und Enden bombardieren. Lasst die Bomben fliegen, lasst sie fliegen. [...] Jetzt kriegen sie es ab, [...] der Würfel ist gefallen. [...] Es gibt keine Obergrenzen – abgesehen von Atomwaffen. [...] Es gibt keine Obergrenzen, das gibt es nicht mehr.»[37]

Wozu er fähig war, demonstrierte Nixon ab Anfang Mai 1972 mit einer der massivsten Angriffswellen in der Geschichte des Luftkrieges. Während der «Operation Linebacker» überzog eine Armada schwerer Bomber Nordvietnam fast acht Wochen lang mit einem Bombenteppich. Die B-52 sollten die Planungen Hanois für eine Übernahme Südvietnams um Monate zurückwerfen – deshalb die Attacken auf Straßen, Eisenbahnlinien, Brücken, Kraftwerke, Öldepots und maritime Anlagen. Und sie sollten die Zivilbevölkerung demoralisieren – deshalb der Bombenterror gegen die Hauptstadt und gegen die Hafenstadt Haiphong. Über die Zahl der getöteten Zivilisten wurde lange Zeit gerätselt, vermutlich waren es 25 000 und damit weit weniger als vom Pentagon ursprünglich vermutet. Aber die nordvietnamesische Armee verlor an die 100 000 Soldaten, ein Aderlass, den Nixon und Kissinger mit Genugtuung kommentierten, denn der Massentod junger Männer, die Erfolge im Kampf gegen die Geburtenrate des Feindes, würde den Kommunisten die Freude über den absehbaren Triumph vergällen und auf Jahre große Probleme bereiten. Aus diesem Grund dachte Nixon über Luftangriffe bis zum Ende seiner zweiten Amtszeit nach. Realistisch war diese Phantasie angesichts des zunehmenden Widerstands im Kongress nicht. Aber solange der Gesetzgeber die Haushaltsmittel nicht endgültig strich, wollte der Präsident bis zum Äußersten gehen.

Einen Namen für dieses «waghalsiges Spiel» hatte sich Nixon bereits zu Beginn seiner Amtszeit zurechtgelegt: «Ich nenne es die Madman-Theorie. Die Nordvietnamesen sollen glauben, dass ich für eine Beendigung des Krieges schlicht alles tun würde. Wir spielen ihnen einfach die Information zu, dass dieser Nixon vom Kommunismus besessen ist, dass man ihn nicht bändigen kann, wenn er wütend wird, und dass er obendrein auch noch den Finger auf dem Atomknopf hat. Ho Chi Minh höchstpersönlich wird innerhalb von zwei Tagen in Paris sein und um Frieden betteln.»[38] Den Koreakrieg bemühte er als schlagendes Beispiel. Angeblich wären die Kampfhandlungen damals erst nach Eisenhowers Drohung mit einem Atomangriff gegen den Norden des Landes beendet worden. Dass diese Behauptung jeder Grundlage entbehrte, kann getrost ignoriert werden. Entscheidend sind die fließenden Übergänge zwischen Wahn und Wirklichkeit – oder die Tatsache, dass ein Präsident allen Ernstes der Meinung war, den Irren spielen und anderen dadurch etwas abpressen zu können. Und entscheidend ist die Selbstverortung auf der Bühne internationaler Politik: Je mehr die Konkurrenz sich ängstigt, desto besser kommt Amerikas Macht zur Geltung. Henry Kissinger, ohnehin mit einer veritablen Allergie gegen Moral in der Politik ausgestattet, bestärkte Nixon bei jeder sich bietenden Gelegenheit: «Sie [Herr Präsident] müssen den Eindruck erwecken, dass Sie kurz davor sind, durchzudrehen.»[39]

Mitte Dezember 1972 schlug erneut die Stunde des «Madman». Und zwar zu einer Zeit, als Washington den Entwurf eines Waffenstillstands faktisch akzeptiert und die Hoffnung auf Nachbesserungen aufgegeben hatte – schließlich konnte man am Konferenztisch nicht gewinnen, was auf den Schlachtfeldern verloren gegangen war. Aber nach außen sollte es so aussehen, als hätte Hanoi zur Unterschrift gebombt werden müssen. Nur so ließ sich noch einmal der Sinn des gesamten Krieges unter Beweis stellen: Kommunisten sind einzig mit militärischer Gewalt zur Räson zu bringen, der Frieden ist allein Amerikas militärischer Überlegenheit zu verdanken, politischer Gewinn winkt nur jenen, die zu einer entschlossenen Demonstration ihrer Macht willens sind. Kurz: Da Vietnam so gesehen richtig und notwendig war, werden auch künftige Kriege unvermeidlich und sinnvoll sein.

Es ging in erster Linie um den symbolischen Akt, alles andere war nachrangig. Im Zuge von «Operation Linebacker II», bekannt als «Weihnachtsbombardement», flogen schwere Bomber 3500 Einsätze mit dem expliziten Auftrag, die Zivilbevölkerung in Hanoi und Haiphong zu terrorisieren. Nur zwölf Prozent der Angriffe galten militärischen Zielen. Dass in Hanoi nicht mehr als 2200 Menschen starben und knapp 1600 verwundet wurden, war ausschließlich den dauerhaften Evakuierungen nach «Linebacker I» im Frühsommer des Jahres zu verdanken.[40] Der am 27. Januar 1973 in Paris unterzeichnete Waffenstillstand entsprach in allen wesentlichen Teilen dem seit Monaten ausgehandelten Papier.

Die Waffen schwiegen dennoch nicht. Erstens, weil das Pariser Abkommen äußerst vage gehalten und ein Streit über die Vertragstreue unvermeidlich war. Und zweitens, weil Washington einen derartigen Streit gar nicht beilegen, sondern zum Anlass einer neuerlichen Bestrafung Hanois nehmen wollte. Richard Nixon: «Was wirklich zählt, ist nicht das Abkommen, sondern meine Entschlossenheit zur massiven Reaktion gegen Nordvietnam, wenn sie es nicht einhalten.»[41] Henry Kissinger: «Die Strategie des Präsidenten mag irrational erscheinen. [...] Aber sobald wir dazu gezwungen sind, müssen wir etwas jenseits aller Verhältnismäßigkeit tun, um sie [die Nordvietnamesen] zu bestrafen. Es ist vielleicht falsch, aber die Bilanz zeigt, dass es in unserem besten Interesse ist.»[42] Die unverhältnismäßige Bestrafung Nordvietnams fand in Kambodscha statt.

Kambodscha war bereits Jahre zuvor in den Krieg hineingezogen worden. Seit März 1969 flogen B-52-Staffeln immer wieder Angriffe gegen Rückzugsgebiete der Vietcong und nordvietnamesische Stellungen entlang des Ho-Chi-Minh-Pfads. Ende April 1970 marschierten 20000 GIs und 30000 Südvietnamesen in das neutrale Land ein und blieben zwei Monate – angeblich, um die geheime Kommandozentrale der Vietcong auszuheben. Dieses Hauptquartier des Feindes existierte allenfalls in der Phantasie amerikanischer Politiker und Militärs. Was letztlich auch nicht weiter von Belang war, denn die Ausweitung der Kampfzone verfolgte ein anderes Ziel. Anstelle der zusehends ausgedünnten US-Truppen sollte die südvietnamesische Armee vermehrt Einsätze übernehmen und sich mittels praktischer Erfahrungen selbst aufpäppeln. Auch auf diese Weise konnte Zeit gewonnen und das Unvermeidliche, der Zusammenbruch des Regimes in Saigon, hinausgezögert werden. Die «Vietnamisierung» des Krieges war bekanntlich ein Fiasko. Dennoch kam Kambodscha nicht zur Ruhe, im Gegenteil. Vom Frühjahr bis Mitte August 1973 wurden mehr Angriffe denn je geflogen, weil sich das Weiße Haus eine Dolchstoßlegende zurechtgelegt hatte: Hier die US-Luftwaffe, die ihre unbesiegbare Macht demonstriert, dort der naive Kongress, der in letzter Stunde seinen eigenen Streitkräften in den Rücken fällt und den Triumph der Kommunisten besiegelt. Richard Nixon: «Wir müssen das gottverdammte Land [Kambodscha] so lange bombardieren, bis uns der Kongress die Vollmacht streicht. Dann können wir sie [die Kongressmehrheit] dafür verantwortlich machen, dass die ganze Sache den Bach runtergegangen ist.»[43] Anfang August 1973 gab er dem Druck des Parlaments nach und unterzeichnete das Gesetz zur Einstellung aller Kampfhandlungen in Südostasien. In einem Begleitbrief machte Nixon die Abgeordneten für Amerikas Niederlage verantwortlich.

Die gravierendste Folge des Krieges gegen Kambodscha zeigte sich knapp zwei Jahre später beim Siegeszug der Roten Khmer und der Verwandlung des Landes in ein Schlachthaus oder «Killing Field». Das Wüten dieser Mörderbande ist vielfach beschrieben und analysiert worden. Ganz zu fassen ist es trotzdem nicht. Nachdem sie am 17. April 1975 die Hauptstadt Phnom Penh in ihre Gewalt gebracht hatten, schotteten die neuen Machthaber das Land komplett von der Außenwelt ab, niemand konnte mehr Kontakt nach draußen aufnehmen, weder brieflich noch telefonisch, an Reisen war schon gar nicht zu denken. Alle Bildungs- und sonstigen Kultureinrichtungen wurden geschlossen, die Tempel sowieso, Handel und Privateigentum standen fortan unter Strafe. Der Aufbau einer neuen Wirtschaft sollte im Zeitraffer erfolgen, was extreme Arbeitsleistung und Disziplin voraussetzte, sprich die Zwangseinweisung aller Kräfte in ein riesiges Arbeitslager namens Sozialismus. Das Politische an dieser Ökonomie war der Terror gegen alle, die verdächtig waren oder es hätten sein können: Geistliche, Mönche, Intellektuelle, Lehrer, Erzieher, Journalisten, Stadtbewohner, Flüchtlinge auch, weil sie aus Angst vor den Bomben ihre Scholle verlassen und damit mangelndes Stehvermögen bewiesen hatten. Treffen konnte es jeden, und es traf fast jeden. Zwei Millionen mussten ihr Leben lassen, zur Hälfte ermordet, zur Hälfte an Hunger und dadurch ausgelösten Krankheiten gestorben – in einer Gesamtbevölkerung von sieben Millionen.[44]

Auf den ersten Blick scheinen allein die Roten Khmer für diese Exzesse verantwortlich. Auch Laos und Vietnam hatten lange Jahre unter Krieg, Bomben und Entbehrung gelitten – aber dort kam es noch nicht einmal ansatzweise zu derartigen Verheerungen. Folglich liegt es nahe, auf kambodschanische Besonderheiten aufmerksam zu machen. Auf Umstände also, die der dortigen Kultur und Politik ein auffällig anderes Gepräge gaben. Von einer speziellen Tradition der Rache und Grausamkeit ist dann die Rede, die – fest verankert in unterschiedlichen gesellschaftlichen Milieus – über Jahrhunderte immer wieder eruptiv zum Ausbruch kam.[45] Und verwiesen wird darauf, dass die Roten Khmer von einem der blutrünstigsten Anführer des 20. Jahrhunderts kommandiert wurden, von einem Mann, der es jederzeit mit Hitler, Stalin oder Mao aufnehmen konnte: Saloth Sar, besser bekannt unter seinem Kampfnamen Pol Pot. Wenn Paranoia und Größenwahn, Machtwille und Skrupellosigkeit, Intelligenz und Sendungsbewusstsein zueinanderfinden, dann sind Figuren wie dieser selbst ernannte «Bruder Nummer Eins» nicht weit. Unter außergewöhnlichen Umständen können sie Unvorstellbares auf den Weg bringen.

Nichtsdestotrotz trägt auch Washington Verantwortung für den von Kambodschanern an der eigenen Bevölkerung verübten Massenmord. Es war Amerikas Krieg, der die Roten Khmer zu dem machte, was sie wurden. Bis Ende der 1960er Jahre fristeten sie in abgelegenen Bergregionen und im Dschungel ein politisch belangloses Dasein, höchstens ein paar hundert Mann stark, militärisch unerfahren und schlecht ausgerüstet obendrein. In dieser Zeit klang selbst Pol Pot noch einigermaßen moderat, zumindest tolerierte er die mehrheitsfähige Orientierung auf einen friedlichen Übergang zum Sozialismus. Die Wende kam im März 1970, als führende Militärs um General Lon Nol den populären Staatspräsidenten Norodom Sihanouk aus dem Amt jagten und fortan nach der üblichen Art einer Junta regierten – gestützt auf die Macht der Bajonette, korrupt und am Los der Benachteiligten und Bedürftigen keinen Deut interessiert. Dass die Putschisten Washingtons Wohlwollen genossen, ist das Mindeste, was sich zur dubiosen amerikanischen Rolle bei diesem Staatsstreich sagen lässt. Nixon und Kissinger waren über Sihanouks erzwungenen Abgang erfreut, galt er doch als unsicherer Kantonist, wenn nicht als Feind – weil er den Krieg in Vietnam seit Jahren verurteilt und für ein im Sozialismus vereintes Vietnam plädiert hatte. Am meisten profitierten indes die Roten Khmer von dem Putsch. Sihanouk rief mit ihnen eine Einheitsfront der Patrioten aus, auch Nordvietnam schlug sich auf ihre Seite, und der fortgesetzte Bombenkrieg trug ein Übriges zur Agitation gegen Lon Nol und dessen großen Bruder USA bei. Je mehr Bauern wegen amerikanischer Bomben ihr Land verlassen mussten, desto mehr verfing die Propaganda der Roten Khmer. Im Sommer 1973 war der Haufen ehemals versprengter Guerillas zu einer Bürgerkriegstruppe von 60000 Mann angewachsen, Tendenz steigend.[46]

Hunderttausende Todesopfer ringsum, Städte und Dörfer, die von amerikanischen B-52 mehrfach umgepflügt wurden, Rote Khmer, die dem Dauerbeschuss aus der Luft ebenfalls ausgesetzt waren – Zeitgenossen konnten in Echtzeit beobachten, wie sich radikale in fanatisierte Kämpfer verwandelten, voller Angst, um die Früchte ihres Aufstandes gebracht zu werden und wild entschlossen, Feinde aus dem Weg zu räumen, mit allen Mitteln, kostete es, was es wollte. Pol Pot steigerte sich derweil in eine Phobie ganz eigener Art hinein. Er hielt die Verhandlungen zwischen Washington und Hanoi über einen Waffenstillstand in Vietnam für Vorboten eines teuflischen Plans – dass beide Staaten über kurz oder lang Kambodscha unter sich aufteilen würden, vielleicht als Protektorat, womöglich in Form von Einflusszonen. Ob Pol Pot über ähnliche Befürchtungen auf Seiten von Prinz Sihanouk informiert war, ist im Grunde einerlei. Für einen Ultranationalisten wie ihn war die Stunde der Entscheidungsschlacht gekommen und damit die Zeit zur Kriegserklärung an alle, denen er nicht zu einhundert Prozent vertraute.[47] Gut dreieinhalb Jahre wüteten die Roten Khmer, bis vietnamesische Truppen im Januar 1979 Phnom Penh einnahmen und Überlebende des Terrors einen neuen Staat, die Volksrepublik Kampuchea, ausriefen.

In Washington stellte man sich stumm und taub. Für Präsident Nixon waren Kritiker, die ihn mit dem Preis seiner Vietnampolitik konfrontierten, idealistische Spinner. «Dieses ganze Gerede über Moral, das ist doch alles Mist. […] Etwas anderes ist entscheidend. Krieg ist unmoralisch, weil die Menschen unmoralisch sind und weil sie aggressiv sind, überall auf der Welt.»[48] Sagte es und stellte Ho Chi Minh auf eine Stufe mit Hitler. In anderen Worten: Was im Kampf gegen Berlin moralisch war, kann beim Luftkrieg in Südostasien nicht unmoralisch sein. Wer ihm zuhörte, musste den Bombenteppich über Kambodscha für einen vergleichsweise humanen Akt halten. Henry Kissinger glättet die Geschichte bis heute, vorweg mit der abenteuerlichen Behauptung, dass amerikanische Flieger nur unbesiedelte Gebiete in Kambodscha angegriffen hätten. «Wieso müsste ich wegen der Vietnam-Politik nächtens Gewissensbisse haben? [...] Es mag mir an Phantasie fehlen, doch ich kann hierin keine moralische Frage erkennen.»[49] Man kann diese Ausflüchte jederzeit mit den Fakten blamieren.[50] Und man sollte stets im Auge behalten, dass die Tatsachen keine mildernden Umstände zulassen – Angriffe gegen ein neutrales Land sind und bleiben ein Bruch des Völkerrechts, Attacken gegen unverteidigte Städte und Dörfer ein Kriegsverbrechen. Und doch bleibt auf halbem Wege stecken, wer den Fingerzeig hinter der Selbstgerechtigkeit übersieht. Was Nixon und Kissinger ausmalten, war nichts weniger als eine Zukunft im Geiste der Vergangenheit: Wir würden es wieder tun, wenn wir die Gelegenheit dazu hätten. Damit standen sie keineswegs allein. In Washington nannte man es Realpolitik.

Selbstblockade

Reformen im Leerlauf

«Ich hatte meine Waffe auf Automatik gestellt, man nimmt dann einfach ein bestimmtes Areal unter Feuer. Deshalb und weil es so schnell geht, kann man nicht sagen, wie viele man erschossen hat. Ich habe vielleicht zehn oder 15 von ihnen erschossen.» – «Männer, Frauen und Kinder?» – «Männer, Frauen und Kinder.» – «Und Babys?» – «Und Babys. [...] Wir hatten angefangen, sie zu erschießen, als uns jemand sagte, auf Einzelfeuer umzustellen, um unsere Munition zu sparen. Also schalteten wir auf Einzelfeuer und schossen noch ein paar Runden.» [...] «Wie erschießt man Babys?» – «Keine Ahnung. Es kommt halt vor.» – «Was glauben Sie, wie viele Menschen wurden an diesem Tag erschossen?» – «Ich schätze an die 370. [...] In der Situation selbst sah es so aus, als wäre es das Selbstverständlichste, was zu tun war.»[1]

Dieses Interview mit einem in Vietnam eingesetzten GI, von «CBS» Ende November 1969 zur besten Sendezeit ausgestrahlt, war ein Tabubruch. Vorher hatten fast alle Medien das Schicksal der im Bombenkrieg Getöteten oder von Bodentruppen Massakrierten ignoriert. Tausende von Journalisten, mehr als bei jedem anderen Krieg, schrieben, filmten und fotografierten, aber kaum einer verstand, was er sah – oder wollte aus Angst vor Repressalien nicht darüber reden. Erst wenige Tage vor der «CBS»-Sendung hatte Seymour M. Hersh das Schweigekartell mit mehreren Artikeln über das Massaker von My Lai und der provokanten Aussage eines Täters gebrochen: «Es war eine Sache im Stil der Nazis.»[2] Danach gab es kein Halten mehr, in den

Medien tauchten Fragen auf, die für einen Großteil des Publikums fast noch verstörender waren als die Nachrichten selbst. Wo wird derartige Gewalt das nächste Mal ausbrechen? War der Massenmord an Unbeteiligten die logische Folge einer verfehlten Politik und Militärstrategie? Und: «Wie viel Ungerechtigkeit und Korruption verzerren die Züge der Demokratie, die Amerika der Welt zum Vorbild anbietet?» Über die Antwort durfte gestritten werden, so hieß es im «Time Magazine» weiter, nicht aber über die Fragen.[3] In den Worten des Kriegsberichterstatters Jonathan Schell: «Wenn wir uns daran gewöhnen, dergleichen hinzunehmen, gibt es nichts mehr, was wir nicht hinnehmen.»[4]

Skandale und Reformen

Das nicht Hinnehmbare wurde zu einem Dauerthema. Bis weit in das Jahr 1976 verging fast kein Monat ohne schockierende Neuigkeiten – mal über die hässliche Seite amerikanischer Außenpolitik, mal über den für diese Politik verantwortlichen Apparat, mal über Abgeordnete, Minister und Präsidenten, die sich schuldig gemacht hatten oder Schuldige deckten. Egal ob Weißes Haus, Außenministerium, Pentagon, FBI, CIA oder Nationaler Sicherheitsrat, nichts und niemand blieb verschont. Was sich damals abspielte, verstanden viele Zeitgenossen als Staats- und Verfassungskrise, zumindest aber als Aufforderung, über Amerikas Rolle in der Welt und die dabei eingesetzten Mittel Rechenschaft zu verlangen. Niemals zuvor stand der «nationale Sicherheitsstaat» dermaßen unter Druck. Und deshalb sind die 1970er Jahre eine der aufschlussreichsten Epochen in der amerikanischen Nachkriegsgeschichte. In dieser Zeit ging es nämlich nicht allein um Skandale und Kritik, Rede und Gegenrede. Auf dem Prüfstand stand ungleich Wichtigeres: der Willen und die Fähigkeit einer Weltmacht zur Selbstkorrektur. Davon handelt die Chronik schier endloser Skandale.

März 1971, das FBI als politische Polizei: Eine «Citizens Commission to Investigate the FBI» – Durchschnittsbürger mit unauffälligen Berufen und Lebensläufen, in keiner Polizeidatei vermerkt und deshalb für die Fahnder bis heute nicht greifbar – spielte mehreren Zeitungen Geheimakten der Bundespolizei zu, erbeutet beim Einbruch in ein FBI-Büro Anfang des Monats. Die anschließenden Presseberichte hatten es in sich. Aus ihnen ging hervor, dass das FBI keineswegs nur mit der Aufdeckung von Kriminalität befasst war. Ein erheblicher Teil seiner Ressourcen galt der Verfolgung von Oppositionellen und Minderheiten und dem Sammeln von Daten für ein diesbezügliches «Counter Intelligence Program» («COINTELPRO»). Die zum Geheimdienst mutierte Bundespolizei unterwanderte verdächtige Organisationen, störte Versammlungen und stiftete mit «agents provocateurs» zur Gewalt an, denunzierte Zielpersonen bei Arbeitgebern, zerstörte Ehen, trieb Einzelne gar in den Selbstmord. Im Mittelpunkt standen Bürgerrechtler sowie alle, die in irgendeiner Weise gegen Washingtons Außen- und Militärpolitik protestierten – weshalb Senator Sam J. Ervin von einem «Krieg gegen die amerikanische Bevölkerung» sprach. Das Wort «Krieg» hatte er mit Bedacht gewählt, dokumentierten die FBI-Register doch ein grassierendes Unrechtsbewusstsein und die Überzeugung, dass ein vermeintlich höherer Zweck den Einsatz aller Mittel rechtfertigte.[5]

Juni 1971, Kriegslügen aus dem Weißen Haus: Was die «New York Times» ihren Lesern am 13. Juni 1971 und an darauffolgenden Tagen präsentierte, war ein journalistischer Coup der Extraklasse: Auszüge aus einer 7000 Seiten starken Studie über den Vietnamkrieg, vom ehemaligen Verteidigungsminister Robert McNamara 1967 in Auftrag gegeben und seither im Pentagon unter Verschluss gehalten. Einer der von McNamara beauftragten Rechercheure, Daniel Ellsberg, hatte während dieser Arbeit die Seiten gewechselt und wollte der Antikriegsbewegung mit Informationen aus dem innersten Kreis der Macht unter die

Arme greifen. Hartgesottene Kritiker der Regierung sahen sich in ihren schlimmsten Vermutungen bestätigt. Aber anhand streng geheimer Memoranden nachlesen zu können, wie die Präsidenten Truman, Eisenhower, Kennedy und Johnson die Öffentlichkeit ein um das andere Mal nach Strich und Faden getäuscht, in die Irre geführt und belogen hatten, war doch etwas anderes. Obwohl die «Pentagon Papers» nur die Politik seiner Vorgänger betrafen, versuchte Richard Nixon mit allerlei juristischen Tricks gegen weitere Veröffentlichungen vorzugehen – und holte sich nicht allein eine Abfuhr beim Obersten Gericht ab, sondern heizte die Debatte zusätzlich an. Diverse Taschenbuchausgaben der «heißen Ware» (Richard Nixon)[6] schafften es mühelos auf die Bestsellerlisten.

Oktober 1972, der Präsident auf kriminellen Abwegen: Den nächsten Coup landete die «Washington Post» am 10. Oktober 1972 mit einer Titelstory über den knapp vier Monate zuvor verübten Einbruch in der Wahlkampfzentrale der Demokratischen Partei. Das Weiße Haus bestritt vehement, mit den Vorgängen in der weitläufigen Büro- und Hotelanlage «Watergate» auch nur das Mindeste zu tun zu haben. Und dann diese Schlagzeile: «Laut FBI haben Mitarbeiter von Nixon Sabotage gegen die Demokratische Partei verübt.» Die Autoren, Bob Woodward und Carl Bernstein, konnten sich so weit vorwagen, weil sie unter dem Siegel strengster Verschwiegenheit und mit dem Versprechen unbedingten Quellenschutzes von der Nummer Zwei des FBI, Mark Felt, über die Hintergründe von «Watergate» informiert worden waren. In Sorge, dass seine Eskalation des Vietnamkrieges auffliegen könnte, hatte Nixon seit Jahren eine Rufmordkampagne aufs Gleis gesetzt und mit Geldern aus seinem Wahlkampffonds mindestens 50 halbseidene Gestalten bezahlt, die denunziatorisches Material gegen die politische Konkurrenz zusammentragen und zur Not fabrizieren sollten – Stoff zur Einschüchterung der Opposition also. Die Pointe: FBI und Justizministerium wussten davon, hielten aber still. So nahm ein

Skandal seinen Lauf, der nach zwei quälenden Jahren zum Rücktritt des Präsidenten führte – wegen Anstiftung zu kriminellen Handlungen, Falschaussage und Amtsmissbrauch. Danach machte der Begriff «Imperiale Präsidentschaft» die Runde, als Etikett für eine aus dem Ruder laufende, unberechenbare Exekutive.

Juli und August 1973, Dokumentenfälscher bei der Luftwaffe: Gleich dreimal – am 18. und 22. Juli sowie am 8. August – berichtete Seymour M. Hersh, seit seinen Reportagen über Kriegsverbrechen in Vietnam der renommierteste und gefürchtetste Journalist des Landes, in der «New York Times» über ein kaum glaubliches Kapitel des Bombenkrieges in Indochina: Die seit Frühjahr 1969 gegen Kambodscha geflogenen Luftangriffe waren mit einem Buchhaltertrick verschleiert worden. In einem kleinen Verteiler zirkulierten Einsatzberichte, in denen die tatsächlichen Ziele aufgelistet waren. Der große Verteiler war für die Pentagon-Bürokratie sowie für parlamentarische Kontrollgremien bestimmt. Diesen Abnehmern wurden frei erfundene Zielobjekte in Südvietnam vorgegaukelt. Die Absicht lag auf der Hand. Weder der Kongress noch die Presse sollten dahinterkommen, dass Washington den Krieg auf ein neutrales Land ausgeweitet hatte und Nixons Versprechen eines baldigen Rückzugs ein riesiges Täuschungsmanöver war. Viele Spuren hinter dieser doppelten Rechnungslegung waren verwischt worden, aber der Kreis der Beteiligten konnte identifiziert werden – der Präsident, sein Sicherheitsberater Henry Kissinger, Verteidigungsminister Laird und einige Mitarbeiter des Nationalen Sicherheitsrates.[7] Bei weit über 3000 Einsätzen allein im ersten Jahr müssen hunderte Mann Besatzung von den tatsächlichen Angriffszielen gewusst haben, abgesehen von Fluglotsen, Fotoauswertern und sonstigen Sachbearbeitern im Stab der Air Force. Weshalb nur einer von ihnen, ein gerade pensionierter Major namens Hal M. Knight, sein Schweigen brach, gibt bis heute Rätsel auf. Dieser Major Knight war es auch, der das eigentlich Beunruhigende zur Sprache brachte. «Angenommen, jemand [im Weißen Haus unter Nixon] hätte den richtigen Code an der richtigen Stelle eingegeben, dann hätte man uns nach Belieben dazu bringen können, China statt Kambodscha zu bombardieren.»[8] Leicht abgewandelt lautete die Frage: Will und darf man sich ein Freigabeverfahren über Massenvernichtungswaffen leisten, welches für abenteuerliche Manipulationen anfällig ist? Kann dem Pentagon überhaupt noch vertraut werden, wenn seine Sprecher noch nicht einmal in streng geheimen Sitzungen mit Parlamentariern die Wahrheit sagen? Ist die politische Kontrolle über das Militär das Papier nicht wert, auf dem sie gedruckt steht?

Dezember 1974, Schattenkrieg der CIA im Inland: Am 22. Dezember 1974 machte die «New York Times» ihre Titelseite mit einem Bericht auf, der wie politisches Dynamit zündete. «Wie aus zuverlässigen Regierungsquellen hervorgeht, führte die CIA – ihren Gründungsauftrag im Kern verletzend – unter der Nixon-Regierung eine massive, illegale Überwachungsaktion im Inland durch und zwar gegen die Antikriegsbewegung und andere Regierungskritiker. Umfangreiche Nachforschungen der New York Times haben ergeben, dass eine Sonderabteilung der CIA geheimdienstliche Unterlagen von mindestens 10000 amerikanischen Bürgern angelegt und dem ehemaligen Leiter der Behörde, Richard Helms, darüber auf direktem Weg berichtet hat. Darüber hinaus hat eine im letzten Jahr [...] angeordnete interne Untersuchung dutzende anderer illegaler Inlandsaktivitäten der CIA zutage gefördert, die in den 1950er Jahren begonnen haben und unter anderem Einbrüche, Abhörmaßnahmen und das heimliche Öffnen von Briefpost beinhalteten.»[9] Sich im Inland zu betätigen, war der CIA Ende Mai 1949 per Gesetz verboten worden – nicht zuletzt aus Sorge vor der notorischen Übergriffigkeit einer politischen Polizei. Die Frage war nur, warum der Artikel mehr Aufsehen erregte: wegen der über jeden Zweifel erhabenen Recherchen von Seymour M. Hersh oder wegen des

Schocks, als die Öffentlichkeit gewahr wurde, wie die für eine Kontrolle der Geheimdienste zuständigen Ausschüsse des Kongresses ihren Aufgaben bis zu diesem Zeitpunkt nachgekommen waren – nämlich gar nicht. Oder, um es mit Senator Frank Church zu sagen: «Das als Wachhund eingesetzte Komitee hat den Hund in Wahrheit nie bewacht.»[10]

November 1975, Mordanschläge auf ausländische Politiker: Unter dem Eindruck der Enthüllungen über die CIA hatte Frank Church, Vertreter des Bundesstaates Idaho im Senat, die Einberufung eines Ermittlungsausschusses durchgesetzt. Dieser Schritt war für sich genommen nicht erstaunlich. Church wurden Ambitionen auf das Präsidentenamt nachgesagt und damit auch die Neigung, mit aufsehenerregenden Initiativen im Gespräch zu bleiben, um sein Renommee als liberaler Reformer zu pflegen – vor dem Hintergrund der von Skandalen überwucherten Nixon-Jahre eine naheliegende Strategie. Die Entschiedenheit indes, mit der Church zu Werk ging, überraschte selbst langjährige Beobachter. Er nahm seine Kritik an Washingtons Weltpolitik und am «nationalen Sicherheitsstaat» offenbar ernster als viele es vermutet hatten. Über 800 Zeugen standen dem «Select Committee to Study Governmental Operations with Respect to Intelligence Activities» in 172 Sitzungen Rede und Antwort, 110000 Quellen wurden für eine umfangreiche Dokumentation ausgewertet. Weil die Arbeit mehr Zeit als geplant in Anspruch nahm, präsentierte Church im November 1975 einen Zwischenbericht und schockierte die Öffentlichkeit mit Enthüllungen über erfolgreiche oder versuchte Mordanschläge auf ausländische Politiker wie Ngo Dinh Diem in Südvietnam, Patrice Lumumba im Kongo, Rafael Trujillo in der Dominikanischen Republik und Fidel Castro auf Kuba. Ob die CIA auf eigene Faust gehandelt hatte und inwieweit das Weiße Haus involviert war, ließ der Ausschuss zu diesem Zeitpunkt noch offen. Dass viele Fäden in Washington gezogen worden waren, konnte indes eindrücklich belegt werden.[11]

Für sich genommen und erst recht in ihrer Summe zielten diese Nachrichten ins Zentrum der Macht. Nicht dass die damit einhergehenden Fragen neu gewesen wären, aber sie stellten sich in ungewohnter Schärfe. Welche Grenzen müssen der Exekutive gezogen werden? Wer sollte oder muss in der Außen- und Militärpolitik mitreden? Ist es hinnehmbar, dass der Präsident nach Art eines absoluten Herrschers über den Einsatz von Nuklearwaffen bestimmen darf? Warum hat die parlamentarische Kontrolle von Geheimdiensten die meiste Zeit nicht funktioniert? Gibt es bei der CIA und den Streitkräften so etwas wie «mission creep», also eine schleichende Ausweitung von Kompetenzen und Macht jenseits des gesetzlichen Auftrags? Hat man unter Berufung auf die «nationale Sicherheit» nicht allzu viel durchgehen lassen? Kurz: Ist der nach 1945 aufgebaute Herrschaftsapparat überhaupt demokratieverträglich? Oder müssen die Vereinigten Staaten, um eine Demokratie zu bleiben, nicht eine andere Außenpolitik betreiben?

Richtung und Tragweite der Debatte zeichneten sich im Herbst 1973 ab, als im Kongress ein Gesetz über die Kriegsvollmachten des Präsidenten eingebracht wurde. Der radikale Vorschlag einiger Abgeordneter – in Anknüpfung an eine Initiative aus dem Jahr 1938 festzulegen, dass Washington in Fragen von Krieg und Frieden ein Referendum durchführen muss und nur mit einem Mehrheitsvotum der Wähler zu den Waffen greifen darf – hatte von vornherein keine Chance.[12] Stattdessen einigte man sich auf den «War Powers Act». Demzufolge stand das Weiße Haus künftig in der Pflicht, jeden Militäreinsatz vom Kongress genehmigen zu lassen – entweder im Vorweg oder spätestens 60 Tage nach Beginn einer kriegerischen Handlung. Ohne diese Zustimmung würden die Truppen umgehend nach Hause beordert. Unter den Sponsoren des Gesetzes herrschte Hochstimmung. «Es würde keine geheimen Kriege mehr geben, keine geheimen Operationen mehr, noch nicht einmal geheime Skandale.»[13] Weniger euphorische Zeitgenossen hofften auf eine Wiederbelebung jenes parlamentarischen Selbstbewusstseins, das vor dem Zweiten Weltkrieg wiederholt zu einer Eindämmung der Exekutive beigetragen hatte und dem Anspruch auf Gewaltenteilung gerecht geworden war.

Umso ernüchternder war die Präambel des «War Powers Act». «Es ist die Absicht unserer gemeinsamen Resolution», heißt es dort, «den Vorstellungen der Väter der Verfassung der Vereinigten Staaten gerecht zu werden und sicherzustellen, dass der Kampfeinsatz von Streitkräften der Vereinigten Staaten auf der Grundlage einer zwischen dem Kongress und dem Präsidenten gemeinsam getroffenen Beurteilung erfolgt.» Eine auf Weißes Haus und Kongress zu gleichen Teilen übertragene Zuständigkeit? Krieg auf der Grundlage einer Einigung zwischen Exekutive und Legislative? Davon ist in der Verfassung von 1787 keine Rede, im Gegenteil: Ihr Artikel I legt unmissverständlich fest, dass einzig und allein der Gesetzgeber befugt ist, Krieg zu erklären und Truppen zu entsenden.[14] Eindringlich warnten die «Verfassungsväter» vor der Gefahr einer sich verselbständigenden Exekutive, gar vor einer «tyrannischen Konzentration» von Macht. Und nur an dieser Stelle gaben sie dem Parlament das erste und letzte Wort, unabhängig von den Wünschen der Regierung.[15] Anders ausgedrückt: Die Entscheidung, ob und wie lange Krieg geführt wird, darf nicht in den Händen derer liegen, die ihn tatsächlich führen. Zwar ist der Präsident laut Verfassung Oberkommandierender aller Streitkräfte; aber weisungsgebunden soll er sein, mehr als die Rolle eines ausführenden Organs steht ihm nicht zu. «Seine Autorität [...] läuft auf nicht mehr hinaus als auf das oberste Kommando und die Leitung der Militär- und Marinestreitkräfte als erster General und Admiral.»[16] Nichts war den Verfassungsgebern wichtiger, als den gewaltigen Unterschied zwischen Monarchie und Republik zu betonen und den Eindruck zu zerstreuen, das Präsidentenamt sei eine Fortsetzung des vormodernen Königtums mit anderen Mitteln.[17]

Im «War Powers Act» wurde all dies wie unnützer Ballast zur Seite geschoben. «Der Präsident soll bei jeder sich bietenden

Gelegenheit mit dem Kongress Rücksprache halten, ehe Streitkräfte der Vereinigten Staaten in Kampfhandlungen geschickt werden, […] und er soll nach jeder Entsendung regelmäßig den Kongress konsultieren.»[18] Rücksprache halten und konsultieren, so sich denn eine Gelegenheit bietet – mit wachsweichen, deutungsoffenen Formulierungen machte man die Verfassung zu Altpapier. Dass sich niemand zu einer Beschwerde vor dem Obersten Gerichtshof aufgerufen sah, lag möglicherweise an den zeitgleichen und energieraubenden Turbulenzen um «Watergate». Auch deutet einiges auf einen politischen Kuhhandel zwischen den großen Parteien hin. Genauer gesagt auf ein verfängliches Angebot der Republikaner: Wir legen einer Amtsenthebung Richard Nixons keine Steine in den Weg, verlangen aber im Gegenzug einen zahnlosen «War Powers Act».

Wie dem auch gewesen sein mag: Am Ende stellte sich der Kongress selbst ein Bein. Der Papierform nach hätte man jeden Kriegseinsatz amerikanischer Truppen spätestens nach 60 Tagen beenden können. Bis heute wurde diese Bestimmung in keinem einzigen Fall angewandt. Egal welcher Konflikt zur Debatte stand, die Mehrheit der Abgeordneten wog nicht die Vor- und Nachteile einer präsidialen Entscheidung ab. Maßgeblich war vielmehr die Rücksicht auf einen in Krisen verlässlich hochkochenden Nationalismus.

Soldaten im Kampfeinsatz bedingungslos zu unterstützen und ihnen alle Mittel für ein siegreiches Ende an die Hand zu geben, zählt zu den ungeschriebenen Imperativen der politischen Kultur. «Rally around the flag» heißt es dann allerorten, als müsste einem Naturgesetz Genüge getan werden. Kritiklose Akklamation ist in Zeiten des Krieges allemal risikoärmer, denn keine öffentliche Person kann davon ausgehen, das Stigma «unamerikanischen Verhaltens» je wieder loszuwerden. Wer den Vorwurf der Illoyalität auf sich zieht, wandelt an der Grenze zum politischen Selbstmord. So billig diese Münze ist, sie wirft gegenüber Kritikern der Macht den höchsten Gewinn ab und bleibt deshalb inflationär im Umlauf.

Dieser Schatten lag auch über der Debatte zur Aufgabe und Geschichte der Geheimdienste. In den Abschlussberichten des «Church-Committee», die nach 17monatiger Arbeit im April 1976 der Öffentlichkeit vorgestellt wurden, taten sich Abgründe auf. Dass die Bundespolizei zwecks Überwachung von Oppositionellen Briefe öffnen, Telefone abhören und Wohnungen ohne richterlichen Beschluss durchsuchen ließ, war fast schon keine Meldung mehr wert. Was aber über die Nachstellungen gegen Martin Luther King zu lesen war, verschlug nicht nur Liberalen und Linken die Sprache. Um ihn «von seinem hohen Ross herunterzuholen», wie es in Anweisungen an FBI-Agenten hieß, war kein Mittel zu schäbig – von übler Nachrede bis hin zu gefälschten Dokumenten. Wenn die «Zielperson» deshalb Selbstmord beging, umso besser.[19] Bei derartigen Schikanen lieferte sich die CIA mit den Kollegen vom FBI eine Art Überbietungswettbewerb, weshalb Senator Church gerne von einem «Augiasstall» mit dringendem Reinigungsbedarf sprach.[20] Er hatte dabei auch das Weiße Haus im Blick. Repressalien im Inland anzuordnen, gehörte dort zur Routine. Ob Präsidenten die Ermordung ausländischer Politiker ausdrücklich gebilligt hatten, wollte Church indes nicht beurteilen – obwohl im Fall von John F. Kennedy die Beweise seines Todeskomplotts gegen Fidel Castro eindeutig waren. Weißwäscherei kann man dem Senator trotzdem nicht vorhalten. Er sprach unverblümt von schillernden Anweisungen aus dem Oval Office, von einem Übermaß an Ermutigung im Vorfeld krimineller Aktionen und einem kompletten Mangel an Sanktionen im Nachhinein. Nach der Lektüre der Church-Untersuchungen von Alleingängen der CIA, Missverständnissen oder schlampiger Aufsicht zu sprechen, war ausgeschlossen. Dafür gab es zu viele Belege für einen anderslautenden Befund: Die Lizenz zum Töten kam von höchster Stelle, Konsequenzen waren bekannt und wurden in Kauf genommen. Nicht ausnahmsweise, sondern in der Regel.

Die Publikation der «Church-Berichte» hing am seidenen Faden. Kaum hatte der Ausschuss seine Arbeit aufgenommen, als Präsident Gerald Ford zum Gegenschlag ausholte und eine eigene Untersuchungskommission unter Leitung von Vizepräsident Nelson Rockefeller einsetzte. Die Maßnahme war eine Ohrfeige für den Kongress, der Monate zuvor für die Amtsenthebung von Richard Nixon gesorgt hatte – das Land brauche keinen parlamentarischen «Zirkus», ließ Ford verlauten.[21] In anderen Worten: Der Kongress hat seinen Auftritt gehabt und möge sich fortan wieder in die Kulissen zurückziehen. Zur Begründung griff der Präsident tief in die Asservatenkammer des Hexenjägers Joseph McCarthy und bezeichnete die Offenlegung geheimdienstlicher Aktionen als Hilfestellung für den Feind, geboren aus der naiven Weltsicht von Pfadfindern.[22] Es war die plumpe Variante einer von Beratern des Präsidenten empfohlenen Argumentation: «Wir sind eine Großmacht und es ist wichtig, als solche wahrgenommen zu werden. Dazu gehört, dass unsere geheimdienstlichen Fähigkeiten bis zu einem gewissen Umfang rätselhaft bleiben und Angst einflößen.»[23] Im Nationalen Sicherheitsrat ventilierte Henry Kissinger die Idee, Church und seinen Mitarbeitern Geheimdokumente in der Hoffnung zuzuspielen, dass dieses Material umgehend an die Presse durchgestochen und dem Weißen Haus einen plausiblen Vorwand liefern würde, jede weitere Akteneinsicht zu verweigern.[24]

Am Ende lief es tatsächlich auf die Unterdrückung von Informationen hinaus, allerdings mit weniger eleganten Mitteln. Man verweigerte dem «Church-Committee» den Zugang zu zahlreichen Quellen, ersetzte diese durch nichtssagende Zusammenfassungen, so genannte «abstracts», oder gewährte Einsicht erst nach der Zusicherung, dass über den Inhalt der Dokumente weiterhin Stillschweigen gewahrt würde. Diese Manöver führten keineswegs immer zum Ziel, verschlissen aber Zeit, Energie und Motivation der Rechercheure.[25] Der Strippenzieher hinter alledem war übrigens Dick Cheney, damals Assistent des Präsidenten. Gegenüber Senator Church nur mäßig erfolgreich, leistete er im Fall der Rockefeller-Kommission ganze Arbeit. Deren Bericht arbeitete Cheney so lange um, bis er den Erwartungen des Weißen Hauses genügte – und alle Hinweise auf Mordpläne gegen ausländische Politiker getilgt waren. Das diesbezügliche Kapitel, 80 Seiten voller brisanter Details, blieb als «top secret» unter Verschluss. Zum Thema politischer Mord war in der offiziellen Version des Rockefeller-Reports also nichts zu finden – abgesehen von gewundenen Erklärungen, dass die CIA beim Attentat auf John F. Kennedy keine Rolle gespielt hatte.[26] Es war Cheneys Gesellenstück im bürokratischen Abnutzungskrieg über Geheimakten und gegen das Informationsrecht von Parlament und Öffentlichkeit. Um ein Haar hätte er auch Frank Church auf den letzten Metern noch abgefangen. Jedenfalls bekamen einige Mitarbeiter des «Church-Committee» Angst vor der eigenen Courage und erwogen einen Verzicht auf die Publikation ihrer Nachforschungen. Der Senator musste mit Rücktritt drohen, um sie davon abzubringen. «Mir war klar, dass wir uns dieser Sache stellen mussten.»[27]

Noch mehr Druck bekam Otis G. Pike zu spüren, Vertreter des Staates New York im Repräsentantenhaus. Als Vorsitzender des «House Select Committee on Intelligence» wollte er – wie die Kollegen des Senats – ein jahrzehntelanges Versäumnis korrigieren und die Aktivitäten der CIA gründlich durchleuchten. Allerdings trat er während der vom Juli 1975 bis Januar 1976 anberaumten Untersuchung deutlich konfrontativer auf als Frank Church. Dass er obendrein den Nationalen Sicherheitsrat und die Rolle von Außenminister Henry Kissinger bei diversen Umsturzplänen im Ausland in den Blick nahm, war Pikes Ansehen in Regierungskreisen ebenfalls nicht förderlich. Als noch brisanter erwies sich sein Appell an den Kongress, vom Bewilligungsrecht über den Haushalt Gebrauch zu machen und dem FBI, der CIA und der National Security Agency (NSA) Gelder zu kürzen, nicht zuletzt, weil deren tatsächlicher Etat weit über der offiziell ausgewiesenen Summe lag. Wer auf die Abgeordneten Einfluss nahm oder ob sie sich aus freien Stücken von Pike distanzierten, ist kaum zu sagen. Bei der Abstimmung votierten sie mit einer Zweidrittelmehrheit gegen eine Veröffentlichung des «Pike-Report», es sei denn, der Präsident gab eine Unbedenklichkeitserklärung ab. Was nach Lage der Dinge nur erwarten konnte, wer entweder viel Sinn für Humor oder wenig politisches Urteilsvermögen mitbrachte. Mitte Februar 1976 gelangte der Bericht dennoch an die Öffentlichkeit. Der «CBS»-Reporter Daniel Schorr hatte ihn ohne Angabe von Quellen der New Yorker Wochenzeitung «Village Voice» zugespielt. Um die politische Karriere von Otis Pike war es damit geschehen, er scheiterte zwei Jahre später mit seiner Kandidatur für den Senat. Bevor es soweit war, zitierte Pike im Parlament einen hochrangigen CIA-Mitarbeiter mit den Worten: «Dafür wird Pike über kurz oder lang bezahlen. Das meine ich ernst. Es wird politische Vergeltung geben. Was immer er an Ambitionen in New York hat, sie sind vorbei. Wir werden ihn wegen dieser Sache zerstören.»[28]

Die Selbstentmachtung des Kongresses

Das bleibende Verdienst von Otis Pike und Frank Church ist, die Essenz der Verfassung und das Wesen der Gewaltenteilung auf die Tagesordnung des Parlaments gesetzt zu haben: Was tun gegen eine übergriffige Exekutive und gegen Präsidenten, die keine Gesetze respektieren, weil sie ihr Wort für das Gesetz halten? Angesichts des Interesses von Presse und Öffentlichkeit reagierten die Parlamentarier im Schnellverfahren. Die Zeiten, in denen nur ein kleiner Kreis von Abgeordneten in geheimer Runde über Einsätze der CIA und anderer Geheimdienste unterrichtet wurden, sollten der Vergangenheit angehören. Ab 1976 waren zwei ständige Ausschüsse – einer im Senat, der andere im Repräsentantenhaus – für die Aufsicht zuständig. Im Unterschied zu bisherigen Gewohnheiten mussten sie ohne vorherige Anfrage in Kenntnis gesetzt werden, Kosten- und Personalplanung eingeschlossen. Im «Foreign Intelligence Surveillance Act» von 1978 wurde überdies das Abhören von US-

Bürgern ohne richterlichen Beschluss verboten, man hob den «Emergency Detention Act» aus dem Jahr 1950 auf und untersagte damit wahllose, ohne die Gewähr von Rechtsmitteln vorgenommene Verhaftungen. Sonderermittler sollten auf Grundlage des «Ethics in Government Act» (1978) künftig vor Repressalien des Weißen Hauses geschützt werden. Gerald Ford seinerseits reagierte auf den Church-Bericht mit einem präsidialen Dekret (Executive Order 11 905 vom 19. Februar 1976). Diesem Erlass zufolge ist es Personen, die bei der U.S.-Regierung angestellt sind oder in ihrem Auftrag arbeiten, untersagt, sich an der Planung oder Durchführung politischer Morde zu beteiligen. Der Hinweis, dass «Executive Orders» im Unterschied zu Gesetzen vom Wünschen und Wollen eines Präsidenten abhängen und folglich jederzeit widerrufen werden können, trifft zu. Andererseits ist Fords Verbot, bestätigt von sämtlichen Nachfolgern, bis heute in Kraft.

Zu kritisieren sind die damaligen Maßnahmen wegen ihrer Lückenhaftigkeit. So versäumte es der Kongress, eine für alle Geheimdienste verbindliche Satzung zu verabschieden. Regelwerke dieser Art können nicht alle Eventualitäten abdecken, wohl aber die Grenzen des Erlaubten abstecken. Aber genau dafür fehlte das Interesse – kein Wunder angesichts eines aufgeblähten Begriffs von nationaler Sicherheit und der entsprechenden Hochsicherheitspolitik, die sich in jedem noch so abgelegenen Winkel mit existentiellen Gefahren konfrontiert sieht.

In anderen Worten: Der Ermessensspielraum bei verdeckten Operationen blieb üppig wie eh und je, insbesondere für Akteure, die damit umzugehen wussten und im Verwischen von Spuren Übung hatten. Anstelle einer Satzung votierte der Kongress im «Intelligence Oversight Act» aus dem Jahr 1980 für eine Informationspflicht der Geheimdienste. Allerdings war die Vorgabe, die ständigen Geheimdienstausschüsse von Senat und Repräsentantenhaus über alle «wichtigen und vorhersehbaren Aktionen» zu informieren, denkbar schwammig. Was «wichtig» und zu welchem Zeitpunkt «vorhersehbar» ist, darüber lässt sich trefflich streiten. Und erfahrungsgemäß haben bei derlei Konflikten die Kontrolleure immer das Nachsehen. Gleichwohl wurde der «Intelligence Oversight Act» im Senat mit 89:1 Stimmen durchgewunken. Der einzige Abweichler, E. William Proxmire, begründete seine Ablehnung mit dem Hinweis, dass die im Gesetz versteckten Schlupflöcher jeden Geheimdienst zur kreativen Buchführung einluden – sprich zu einem bürokratischen Tauziehen um die Interpretation von Daten und Fakten, währenddessen man in der wirklichen Welt neue Tatsachen schaffen konnte.[29]

Allein deswegen sollten die landläufigen Begriffe «Reformkongress» und «Vietnamtrauma» mit Vorsicht verwendet werden. Wie tief der Schock über die Exzesse in Vietnam und andernorts auch immer saß, für einschneidende Reformen reichte er nicht. Und einige Gesetzgeber waren ohnehin nicht schockiert. «Was war denn falsch daran, die chilenische Regierung zu stürzen? Es waren doch Kommunisten, oder?», warf James Eastland, Senator aus Mississippi, ein.[30] Auf Eastland und seine noch einflussreicheren Kollegen Barry Goldwater (Arizona) und John Tower (Texas) war Verlass, wenn es um die Verteidigung der CIA ging. Sie standen für die Fraktion der Südstaatler, die in beiden Kammern des Kongresses seit Jahrzehnten über eine Sperrminorität verfügten und denen von Liberalen deshalb der Hof gemacht wurde. Und sie sprachen jenen Wutbürgern aus dem Herzen, die Frank Church oder Otis Pike gleich körbeweise mit Schmähbriefen zuschütteten oder gar mit dem Tod bedrohten. Ihretwegen – organisiert in Gruppen wie den «Veterans Against Communist Sympathizers», dem «National Conservative Political Action Committee» oder dem «Anybody But Church Committee» – verlor Church bei der Wahl 1980 nach 24 Jahren seinen Senatorensitz.

Sich mit den Apparaten des «nationalen Sicherheitsstaates» anzulegen, war also aus verschiedenen Gründen nicht ratsam. Jedenfalls nicht für jene, denen an einer weiteren Karriere in Washington gelegen war.

So gesehen wurden die Auseinandersetzungen mit dem Weißen Haus seit Mitte der 1970er Jahre durchweg mit gezogener Handbremse geführt. Edward Kennedy beklagte vollmundig die Hilfestellung für das Terrorregime in Chile und Washingtons Mitverantwortung für die dortige Internierung und Folter von Gefangenen. Auf seine Initiative hin forderte der Senat im Juli 1976 sogar die sofortige Einstellung aller Waffenlieferungen an das lateinamerikanische Land. Aber für eine Machtprobe, die den Namen verdient hätte, reichte es hinten und vorne nicht. Das wusste auch Außenminister Henry Kissinger, als er sich und seine Mitarbeiter in Stellung brachte. «Das alles verstößt flagrant gegen das nationale Interesse. [...] Ich gebe dem Kongress in Grundsatzfragen nicht nach. [...] Wenn wir keine Waffen mehr liefern, wird die Militärregierung stürzen. [...] Ich werde alle Möglichkeiten ausschöpfen, um Waffen nach Chile liefern zu können. [...] Ich dulde nicht, dass das Außenministerium Zugeständnisse macht.»[31] Er musste es auch nicht. Das Weiße Haus zapfte Depots des Pentagon an und ließ militärische Ausfuhren nach Chile wie normale Handelsgeschäfte deklarieren – mit einer Selbstverständlichkeit, als hätte es den Skandal um die gefälschten Logbücher bei der Bombardierung Kambodschas nie gegeben. Kissingers Risiko war überschaubar, denn bei der Kontrolle des Militärapparates legten beiden Kammern des Kongresses noch größere Beißhemmungen an den Tag als gegenüber der CIA.

Wegen Angola ging das Kräftemessen zwischen Exekutive und Legislative in die nächste Runde. Im Südwesten Afrikas kämpften – nachdem die «Nelkenrevolution» in Portugal das letzte Kolonialreich zum Einsturz gebracht hatte – drei verfeindete Unabhängigkeitsbewegungen um die Macht. Die rechtsgerichtete «FNLA» bezog Hilfe aus dem Westen und von China, die ideologisch pragmatische «UNITA» nahm es auch bei finanziellen Zuwendungen nicht so genau, während die marxistische «MPLA» von Geld, Waffen und Knowhow aus der UdSSR und Kuba profitierte. Offenes Eingreifen kam für Washington nicht in Frage, angesichts des jüngsten Desasters in Vietnam und Kambodscha hätte man mit massiver Gegenwehr nicht nur in der Öffentlichkeit, sondern auch im Außenministerium rechnen müssen. Andererseits wies das Weiße Haus den bloßen Gedanken an eine diplomatische Initiative als «totalen Blödsinn», «inakzeptabel» und «amateurhaft» zurück.[32] Also blieb wieder einmal nur die Quadratur des Kreises: Eine verdeckte Intervention, die so unauffällig war, dass sie im Parlament keinen Sturm der Entrüstung provozierte, aber dennoch wahrnehmbar genug, um dem Rest der Welt amerikanische Willensstärke zu demonstrieren.

Präsident Ford genehmigte Ende Juni 1975 Gelder für die «FNLA» in Höhe von 32 Millionen Dollar, Waffenlieferungen im Wert von 16 Millionen Dollar sowie die Rekrutierung französischer, britischer, portugiesischer und südafrikanischer Söldner durch die CIA. Dass man es bei der «FNLA» mit einem in sich zerstrittenen, politisch orientierungslosen und militärisch undisziplinierten Haufen zu tun hatte, spielte keine Rolle. Man klammerte sich an die vage Hoffnung, Zeit gewinnen und den Preis des Krieges für die Gegenseite irgendwie in die Höhe treiben zu können – mit der Betonung auf irgendwie. Der Kongress reagierte umgehend und untersagte auf Antrag der Senatoren Dick Clark und John V. Tunney Anfang 1976 jedwede Unterstützung von Bürgerkriegsparteien in Angola. Die Reaktion ließ nicht auf sich warten. Außenminister Kissinger gab wie gewohnt die Kassandra, malte den Untergang der freien Welt an die Wand und kreierte eine Dolchstoßlegende: Hier ein dem Wohl der westlichen Zivilisation verpflichteter Präsident, dort ein Parlament, das seinen Rachegelüsten freien Lauf lässt und Amerikas Weltmachtrolle zur Disposition stellt. «Militärische Macht nutzt einem nichts, wenn man davon keinen Gebrauch macht.»[33] Sagte es und kratzte kurz vor Inkrafttreten des gesetzlichen Verbots aus einem Notfallfonds der CIA noch einmal sieben Millionen Dollar für den Söldnereinsatz zusammen.

Washingtons illegale «Angolahilfe» musste ins Leere laufen.

Die fixe Idee, mit feindosierter Gewalt Konflikte in die gewünschte Richtung lenken zu können, der Vorsatz, fremde Akteure in unbekannten Ländern nach Belieben zu manipulieren, der anmaßende Anspruch, stets das entscheidende Wort haben zu müssen und über alle Zweifel erhaben zu sein – derlei Torheiten hatten bereits in Vietnam den Weg ins Verderben gepflastert und blieben trotz endloser Wiederholung nichts weiter als Torheiten. Erwähnenswert sind sie trotzdem, weil der Streit um Angola wie die Vorwegnahme eines noch größeren Konfliktes anmutet, an dessen Ende die Selbstaufgabe oder Selbstentmachtung des Kongresses so gut wie besiegelt wurde.

Die entscheidende Runde im künftigen Machtkampf zwischen Weißem Haus und Kongress läutete Ronald Reagan ein. 1980 hatte er die Präsidentschaftswahl gegen den gutwilligen, aber unbedarften Jimmy Carter mit dem Slogan «Let's Make America Great Again» gewonnen. Es war das Versprechen einer Schubumkehr: Schluss mit der von Liberalen verbreiteten Idee, Macht behutsam und mit Bedacht einzusetzen, Schluss mit falschen Rücksichtnahmen, Schluss mit den Versuchen, einer entschlossenen Regierung Fesseln anzulegen und Schluss mit der Kritik an übergriffigen Geheimdiensten. Das aus ihrer Sicht machtvergessene Intermezzo nach Vietnam wollten Reagans Republikaner mit einer Demonstration amerikanischer Überlegenheit tilgen – so predigten es neokonservative Intellektuelle, darauf drängten außenpolitische Berater und nicht zuletzt die grauen Eminenzen des «Committee on the Present Danger», die großzügig mit allerlei Posten in der neuen Regierung bedacht wurden. CIA-Direktor William Casey phantasierte sich gar in die Welt der 1950er Jahre zurück: «Ich halte nach einem Ort Ausschau, von dem aus wir mit dem Zurückrollen des kommunistischen Imperiums beginnen können.» Der neue Außenminister Alexander Haig hatte diesen Ort längst ausgemacht: die Kontinentalbrücke zwischen Guatemala und Nicaragua. «Herr Präsident, in dieser Region können Sie gewinnen.»[34] In anderen Worten: Die wiedererstarkten Sozialreformer in Zentralamerika mussten verlieren, damit Washington sein in Vietnam ramponiertes Image als Gewinner aufpolieren konnte.

Abgeordnete im Umkreis des Demokraten Edward Boland fürchteten zu Recht, dass die Regierung Reagan in Nicaragua ein abschreckendes Exempel statuieren wollte. Wenn die Sandinisten mit dem Versuch scheiterten, nach blutsaugenden Jahrzehnten unter dem Somoza-Clan das Land mit wirtschaftlichen, sozialen und bildungspolitischen Neuerungen wieder aufzurichten, könnte auch der Elan ihrer politischen Wahlverwandtschaft in Guatemala und El Salvador erlahmen – so das Kalkül des Weißen Hauses. Die Frage war nicht, ob man die Erzfeinde der Sandinisten unterstützen, sondern wieviel Geld und Waffen in die Kriegskasse der «Contras» fließen sollte. Und wie groß das Kontingent amerikanischer Militärausbilder und Geheimdienstler sein müsste, um einen erfolgversprechenden Putsch in Managua vorzubereiten. Dem versuchte Edward Boland bei der Verabschiedung der Geheimdiensthaushalte zwischen 1982 und 1984 einen Riegel vorzuschieben. In einer Reihe von Zusatzartikeln, den so genannten «Boland-Amendments», verboten beide Kammern des Kongresses den Transfer von CIA-Geldern an die «Contras». Auch eine verwässerte Vorlage über 14 Millionen Dollar für nicht-militärische Leistungen wurde im Repräsentantenhaus mit knapper Mehrheit abgelehnt. So sehr man in der CIA-Zentrale wegen der «Nonnen» auf Capitol Hill tobte, fürs Erste schienen Reagans Schattenkrieger die Hände gebunden.[35]

Der Rest der Geschichte wird gemeinhin als Schurkenstück aus dem Weißen Haus erzählt. Reagans Sicherheitsberater Robert McFarlane genehmigte die Gründung eines Vereins namens «Nicaragua-Freiheitsfonds», auf dessen Konto wohlhabende Konservative Spenden für die «Contras» einzahlen konnten – steuerabzugsfähig wie bei allen gemeinnützigen Einrichtungen. Wer genau im befreundeten Ausland antichambrierte, ist nicht bekannt. Das Ergebnis jedenfalls konnte sich sehen lassen. 45 Millionen Dollar wurden aus Israel, Saudi-Arabien und Taiwan an Washingtons Paladine in Nicaragua überwiesen, Honduras bekam einen satten Aufschlag zur üblichen US-Militärhilfe und transferierte diese Mehreinnahmen an die «Contras», Panamas als Staatschef kostümierter Drogenbaron Manuel Noriega stellte Piloten und Flugzeuge aus seiner Schmugglerflotte für den Transport von Waffen nach Nicaragua zur Verfügung. Das aber waren nur Fingerübungen im Vergleich zu dem, was eine Handvoll Mitarbeiter des Nationalen Sicherheitsrates – ebenfalls mit dem Segen von höchster Stelle – seit August 1985 einfädelte. Damit Teheran ein gutes Wort für die Freilassung amerikanischer Geiseln im Libanon einlegte, lieferten private Mittelsmänner der US-Regierung Waffen an die Mullahs im Iran und sorgten dafür, dass die Erlöse direkt an die «Contras» weitergeleitet wurden. William Casey war begeistert, wie der Journalist Bob Woodward nach einer Reihe von Interviews mit dem CIA-Chef schrieb. «Sofort begriff er die Ironie. [...] Den Ayatollah [Chomeini] jetzt für die Unterstützung der Contras einzuspannen, war eine strategische Glanzleistung, ein unglaubliches Täuschungsmanöver: durch einen Feind einen Freund finanzieren. [Casey] sprach von einer verdeckten Operation, die durch nichts zu überbieten ist.»[36]

Weniger bekannt ist die Kehrseite dieser Manöver. Nämlich die Art und Weise, wie der Kongress aus freien Stücken seine Kontrollinstrumente preisgab – obwohl immer mehr Details über die systematische Täuschung des Parlaments durchsickerten. Anfang April 1984 lagen dem Geheimdienstausschuss des Senats Beweise vor, dass die CIA zwecks wirtschaftlicher Strangulierung eine Verminung von drei nicaraguanischen Häfen vorgenommen und sich nach internationalem Recht einer kriegerischen Handlung schuldig gemacht hatte. Die Presse berichtete ausführlich darüber, Senator Barry Goldwater ließ in einem Brief an William Casey seiner Verärgerung freien Lauf: «Es kotzt mich an!» Und sein Kollege Patrick Leahy polterte: «Wir haben Leute in Bewegung gesetzt, über die wir keine Kontrolle haben.»[37] Man stellte die Verantwortlichen der CIA hinter verschlossenen Türen zur Rede, auch wurden im Sinne der «Boland-

Amendments» keine weiteren Haushaltsmittel für Nicaragua-Einsätze zur Verfügung gestellt. Aber die Empörung währte nur ein gutes Jahr. Im Dezember 1985 hob der Kongress die Verbote teilweise wieder auf und genehmigte 13 Millionen Dollar zur Unterstützung der «Contras» mit Kommunikationstechnologie und nachrichtendienstlichen Beratern – worum es sich im Einzelnen handelte, wollten die Gesetzgeber nicht wissen. De facto erhielt die CIA den politischen Segen für eine Fortsetzung ihres verdeckten Krieges. Im Oktober 1986 gaben Senat und Repräsentantenhaus endgültig klein bei – mit der Bewilligung eines Hilfspakets für die «Contras» in Höhe von 100 Millionen Dollar.[38]

Den Schlusspunkt setzte der Kongress, nachdem Journalisten vom «Iran-Contra-Geschäft» Wind bekommen und mit ihren Recherchen eine parlamentarische Untersuchung unumgänglich gemacht hatten. War der «Intelligence Oversight Act» vor Jahr und Tag nicht verabschiedet worden, um derartige Alleingänge der Exekutive zu verhindern? Wieso konnten die Geheimdienstausschüsse von Senat und Repräsentantenhaus so lange hintergangen werden? Justitiare der Regierung und der CIA sahen ihre Mandanten mitnichten in der Rolle von Angeklagten. Sie drehten den Spieß um und traten wie Kläger auf – gegen den Kongress, der ihres Erachtens seine Kompetenzen fortwährend überschritt und in Fragen der «nationalen Sicherheit» auf ein Mitspracherecht pochte, das ihm angeblich nicht zustand. Sollte heißen: Die Unterrichtung parlamentarischer Kontrollgremien kann, so es die Situation erfordert, vertagt oder gänzlich ausgesetzt werden.

Was aber ist das Besondere an besonderen Umständen? Wann ist Zeit für zeitige Maßnahmen? Gibt es so etwas wie dauerhafte Ausnahmen? Kaum hatte die Debatte im Frühjahr 1987 begonnen, geriet sie auch schon zu einem Tauziehen um sprachliche Spitzfindigkeiten und juristisch korrekte Semantiken. Am Ende ereiferte man sich weniger über den Skandal als über die Frage, wer das Skandalöse rechtzeitig hätte erfahren müssen – sämtliche Mitglieder der für Geheimdienste zuständigen Komitees oder nur ein kleiner Kreis altgedienter Parlamentarier? Dass sich beide Seiten letztlich darauf einigten, sich nicht einigen zu können, war kein Kompromiss, sondern eine Kapitulation des Kongresses vor Amtsmissbrauch und Gesetzesbruch. Ein Tagträumer, wer unter diesen Vorzeichen noch auf ein Amtsenthebungsverfahren gegen den Präsidenten hoffte.[39]

Ausgerechnet ein Abgeordneter des Repräsentantenhauses betrieb die Selbstentmachtung der Legislative nach Kräften – Dick Cheney, seit 1978 republikanischer Vertreter des Bundesstaates Wyoming in Washington. In einem Kommentar zum Senatsbericht über «Iran-Contra» verteidigte er nicht nur dieses Waffengeschäft, sondern polemisierte gegen die «faktisch unbegrenzte Macht des Kongresses». Aus dieser Sicht hatte Präsident Reagan lediglich eine überfällige Kurskorrektur vorgenommen und den nach Vietnam eingeschlagenen Irrweg verlassen. Cheney reklamierte eine völlige Handlungsfreiheit des Präsidenten, selbst dann, wenn der Kongress eine Vorgehensweise untersagt hat. «Dem Chef der Exekutive obliegt die Verpflichtung zum Handeln angesichts von Krisen oder Notfällen. [...] [Er] wird sich gelegentlich dazu verpflichtet sehen, ein monarchistisches Verständnis von Prärogativen geltend zu machen, welches es ihm erlaubt, die Gesetze zu überschreiten.»[40] Radikaler hätte man die Idee der Gewaltenteilung kaum verabschieden können. In der Verfassung noch als «Muss» verbrieft, deutete Cheney die «checks and balances» in eine «Kann-Bestimmung» um und machte aus einem unveräußerlichen Recht der Legislative ein jederzeit widerrufbares Entgegenkommen der Exekutive. Genau so, wenn auch in der Diktion etwas hemdsärmeliger, hatte Richard Nixon die Rolle des Präsidenten definiert. «Nun, wenn der Präsident etwas tut, dann kann es nicht illegal sein. [...] Wenn ein Präsident entscheidet, dass eine besondere Maßnahme zum Schutz der nationalen Sicherheit notwendig ist, dann ist diese Maßnahme rechtmäßig, selbst wenn sie durch ein Bundesgesetz verboten ist.»[41]

Als «Unitary Executive Theory» geistert dieser Machtanspruch seither durch die politische Debatte. Behauptet wird eine absolute Trennung der Verfassungsorgane: Exekutive, Legislative, Judikative, jeder Zweig der Staatsmacht verfügt demnach über exklusive Zuständigkeiten, ist ungebunden in seinen Entscheidungen, darf sich unter keinen Umständen in die Befugnisse anderer einmischen und unterliegt umgekehrt auch nicht deren Mitsprache, Aufsicht und Kontrolle. Die Verfassung der USA reklamiert das exakte Gegenteil, nämlich «overlapping authorities» oder sich überlappende Kompetenzen. Gemeint ist, dass es keine exklusiven, sondern nur geteilte Zuständigkeiten gibt und dass formal getrennte Institutionen die Macht im Staat gemeinschaftlich ausüben. Gewaltenteilung bedeutet also keineswegs gegenseitige Abschottung. Statt ihre jeweiligen Aufgaben in eigener Regie wahrzunehmen, sind Exekutive, Legislative und Judikative zur Kooperation aufgefordert. Man könnte auch von einem in die Verfassung eingebauten Zwang zum wechselseitigen Austausch sprechen – oder von einer in rechtliche Verfahren eingelassenen Möglichkeit zur politischen Selbstkorrektur. Mit der «Unitary Executive Theory» wird all dies aufgekündigt. Weil sie den Präsidenten in Friedenszeiten mit Vorrechten wie im Krieg ausstatten will, weil sie Macht über Recht stellt und Willkür vor der Strafe des Gesetzes schützt, ist sie eine Einladung zur Selbstblockade. Oder zum andauernden Missbrauch von Macht.

Wie gesagt: Einzig den Machtwillen eines kleinen Kreises für diese Entwicklung verantwortlich zu machen, geht an der Sache vorbei. Der Kongress verfügt über die Mittel zum Gegensteuern, aber in der Außen- und Sicherheitspolitik macht er davon nur unzureichend Gebrauch. So sehr es Präsidenten auf die Lähmung der Legislative anlegen, so wenig leistet der Gesetzgeber Gegenwehr. «Imperial Presidency» und «Invisible Congress», übermäßiges Streben nach Macht und freiwilliger Machtverzicht, sind zwei Seiten derselben Medaille. Wie es scheint, hinterlässt das notorisch überdehnte Verständnis von Glaubwürdigkeit auch hier seine Spuren: Den Präsidenten zu kritisieren, lädiert die Handlungsfähigkeit der USA; wer Schwäche zeigt, macht seine Gegner stark; die Loyalität zu Amerika als Ganzem ist ohne die Loyalität zum Präsidenten nur die Hälfte wert.[42] Davon abgesehen finden sich im Kongress immer wieder Mehrheiten für die schärfsten Kritiker seiner selbst – vorab für die Behauptung, die Sicherheit der Nation wäre in den Händen einer streitsüchtigen, von Klientel- oder Parteipolitik abhängigen Instanz schlecht aufgehoben. Wer aber zu verstehen gibt, für bestimmte Entscheidungen zu schwach zu sein, darf sich über den Vorwurf der Schwäche nicht wundern. In den Worten des Verfassungsrechtlers Charles Black: «Machtlosigkeit vorzuschützen ist auch eine Methode des Abschiebens von Verantwortung auf andere; und der Kongress hat Verantwortung im Übermaß abgeschoben.»[43]

AIR FORCE GLOBAL STRIKE COMMAND

Alleinige Supermacht

Baupläne für eine «Neue Weltordnung»

«Neue Weltordnung»: Nach dem Fall der Berliner Mauer wurde kein Begriff in der politischen Diskussion dermaßen bemüht, um nicht zu sagen strapaziert. Und das aus gutem Grund, war es doch kein geringerer als Präsident George H. W. Bush, der im Sommer 1990 mehrfach die Appelle des sowjetischen Parteichefs Michail Gorbatschow aufgriff und seinerseits die Hoffnung auf frischen Wind in der internationalen Politik nährte. «Eine neue Partnerschaft der Nationen steht bevor, [...] eine neue Ära – freier von der Bedrohung durch Terror, stärker im Streben nach Gerechtigkeit, sicherer in der Suche nach Frieden, [...] eine Welt, die gänzlich anders ist als jene, die wir aus der Vergangenheit kennen. Eine Welt, in der die Herrschaft des Rechts an die Stelle der Gesetze des Dschungels tritt. Eine Welt, in der die Nationen ihre gemeinsame Verantwortung für Freiheit und Gerechtigkeit anerkennen. Eine Welt, in der die Starken die Rechte der Schwachen respektieren.» Inspirierende Sätze, zweifellos, und ein wohltuender Kontrast zum verbalen Rabaukentum früherer Jahre allemal.

Allerdings musste man nicht ins Kleingedruckte gehen, um gegen allzu hochfliegende Erwartungen gefeit zu sein. Bush war erfüllt von der Genugtuung, das Ende des Kalten Krieges herbeigeführt und damit den ultimativen Beweis für die natürliche Überlegenheit des amerikanischen Modells erbracht zu haben. «Für die amerikanische Führung gibt es keinen Ersatz.» Im Überschwang des Triumphalismus verklärte er die Behauptung, dass internationale Beziehungen nur dann gut funktionieren, wenn die USA in allen Belangen die Richtung vorgeben – und dafür sorgen, dass der Rest der Welt sich die Idee eines neoliberalen, von staatlichen Vorgaben befreiten Welthandels zu eigen macht und die Forderung nach sozialer Gleichberechtigung aus dem Katalog schützenswerter Menschenrechte streicht. Mehr als die Rolle von Juniorpartnern war für niemanden vorgesehen, weder in der NATO noch in der EU, erst recht nicht in der UNO. Diesem Anspruch mit überlegener Rüstung Geltung zu verschaffen, verstand sich ohnehin von selbst. «Dies ist nicht die Zeit, Amerikas Fähigkeit zum Schutz seiner lebenswichtigen Interessen aufs Spiel zu setzen.»[1]

Vorwärts in die Vergangenheit

Für eine noch härtere Landung auf dem Boden der Tatsachen sorgte die Publikation interner Dokumente, die Anfang 1992 an die «New York Times» durchgestochen worden waren. Eine von Verteidigungsminister Dick Cheney bestellte Arbeitsgruppe hatte von September 1991 bis Mai 1992 in einem «Defense Planning Guidance» Leitlinien für den Erhalt und Ausbau militärischer Dominanz zu Papier gebracht. Ihr Resümee: «Jede in Frage kommende feindliche Macht [ist] daran zu hindern, in einer Region dominant zu werden, die für unsere Interessen von ausschlaggebender Bedeutung ist. […] Potenzielle Rivalen [sollen] erst gar nicht auf die Idee kommen, regional oder global eine größere Rolle spielen zu wollen. […] Wir müssen darauf achten, dass es keine auf Europa zentrierten Sicherheitsvereinbarungen gibt, welche die NATO untergraben könnten.»[2] Von wegen neue Partnerschaft der Nationen, die der Präsident in Aussicht gestellt hatte, von wegen geteilte Verantwortung im Umgang mit gemeinsamen Problemen – die einzig verbliebene Supermacht bestimmt den Kurs, sie befindet darüber, wer als feindlicher Konkurrent zählt und wer in welchen Weltgegenden das Sagen hat, idealerweise in einer Koalition der Willigen und im Zweifel auch alleine. Gezeichnet: Colin Powell, Vorsitzender der Vereinten Stabschefs, und Paul Wolfowitz, Staatssekretär im Pentagon.

Es klang wie eine Zeitreise in die Anfänge des Kalten Krieges, als hätte man Denkschriften aus den späten 1940er Jahren hervorgekramt und die uralten Entwürfe für ein «amerikanisches Jahrhundert» Satz für Satz kopiert. «Überwältigende Stärke» hieß im damaligen Verständnis, jedweder Großmacht und allen vorstellbaren Koalitionen anderer Staaten Paroli bieten zu können, zu jedem Zeitpunkt und an jedem Ort. Von Planungspapier zu Planungspapier wurde diese Formel weitergereicht, sie war der kleinste gemeinsame Nenner, auf den sich unterschiedliche Behörden und Ministerien verlässlich einigen konnten – einerseits brauchbar, um jede noch so krude Machtphantasie im Gespräch zu halten, andererseits vonnöten, um die auf alle Eventualitäten zugeschnittenen und gleichermaßen ins Absurde übersteigerten Militärhaushalte im Parlament absegnen zu lassen.[3] Ungeachtet fundamentaler Verschiebungen auf der weltpolitischen Landkarte huldigte Washington einem Glaubensbekenntnis von schier zeitloser Gültigkeit: Dass Sicherheit primär mit militärischen Mitteln und nur in Konkurrenz zu anderen hergestellt werden kann.

Die im Februar und März 1992 von der «New York Times» publizierten Artikel sorgten gleichwohl für Aufregung. Das vereinte Deutschland und Japan als Konkurrenten um Macht und Einfluss mit Russland oder China auf eine Stufe zu stellen, mochte intern Anklang finden, nach außen hatte dergleichen das Zeug zu einem diplomatischen Debakel. Ebenso wenig hilfreich war die im «Defense Planning Guidance» angestellte Überlegung, die aufkommende Kritik an einer prospektiven Erweiterung der NATO ins Leere laufen zu lassen und osteuropäischen Beitrittskandidaten im Alleingang ähnliche Sicherheitsgarantien wie Saudi-Arabien, Kuwait und anderen Anrainern des Persischen Golfes zu geben.[4] Zur geflissentlichen Beruhigung der Verbündeten in Übersee und der Opposition zu Hause verwies das Pentagon auf einen noch nicht abgeschlossenen Prozess der Meinungsbildung und korrigierte missverständliche Formulierungen. Selbstverständlich wolle man nur nicht-demokratische oder potenziell feindliche Nationen vom Aufstieg in eine höhere Gewichtsklasse abhalten.[5] Auskünfte über Risiken und Nebenwirkungen waren nicht für die Öffentlichkeit bestimmt.

Den wichtigsten Schritt zum Erhalt amerikanischer Dominanz hatte man zu diesem Zeitpunkt ohnehin schon getan: Deutschland blieb auch nach seiner Vereinigung Mitglied der NATO, die USA saßen im Bündnis wie gehabt am längsten Hebel und konnten die Debatte über die künftige Sicherheitsarchitektur Europas nach ihren Vorstellungen lenken, gegebenenfalls mit einem Veto abschnüren. Wie sehr Washington am Erhalt alter Rollen gelegen war, zeigte die ins Hysterische kippende «Rapallo-Angst» zur Zeit des europäischen Umbruchs. Der größte anzunehmende Unfall, so die in Leitmedien offen und in Regierungskreisen hinter vorgehaltener Hand geäußerte Befürchtung, wäre eine deutsch-sowjetische Verständigung im Geiste von Rapallo – wie ehedem 1922, als beide ihre Beziehungen im Sinne guter Nachbarschaft vertraglich geordnet hatten. Wandel durch Annäherung: Die bloße Vorstellung eines Kartenspiels, bei dem je nach Bedarf Deutschland die russische Karte und der Kreml die deutsche Karte ausspielen könnte, sorgte für Panikstimmung. Es war, wie «Spiegel»-Herausgeber Rudolf Augstein anmerkte, «zum Piepen».[6] Aber nur für Außenstehende. Die damalige Bonner Regierung zerstreute die Bedenken vor einem deutschen Sonderweg oder einer wie auch immer gearteten Neutralität zwischen Ost und West nach Kräften, um nicht zu sagen bis an die Grenze der Unterwürfigkeit – aus Überzeugung allemal, doch ebenso im Wissen darum, dass sie andernfalls die Zustimmung der USA zur deutschen Einheit aufs Spiel gesetzt hätte.

Das eigentliche Problem war die sowjetische Haltung zur Vereinigung der deutschen Teilstaaten. Dass es für Moskau kaum ein sensibleres Thema gab, als sich gegen einen allzu üppigen Machtzuwachs Deutschlands zu wappnen, lag angesichts des von 1941 bis 1945 gegen die UdSSR geführten Vernichtungskrieges auf der Hand. Und dieses Anliegen war mit dem Hinweis auf Deutschlands Einbindung in die NATO nicht aus der Welt zu schaffen. Im Gegenteil. Wieso sollte die Angst vor deutschen Begehrlichkeiten nachlassen, wenn ein ohnehin gegen die Sowjetunion gerichtetes Bündnis ausgerechnet mit deutschen Ressourcen zusätzlich vitalisiert wurde?

Washingtons Reaktion ließ manche Beobachter für einen Moment von einer «neuen Weltordnung» träumen. Eine Aufwertung der Konferenz für Sicherheit und Zusammenarbeit in Europa (KSZE) wurde ins Spiel gebracht, ebenso Verhandlungen über einen Abbau konventioneller Streitkräfte, von einem «kooperativen Europa» unter Einschluss der UdSSR war die Rede, sogar vom Aufbau politischer Institutionen, die an die Stelle der alten Militärbündnisse NATO und Warschauer Pakt treten sollten.[7] Winds of change? Jedenfalls konnte man den Eindruck haben, dass die Sicherheitsbedürfnisse Moskaus ernst genommen wurden, dass es kein Interesse an einseitiger Vorteilsnahme gab und die wirtschaftliche Hinfälligkeit des sowjetischen Systems von den USA nicht für eigene Zwecke ausgebeutet werden sollte. Restzweifel hin oder her, die Regierung Gorbatschow ging von einer informellen, doch verbindlichen Zusicherung aus: Eine Machtprojektion des Westens in Richtung Osteuropa oder darüber hinaus würde es nicht geben, weder kurzfristig noch auf lange Sicht. Unvermeidliche Veränderungen würden im gegenseitigen Einvernehmen auf den Weg gebracht und zum beiderseitigen Vorteil moderiert. Das war der Geist der von 1989 bis 1991 zwischen den USA und der UdSSR geführten Gespräche – und die Voraussetzung für einen risikoarmen Vertrauensvorschuss, wie man auf sowjetischer Seite glaubte.[8]

Doch sollten jene Pessimisten Recht behalten, die keine Schubumkehr erkennen konnten und stattdessen der Administration Bush ein Spiel mit gezinkten Karten ankreideten. Politisch in der Hochphase des Kalten Krieges erzogen, warnten die wichtigsten außenpolitischen Berater des Präsidenten vor einem außenpolitischen Neustart. Warum, so fragten sie in einem Memorandum vom März 1989, sollte man die Politik der Stärke in der Stunde ihres größten Triumphs korrigieren? Wäre es nicht klüger, die undurchschaubare und vermutlich nicht reformierbare Sowjetunion weiterhin mit mehr oder weniger sanftem Druck «herauszufordern» und den Kreml zu zwingen, «die Richtung einzuschlagen, die wir wünschen»? Es war eine rhetorische Frage, wie man den notorischen Begleitgeräuschen beim Abfassen derartiger Denkschriften entnehmen konnte. Gorbatschow «eins überzuziehen» oder ihn auf andere Weise «Mores zu lehren», wünschten sich die Forschen, dass es noch nicht an der Zeit war, die Sowjetunion in die Gemeinschaft der «zivilisierten Nationen» aufzunehmen, gaben die eher Zurückhaltenden zu bedenken.[9] George H. W. Bush hatte ein offenes Ohr für die Warner und Mahner, wie sie konnte er der «Perestroika» Gorbatschows wenig abgewinnen. «Ich habe den Eindruck, dass die sowjetische Gefahr möglicherweise größer ist als früher, da sie vielgestaltiger geworden ist.»[10] Gegenüber Bundeskanzler Helmut Kohl wurde er Ende Februar 1990 noch deutlicher: «Wir haben gesiegt und sie nicht. Wir können nicht zulassen, dass die Sowjets ihre Niederlage in einen Sieg verwandeln. […] Wir werden das Spiel gewinnen, aber wir müssen uns dabei clever anstellen.»[11]

«Sich clever anstellen» lief darauf hinaus, Lippenbekenntnisse wie ein Hütchenspieler hin- und herzuschieben. Am Ende herrschte Verwirrung, welches Angebot man wo platziert hatte und ob es überhaupt noch im Spiel war. Offiziell war viel von einer Aufwertung der KSZE zu hören. Im kleinen Kreis schwor Außenminister Baker seine Mannschaft auf das Gegenteil ein: «Die KSZE ist die eigentliche Gefahr für die NATO.»[12] Keine Machtprojektion nach Osten, versicherte man allen, die es hören wollten, sowjetischen Diplomaten vorweg. Aber bereits Ende Oktober 1990 wurde im Nationalen Sicherheitsrat, im Außenministerium und im Pentagon über eine Einbindung osteuropäischer Staaten in die NATO nachgedacht – ein gutes halbes Jahr vor der Auflösung des Warschauer Paktes und lange bevor beitrittswillige Osteuropäer ihre Wünsche überhaupt artikuliert hatten. Schon damals ging es nicht um das Ob, sondern allein um das Wann und Wie einer territorialen Expansion und politischen Gewichtszunahme der NATO. Warum? Weil das westliche Militärbündnis für Washington ein ideales Instrument politischer Einflussnahme und Führung, zur Not auch der Disziplinierung blieb. Dass auch Deutschland, Frankreich und Großbritannien der NATO den Vorzug gaben, kam erleichternd hinzu. Von welcher Seite man es betrachtete, das Gerede vom Umbau der NATO in eine «politische Organisation» war nichts weiter als Gerede. In der Administration von George H. W. Bush kamen Zukunftspläne erst auf den Tisch, wenn sie durch das Nadelöhr der Vergangenheit gezogen waren. Ausweislich der seither zugänglichen Akten kann man auch zu einem härteren Urteil kommen: Washingtons Verhandlungstaktik blieb zweideutig, doppelbödig und vorsätzlich irreführend – und erfolgreich wegen Gorbatschows zerbröselnder Macht.[13]

Zweifellos waren die Ideen für ein alternatives, primär auf Europa zugeschnittenes Sicherheitssystem unausgegoren. Guter Willen und reichlich Pathos konnten die konzeptionellen Unklarheiten nicht ersetzen. Welche Abmessung sollte das Grundstück für ein «gemeinsames Haus Europa» haben? Von der Nordsee bis Wladiwostok? Oder vom Atlantik bis zum Ural? Wer schrieb die Hausordnung, wer würde mit ihrer Durchsetzung betraut? Wem gebührte die Beletage? Oder würde es dieses Privileg gar nicht mehr geben? Wie könnten die USA weiterhin mit Europa verbunden bleiben? Was hatte man sich unter west-östlichen Institutionen vorzustellen? Sollten Entscheidungen mehrheitlich oder im Konsens getroffen werden?[14] Mit der «Organisation für Sicherheit und Zusammenarbeit in Europa» (OSZE), im Jahr 1994 aus der ehemaligen KSZE hervorgegangen, hätte man die ersten Schritte gehen können – theoretisch jedenfalls. In der Praxis blieb diese Möglichkeit ungenutzt. Die

OSZE hatte nämlich einen mächtigen Vorgesetzten, der zwar in die Jahre gekommen war, aber zäh an seinen Vorrechten festhielt – die NATO. Daran scheiterte ein ernsthaftes Nachdenken über neue Wege in der Sicherheitspolitik, bevor es überhaupt Fahrt aufnehmen konnte.

Immerhin bemühte sich Bill Clinton sofort nach seinem Amtsantritt im Januar 1993 um eine Verbesserung der Beziehungen zu Russland. Zusammen mit der NATO bekannte er sich zu einer «Friedenspartnerschaft» und brachte mit der «Grundakte» zwischen dem westlichen Bündnis und der russischen Föderation den «NATO-Russland-Rat» auf den Weg, ein Gremium zur Verstetigung des diplomatischen Austauschs. Vor der Verabschiedung dieser Maßnahmen im Mai 1997 hatten die USA geholfen, sämtliche Nuklearwaffen aus Weißrussland, Kasachstan und der Ukraine abzuziehen und nach Russland zu transferieren – und damit das gemeinsame Interesse an einer Nichtweiterverbreitung unterstrichen. Ungleich mehr war Clinton an einer wirtschaftlichen Stabilisierung des maroden, von Boris Jelzin mehr schlecht als recht über Wasser gehaltenen Staates gelegen. «It's the economy, stupid!», dieser Slogan aus dem amerikanischen Wahlkampf hinterließ auch in der Außenpolitik seine Spuren – durch die Aufnahme Russlands in die G7-Gruppe der wichtigsten Industrienationen, durch die Vermittlung eines Kredits des Internationalen Währungsfonds in Höhe von zehn Milliarden US-Dollar und durch sonstige Finanzspritzen, die pünktlich vor Jelzins Wiederwahl im Jahr 1996 eine Auszahlung der Gehälter und Pensionen von Staatsbediensteten ermöglichten.[15] Dass Clinton derweil über den ersten Tschetschenienkrieg ebenso hinwegsah wie über den Aufstieg korrupter Oligarchen und die in Russland grassierende Gesetzlosigkeit, setzte den Schlussakkord zu einem außenpolitischen Coup Washingtons: 1997 gab der Kreml sein Plazet für die Aufnahme von Polen, Ungarn und Tschechien in die NATO. Nicht dass Jelzin diesen knapp zwei Jahre später vollzogenen Beitritt hätte verhindern können. Aber sein Einverständnis war mehr als bloße Symbolik, es trug zur Beruhigung auf einem politisch verminten Terrain bei.

Dennoch konnte von einem belastbaren Verhältnis der einzig verbliebenen Supermacht zu ihrem ehemaligen Konkurrenten im Osten keine Rede sein. Selbst den USA wohlgesonnene Beobachter monierten, dass Clinton im Wissen um das Siechtum Russlands nur zu amerikanischen Bedingungen verhandelt und fortwährend den Eindruck vermittelt hatte, über die Legitimität oder Illegitimität russischer Sicherheitsansprüche selbst am besten befinden zu können. Was immer man sich in Washington unter einem Neuen «Haus Europa» vorstellte, es war ein Haus, dessen Bau Moskau aus der Ferne beobachten musste. Das in der «Grundakte» niedergelegte Versprechen, angesichts des «gegenwärtigen und absehbaren Sicherheitsumfelds keine nennenswerten Kampftruppen auf Dauer» bei den neuen NATO-Mitgliedern zu stationieren, war so wachsweich, wie es nur sein konnte. Wer mit Begriffen wie «gegenwärtig», «absehbar», «nennenswert» und «auf Dauer» hantierte, hielt sich alle Hintertüren offen und erklärte seinen eigenen guten Willen zum diplomatischen Leitzins – jederzeit nach unten korrigierbar, eventuell auch kündbar von einem auf den anderen Tag.[16]

«Hier steht etwas von der allergrößten Bedeutung auf dem Spiel», gab George F. Kennan, der legendäre Stichwortgeber für Washingtons frühere Eindämmungsstrategie, Anfang 1997 zu bedenken. «Eine Ausweitung der NATO wäre der verhängnisvollste Fehler amerikanischer Politik nach dem Ende des Kalten Krieges.» Die Schutzinteressen Osteuropas und des Baltikums hatte Kennan sehr wohl im Blick, er verteidigte sie ohne Wenn und Aber. Nur wollte er sich nicht mit der Behauptung abfinden, dass es keinen Brückenschlag zwischen Moskau auf der einen und Warschau, Prag, Budapest oder Tallin auf der anderen Seite geben könnte. Es gar nicht ernsthaft versucht zu haben, grenzte für Kennan an Fahrlässigkeit. «Warum sollten die Beziehungen zwischen Ost und West um die Frage kreisen, wer mit wem verbündet ist und, zumindest indirekt, wer an wessen

Seite steht im Falle eines abwegigen, ganz und gar nicht absehbaren und äußerst unwahrscheinlichen militärischen Konflikts?» Mit seiner Steilvorlage für Ewiggestrige und «Hardliner» im Kreml, so Kennan, leistete Washington just dem Vorschub, was nach Kräften hätte vermieden werden sollen – «den nationalistischen, anti-westlichen und militaristischen Tendenzen in Russland. [...] In Russland ist man wenig beeindruckt von den Beteuerungen, dass Amerika keine feindlichen Absichten hegt. [...] Man wird von einer Zurückweisung durch den Westen ausgehen und sich vermutlich nach anderen Mitteln und Möglichkeiten für eine sichere Zukunft umsehen.»[17] Noch war der auf Ausgleich bedachte Boris Jelzin im Amt. Aber einen Nachfolger mit deutlich misstrauischeren Neigungen baute er bereits auf: Wladimir Putin.

Über den Kosovo zum Irak

Dass auf dem Balkan eine weitere Lunte gezündet würde, konnte niemand voraussehen. Aber genauso kam es. Anfang der 1990er Jahre entlud sich der Streit um die Konkursmasse des zerfallenden Jugoslawiens in einem Gemetzel, wie es Europa seit dem Ende des Zweiten Weltkrieges nicht mehr erlebt hatte. Die Hauptbeteiligten waren Serben, Kroaten, Bosnier und Albaner, gestritten wurde um Land, Bodenschätze und Infrastruktur, zum weltanschaulichen Aufheizen führte man Religiöses ins Feld, bevorzugte Mittel waren der Terror gegen Zivilisten, Überfälle und Vertreibung, kurz: ethnische Säuberungen. Zu beklagen waren mehr als hunderttausend Tote, Millionen von Flüchtlingen und eine vom Bruder- und Nachbarschaftsmord traumatisierte Bevölkerung. Wann, wo und wie die internationale Gemeinschaft hätte eingreifen können und müssen, gehört zu jenen Fragen, auf die es vermutlich nie eine plausible Antwort geben wird. Umso verstörender bleibt der Befund, nämlich das Totalversagen der Vereinten Nationen und der Europäischen Union. Zwar richtete der UNO-Sicherheitsrat im April 1993 in Bosnien, einem der blutigsten Schauplätze, Schutzzonen ein, aber die dorthin entsandten Blauhelme sollten nur beobachten. Mehr hätten sie wegen personeller Unterbesetzung und fehlender Ausrüstung ohnehin nicht leisten können. So war es nicht überraschend, sondern nur eine Frage der Zeit, was sich Mitte Juli 1995 in und um Srebrenica, inmitten einer UN-Schutzzone, abspielte – 8000 bosnische Muslime, allesamt Männer und Jugendliche; wurden massakriert, 25 000 Frauen und Kinder vertrieben, die Täter feierten ihren Etappensieg auf dem Weg zu einem imaginären «Großserbien».[18]

Immerhin konnte die UNO in Bosnien eine Deeskalation auf den Weg bringen. Weil kein Mitglied des Sicherheitsrats ein Veto einlegte, erhielt die NATO im Schatten von Srebrenica das Mandat zur «Operation Deliberate Force». Im September 1995 flogen Kampfjets aus acht Staaten rund 3500 Einsätze, während Kroaten und Bosniaken am Boden gegen Stellungen der bosnischen Serben vorgingen. Was den Freischärlern am meisten zusetzte, ist schwer zu sagen. In jedem Fall wurden ihre Kräfte durch die konzertierte Zangenbewegung verschlissen, die Präsidenten Serbiens (Slobodan Milošević), Bosniens (Alija Izetbegović) und Kroatiens (Franjo Tuđman) mussten sich mehr oder weniger widerwillig dem Druck des Weißen Hauses beugen und in Dayton, Ohio über eine Befriedung des Vielvölkerstaates Bosnien verhandeln. Das im November 1995 unterzeichnete Abkommen konnte die tiefsitzenden Animositäten der Kriegsparteien nicht aus der Welt schaffen. Doch das Blutvergießen hatte, von kleineren Zwischenfällen abgesehen, ein Ende. Wobei nicht unerwähnt bleiben sollte, dass die OSZE entscheidend zur Einhaltung der Beschlüsse von Dayton beitrug.[19]

Gut drei Jahre später war das Einvernehmen schon wieder aufgebraucht. Auslöser eines neuerlichen Disputs zwischen den USA und Russland waren Unruhen in der serbischen Provinz Kosovo. Dort riefen bewaffnete Aktivisten der albanischen Mehrheit zur Abspaltung von Belgrad und Gründung einer selbständigen Republik auf, Milošević wollte den Aufstand mit allen Mitteln brechen und befahl eine massenhafte Vertreibung von Albanern. Was tun? Ein Waffenembargo gegen Serbien hatte genauso wenig bewirkt wie wirtschaftliche Sanktionen, die NATO war uneins, die OSZE überfordert und die UNO blockiert, weil Russland unter Verweis auf den Terror der albanischen Untergrundarmee UÇK härtere Maßnahmen gegen Serbien ablehnte. Deshalb war auch die Entsendung einer Friedenstruppe wenig realistisch. Ob ein nochmaliges Bemühen um diplomatische Vermittlung zur Entspannung hätte beitragen können, steht in den Sternen. Moskau drängte darauf, westliche Diplomaten hielten es vor dem Hintergrund frustrierender Erfahrungen mit Milošević mehrheitlich für Zeitverschwendung. Die Antwort waren Bomben, Luftangriffe der NATO unter amerikanischem Kommando gegen Ziele in Serbien, seit Ende März 1999 und für die Dauer von zehn Wochen. Damit aber wurde das Völkerrecht gebrochen und die UNO-Charta ausgehebelt – die von der Weltgemeinschaft akzeptierte Norm also, dass Militäreinsätze nur erlaubt sind, wenn sie der Selbstverteidigung dienen oder wenn die Vereinten Nationen sie gutheißen. Nichts dergleichen lag vor: Weder hatte Serbien ein anderes Land angegriffen noch war der UNO-Sicherheitsrat um ein Votum gebeten worden. Unter dem Druck Washingtons hatte sich die NATO selbst beauftragt und einen Angriffskrieg jenseits ihres Geltungsbereichs befohlen.

Wer nach Erklärungen für die schleichende Vergiftung in den Ost-West-Beziehungen sucht, kommt um dieses Kapitel nicht herum. Anfänglich schien Moskau noch auf Kooperation zu setzen. Boris Jelzin schickte im April 1999 den früheren Premierminister Viktor Tschernomyrdin als Vermittler nach Belgrad – mit Erfolg. An der Seite des finnischen Präsidenten Martti Ahtisaari handelte er mit Milošević einen Kompromiss aus: Serbische Soldaten und Polizisten verließen den Kosovo, die vertriebenen Albaner durften zurückkehren, der Kosovo blieb formell eine Provinz Serbiens, jedoch übernahm die UNO die politische und eine Friedenstruppe der NATO (KFOR) die militärische Kontrolle des Unruheherds. 1500 Mann stellte Russland für diese internationale Friedensmission ab. Aber der Vorwurf, dass sich die USA wieder einmal die Rolle eines Weltpolizisten anmaßten, stand im Raum. Und Jelzins Widersacher, darunter viele Militärs, sahen sich in ihrem ohnehin unerschütterlichen Misstrauen gegen Washington bestätigt. Erst die Osterweiterung der NATO, dann die Luftschläge gegen Serbien, der Nachhall dieser Ereignisse kann nicht hoch genug taxiert werden.

Wut, Zorn und Verbitterung fanden in dem Slogan «heute Belgrad, morgen Moskau» ihren Niederschlag. Wer auch immer in Moskau damit hausieren ging und was auch immer damit gemeint war, ein Verdacht schwang in jedem Fall mit: Russland wird in die Zange genommen, für die USA sind wir überflüssig und sie behandeln uns wie Überflüssige. Dass derlei Verhärtung von Washington mal schulterzuckend hingenommen, mal wie eine Beschreibung dienlicher Zustände kommentiert wurde, beflügelte wie viele andere Torheiten den Hang zur Nachahmung. In diesem Fall den Traum von der Revanche: Wenn die USA Regeln nur befolgen, solange sie ihren Interessen dienen, warum sollte sich dann Russland an Regeln halten?[20]

Immun gegen die Vorhaltungen aus Moskau, rechtfertigte Washington seinen Alleingang im Kosovo als Nothilfe in letzter Stunde. Grund zur Sorge hatte es allemal gegeben. Die Kämpfe drohten außer Kontrolle zu geraten, mehr und mehr Unbeteiligte gerieten zwischen die Fronten oder wurden von Milizen wie Schutzschilde missbraucht. Und doch hinterlässt die Behauptung, humanitäre Hilfe hätte bei der Bombardierung den Ausschlag gegeben, einen schalen Nachgeschmack. Wie sahen die diesbezüglichen Pläne aus? Welche Mittel wurden zum Schutz von Zivilisten aufgeboten? Gab es Vorkehrungen für die Zeit nach dem Militäreinsatz? Eine vom amerikanischen Außenministerium einberufene Arbeitsgruppe, besetzt mit Experten mehrerer Behörden, beschäftigte sich eingehend mit diesen Fragen. Ihre im April 2000 vorgelegte Bilanz stellte den Verantwortlichen ein verheerendes Zeugnis aus.

Im Vorfeld des Bombenkrieges gegen Serbien hatte man in Washington alles Mögliche im Blick – humanitäre Fragen ausgenommen. Ungeachtet der Tatsache, dass ethnische Säuberungen in den jugoslawischen Verteilungskriegen eine Schlüsselrolle spielten, rechnete an der Spitze der US-Regierung und im Pentagon, wie auch im NATO-Hauptquartier in Brüssel, kaum jemand mit einer massenhaften Vertreibung von Kosovaren. Dementsprechend gab es keine Eventualplanungen, keine vorausschauende Koordination zwischen den Behörden, keine interministerielle Koordination, keine Verbindungsstelle zur NATO.

Als tatsächlich eintrat, was man hätte wissen können und erwarten müssen, fühlte sich auf höchster Ebene ebenfalls niemand zuständig. Während der gesamten Dauer des Luftkrieges, also 78 Tage lang, wurde das Thema Flüchtlingselend und Soforthilfe für den Kosovo hin- und hergeschoben oder bequemerweise an einen bürokratischen Notnagel namens «Kosovo Coordination Council» delegiert, der viele Aufträge hatte, aber eines nicht konnte – koordinieren. Wie hätte es auch anders sein sollen bei einem Gremium, das nie zu politisch oder militärisch relevanten Beratungen hinzugezogen wurde und noch nicht einmal Zugang zu einschlägigen Geheimdienstinformationen über die Zustände in seinem «Zielland» hatte? Am Ende wurde das Flüchtlingskommissariat der Vereinten Nationen (UNHCR) in die Pflicht genommen – ohne vorherige Verständigung darüber, welche Kapazitäten diesem Hilfswerk zur Verfügung standen und ob diese auf Zuruf mobilisierbar waren. Somit setzte Washington eine Entwicklung in Gang, ohne deren Konsequenzen auch nur ansatzweise in Betracht gezogen zu haben. Wie so oft, war nur eines von Belang: die «show of force», eine Demonstration politischen Willens und militärischer Schlagkraft, alles um des kurzfristigen Vorteils Willen und ohne Rücksicht auf die langfristigen Folgen.[21]

Das Nachsehen hatte die Bevölkerung. Albanische Nationalisten verstanden die Bombardierung Serbiens als Freibrief zur Terrorisierung der serbischen Minderheit im Kosovo, sie wüteten monatelang und schufen schließlich einen rechtsfreien, nur für Ihresgleichen reservierten Raum. Oder ein El Dorado für organisierte Kriminelle, denen vom Drogenhandel bis zum Menschenschmuggel jede Einnahmequelle recht war. Derweil versank das traditionell bettelarme Kosovo noch weiter im Elend, ablesbar an Statistiken über Einkommen und Arbeitslosigkeit und abgebildet in der verzweifelten Suche vieler Jüngeren nach einem besseren Leben andernorts. Vor dem Zorn war noch nicht einmal die internationale Friedenstruppe (KFOR) gefeit. Die militante UÇK hetzte zum Widerstand gegen die «fremde Besatzungsmacht» auf und ließ auch auf diese Weise den Kosovo nicht zur Ruhe kommen. Trotz aller Mühen von KFOR, OSZE und UNO lagen ein funktionierendes Staatswesen und ein selbsttragender Frieden jahrelang außer Reichweite. Erst als die USA und die Europäische Union den im Frühjahr 1999 erzielten Kompromiss in Frage stellten und für eine Unabhängigkeit des Kosovo plädierten, beruhigte sich die Lage. Die am 18. Februar 2008 vom Parlament in Pristina offiziell verkündete Trennung von Serbien war offenbar ein Schritt in die richtige Richtung. Mittlerweile scheint sich der Kosovo vom Gröbsten erholt zu haben.

Der russische Präsident Wladimir Putin indes warf den USA zum wiederholten Male Wortbruch vor. Zwar ist seine Behauptung, dass die Ausrufung einer selbständigen Republik Kosovo gegen internationales Recht verstößt, nach Meinung der meisten Völkerrechtler unhaltbar. Dass Moskau aber in einer Weise übergangen wurde, als könnte man Russlands Blick auf die Probleme des Balkans schlicht ignorieren, trifft politisch einen wunden Punkt. Putin nahm es zum Anlass für eine Drohung im Stil von Nikita Chruschtschow: Dieser wollte den immer weiter aufrüstenden USA bekanntlich eine Überdosis ihrer eigenen Medizin verabreichen – also im Wettrüsten zumindest so lange nachlegen, bis der amerikanische Vorsprung egalisiert war. Ganz ähnlich Putin: Im Kosovo auf eigene Faust vorgeprescht zu sein und einen «entsetzlichen Präzedenzfall» geschaffen zu haben, würde dem Westen über kurz oder lang auf die Füße fallen.[22] Ein Schelm, wer im Rückblick nicht an Moskaus Bestreben denkt, Konflikte in Georgien und der Ukraine als Mittel zum Zweck regionaler Abspaltungen zu instrumentalisieren. Oder überall dort neue Pufferzonen einzurichten, wo westlicher Einfluss spürbar ist. Welchen Weg Russland in einem anderen Umfeld gewählt hätte, ist reine Spekulation; dass Washington wieder einmal die Legitimation für aggressives Verhalten frei Haus lieferte, bleibt eine Tatsache. Nur in einem Punkt stimmten die USA und Russland überein. Beide verweigerten den Beitritt zum Internationalen Strafgerichtshof in Den Haag, der als Reaktion auf die Gewaltexzesse im ehemaligen Jugoslawien eingerichtet worden war.

Kurz darauf forcierte Washington eine Umgründung der NATO. «Go out of area or go out of business»: Das geflügelte Wort des republikanischen Senators Richard Lugar hätte leicht als Eingeständnis gelesen werden können, dass die Verteidigung des nordatlantischen Kernlandes sich erübrigt hatte – entweder, weil weit und breit niemand zu erkennen war, der einen Angriff ins Kalkül zog, oder weil im Kriegsfall das zu Verteidigende ohnehin zerstört würde. In diesem Sinne wollten die Vordenker einer neuen NATO aber nicht verstanden werden. Territoriale Entgrenzung war das Stichwort. Es ging um ein global agierendes Militärbündnis, einsetzbar gegen Terroristen und Migranten, aber auch im Fall von Energie- und Rohstoffkrisen oder klimabedingter Katastrophen. Dass die alleinige Supermacht bei der Definition westlicher Interessen das letzte Wort beanspruchen würde, verstand sich von selbst. Und dass es ihr darum ging, im Falle von Interventionen auf die Ressourcen ihrer Partner zugreifen zu können, ebenfalls. Die Pointe war freilich eine andere. Die NATO sollte künftig nicht nur außerhalb ihres Bündnisgebiets aktiv werden, sondern sich das Mandat für derlei Einsätze selbst erteilen – egal, wie die Vereinten Nationen dazu standen, unabhängig vom Völkerrecht und einzig auf der Grundlage eines von den USA ausgestellten Freibriefs. Unter der Hand wurde der Sonderfall Kosovo also zum Regelfall der Zukunft erklärt.[23]

Eine treibende Kraft hinter dieser Neuvermessung der Welt war das neokonservative «Project for the New American Century». Ihr 1997 verabschiedetes Grundsatzprogramm – unterzeichnet von Dick Cheney, Donald Rumsfeld, Paul Wolfowitz, Richard Perle, John Bolton, Douglas Feith, William Kristol, Robert Kagan und 17 weiteren Aspiranten auf politische Ämter – liest sich auf den ersten Blick wie eine Wiederauflage abgedroschener Dogmen: Die USA müssen ihr Geburtsrecht als Führungsmacht weiterhin wahrnehmen, weil andere nicht führen können, wollen oder sollten; solange Amerika dominiert, profitiert der Rest der Welt; früheren Hegemonen haben die Vereinigten Staaten ihren guten Willen voraus, weshalb sie kein klassisches Imperium verkörpern, sondern eine ins Selbstlose gewendete Evolution der Macht; auch Wohltäter kommen nicht umhin, sich Respekt zu verschaffen, deshalb ist Washington auf ein angsteinflößendes Arsenal von Waffen auf Erden und im Weltraum angewiesen. Was folgte, war eine militärische Einkaufsliste in Übergröße – garniert mit dem Hinweis, dass sich furchterweckende Stärke politisch nur auszahlt, wenn niemand sicher sein kann, wann und warum sie zum Einsatz kommt. Die Begeisterung für eine «konstruktive Destabilisierung» als ordnungspolitisches Ziel klang ebenso vertraut. Früher hatte man nur andere Etiketten verwandt, nämlich Vorbeugung, Befreiung oder Aufstandsbekämpfung. So weit, so erwartbar.[24]

Aufhorchen ließ allerdings die Fixierung auf den Nahen Osten. Dort kündigten sich tektonische Verschiebungen zum Nachteil der USA an. Die Domestizierung des Iran war misslungen, Saudi-Arabien entwickelte sich wegen innenpolitischer Verwerfungen zusehends zu einem unsicheren Kantonisten, wie es mit Saddam Hussein weitergehen sollte, stand in den Sternen.

Dass man den irakischen Diktator Anfang 1991 aus dem vorübergehend besetzten Kuweit vertrieben und militärisch nachhaltig geschwächt hatte, war den Betreibern des «Project for the New American Century» nicht genug. Ihn im Amt gelassen zu haben, war in ihren Augen ein schwerer Fehler, wenn nicht eine Ursünde und Grund für eine lauthals vorgetragene Klage über Amerikas Mangel an Glaubwürdigkeit. Diese Sorge ging seit 1945 in Washington um, nahezu alle Präsidenten suchten deshalb nach Orten zur einschüchternden Demonstration von Macht und Entschlossenheit. Für die einen war Kuba ein solcher Ort, für andere Vietnam, Chile oder Grenada. Dick Cheney, Donald Rumsfeld oder Paul Wolfowitz präferierten den Irak. Dessen Regime zu stürzen, würde nicht nur ungehinderten Zugang zu den größten Ölvorräten jenseits von Saudi-Arabien verschaffen. Noch wichtiger schien das Signal an andere Potentaten in der Region: Wer Amerika herausfordert, setzt seine eigene Existenz aufs Spiel. Irak als Schlussstein beim Bau eines neuen amerikanischen Jahrhunderts, diesen Eindruck vermittelte die publizistische Offensive der neokonservativen Erweckungsbewegung.[25]

Mit seiner Unterschrift unter den «Iraq Liberation Act» im Jahr 1998 war Bill Clinton der Forderung nach einer «konstruktiven Destabilisierung» des Irak bereits weit entgegengekommen. Aber politischer Druck wurde erst mit der Ernennung von George W. Bush zum Präsidenten aufgebaut. Mit Cheney, Rumsfeld, Wolfowitz, Feith und Perle wurde eine Handvoll Strategen des «Project for the New American Century» auf Schlüsselpositionen in der neuen Administration berufen – von Cheney wird zu Recht gesagt, dass er der einflussreichste Vizepräsident in der Geschichte des Landes war, von Rumsfeld, dass er selbst in der Reihe hartgesottener Verteidigungsminister durch seine Skrupellosigkeit hervorstach. Wenige Tage nach Bushs Amtseinführung im Januar 2001 beriet der Nationale Sicherheitsrat über das Für und Wider eines «Regimewechsels» in Bagdad. Und im Pentagon kursierten kurz darauf Dutzende von

Memoranden zu diesem Thema. «Die Risiken einer ernsthaften Politik des Regimewechsels», so Donald Rumsfeld in einem internen Arbeitspapier vom 27. Juli 2001, «müssen gegenüber der mit Sicherheit ins Haus stehenden Gefahr abgewogen werden, dass wir es in der nahen Zukunft mit einem zunehmend dreisteren und atomar bewaffneten Saddam zu tun haben werden. [...] Falls das Saddam-Regime gestürzt werden sollte, hätten wir eine wesentlich verbesserte Position in der Region und andernorts.»[26] Von einem Atomarsenal war der Irak Lichtjahre entfernt, Saddam verfügte nicht einmal mehr über konventionelle Waffen, um seine Nachbarn unter Druck zu setzen. Aber gerade diese Schwäche wurde als Einladung zu einer aktiveren Politik begriffen. «Aktiv» hieß zum damaligen Zeitpunkt: Oppositionsgruppen, vorweg den «Iraqi National Congress», mit mehr Geld und besseren Waffen auszustatten und deren Bestrebungen zur Abspaltung einer befreiten «Enklave» im Süden des Landes zu unterstützen. Weitere Optionen blieben auf dem Tisch.[27]

Dann aber taten Terroristen, was sie seit jeher tun. Sie gossen Öl ins Feuer.

AMERRYCAN CHRISTMAS

122 ROUFIXTE
DESIGNERS
PRODUCTIONS

Verbrannte Erde

Zwei Jahrzehnte «Krieg gegen den Terror»

Als die Zwillingstürme des World Trade Center am 11. September 2001 in sich zusammenstürzten, als ein Flügel des Pentagon brannte, als ein offenbar auf das Weiße Haus oder das Kapitol zusteuerndes Passagierflugzeug gerade noch über Pennsylvania zum Absturz gebracht werden konnte – in diesem unfassbaren Moment scharte sich der größte Teil der Welt um die USA. Und dabei blieb es für Wochen und Monate. Mit ihren «Jetzt sind wir alle Amerikaner»-Parolen lag die Boulevardpresse insofern richtig, als Regierungschefs aus aller Herren Länder sich uneingeschränkt hinter Washington stellten. Deutschlands Kanzler Gerhard Schröder versprach jede mögliche Unterstützung, neben Pakistan und der Türkei sagte selbst der Erzfeind Iran Hilfe zu, Wladimir Putin sorgte nicht nur dafür, dass zentralasiatische Republiken den USA vorübergehend Militärbasen zur Verfügung stellten, er unterschrieb sogar eine gemeinsame Solidaritätsadresse mit der NATO, und das westliche Militärbündnis rief erstmals in seiner Geschichte den Bündnisfall aus. Schließlich wertete der Sicherheitsrat der Vereinten Nationen die Terrorattacken in zwei Resolutionen als Angriff gemäß Artikel 51 der UNO-Charta und unterstrich damit das Recht der Vereinigten Staaten zur Selbstverteidigung.

Zwei Jahrzehnte später ist von diesem Zusammenhalt nichts mehr zu spüren. Ernüchterung, Wut und Ratlosigkeit führen die Feder bei Beschreibungen der Weltlage. Und das aus guten Gründen. «Mach Dich bereit, Russland. Sie werden kommen, schön, neu und smart» – über Twitter stellte ein amerikanischer

Präsident, bekannt für seinen Hang zur Mafiasprache und berüchtigt für Anfälle von Unberechenbarkeit, dem Kreml eine Bestrafung mit Bomberstaffeln in Aussicht.[1] Sein als berechenbar gelobter Nachfolger Joe Biden, kaum acht Wochen im Amt, nannte den russischen Präsidenten vor laufenden Kameras «Mörder». Und musste sich die Frage gefallen lassen, wie man sich die Zusammenarbeit mit einem «Killer» vorzustellen habe.[2] Derweil vergeht so gut wie keine Woche mehr ohne Spekulationen über einen kommenden Krieg zwischen den USA und China. Dass die Dauerfehde mit dem Iran auf das Äußerste zulaufen könnte, gilt vielen ohnehin als ausgemacht, nicht zuletzt vor dem Hintergrund eines im Chaos versinkenden Nahen Osten. Davon abgesehen empören sich alte und neue Verbündete der Vereinigten Staaten über Post aus Washington. Der eine, Deutschland, muss sich unflätige Beschimpfungen wegen eines Erdgasgeschäfts mit Russland anhören, der andere, Afghanistan, wird vor die Wahl gestellt, entweder schnell Frieden mit den Taliban zu schließen oder künftig auf jedwede amerikanische Unterstützung verzichten zu müssen – sprich dem eigenen Untergang entgegenzusehen.[3]

Die Geschichte dieser Irrungen und Wirrungen wird noch zu schreiben sein. Aber unabhängig davon, wie man Rolle und Verantwortung einzelner Akteure in Zukunft sehen mag, lässt sich bereits heute sagen: Washingtons Beitrag war erheblich. Was wiederum den Kreis schließt und zu «9/11» zurückführt. Genauer gesagt zu der Art und Weise, wie unterschiedliche amerikanische Regierungen mit den neuen Herausforderungen des 21. Jahrhunderts umgingen. Und welche Antworten sie dafür parat hatten.

Ideologen auf dem Kriegspfad

Afghanistan war längst ein vom Krieg ausgezehrtes Land, als die USA dort am 7. Oktober 2001 ihren «War on Terror» begannen. Zehn Jahre Besatzung durch sowjetische Truppen und die anschließende Schreckensherrschaft der Taliban hatten eine Ruine hinterlassen. Tausende verreckten Monat um Monat an Grippe, Masern oder Durchfall, nirgendwo war die Kindersterblichkeit höher, die Lebenserwartung für Frauen und Männer lag bei 44 beziehungsweise 45 Jahren. Zu allen Übeln kam eine extreme Trockenheit hinzu. Weil 70 Prozent des Viehbestandes verendet und die Hälfte des Ackerbodens nicht mehr nutzbar waren, hatten weit über drei Millionen Afghanen ihre Heimat verlassen – die weltweit größte Flüchtlingsgruppe. Weitere 800 000 zogen auf der Suche nach Nahrung und Unterkunft im Landesinneren von einem Ort zum anderen. Die Macht kam einzig aus Gewehrläufen, verfeindete Gruppen hatten die staatsfernen Räume untereinander aufgeteilt und schufen Ordnung auf ihre Weise. Auf der einen Seite die Taliban, die schätzungsweise 45 000 gebürtige Afghanen unter Waffen hielten und zusätzlich von 15 000 Dschihadisten aus Pakistan, Usbekistan und mehreren arabischen Ländern unterstützt wurden; auf der anderen Seite eine lose Koalition aus «Warlords», denen der Krieg zum Lebensinhalt geworden war, weil er sie ernährte. Deshalb sprach der pakistanische Journalist Ahmed Rashid, einer der besten Kenner der Region, von der «schlimmsten humanitären Katastrophenzone der Welt».[4]

Im Sommer 2021 rückten die letzten Truppen der USA und ihrer Verbündeten nach 20 Jahren ab. Dass Afghanistan den letzten Platz auf der Horrorskala globaler Armut verlassen hat, ist freilich nicht den Anstrengungen dieser Kriegskoalition geschuldet, sondern den galoppierenden Verheerungen andernorts, vorweg in Staaten wie Mali oder dem Jemen. Was die Bilanz des Anti-Terrorkriegs am Hindukusch anbelangt, so kommen unterschiedliche Untersuchungskommissionen zu einem einhelligen Ergebnis: Es war ein Fehlschlag, der Weg ins nächste Desaster ist gepflastert. Das ist der Befund einer von der norwegischen Regierung eingesetzten Kommission, im August 2016 publiziert[5], zu diesem Ergebnis kamen Sonderermittler, die vom amerikanischen Kongress 2008 bestellt worden waren und bis 2018 mehr als 400 Interviews mit Verantwortlichen führten sowie Memoranden von Verteidigungsminister Donald Rumsfeld auswerteten. Als Journalisten der «Washington Post» Anfang Dezember 2019 Teile dieser «Afghanistan Papers» veröffentlichten, zogen sie sogar den drastischsten Vergleich von allen. Demnach wurde der Einsatz in Afghanistan genauso dilettantisch geplant und ebenso stümperhaft umgesetzt wie der Krieg in Vietnam eine Generation früher.[6] Ein Mitarbeiter des Nationalen Sicherheitsrates: «Wir hatten einfach keine Vorstellung, was am Ende daraus werden sollte. Wir haben geplant; die Dinge vor Ort haben sich geändert. Wir lösten Probleme, ohne zu wissen, was wir auf lange Sicht lösen wollten.»[7]

Mindestens fünf Gründe untermauern dieses Verdikt. Es begann mit einer nicht verhandelbaren Entscheidung des Krisenstabs von Präsident Bush. Ein zwischen Geheimdiensten und Polizei koordinierter Einsatz kam für die Ergreifung der Täter und Hintermänner von «9/11» nicht in Frage, Militär und Krieg waren die Mittel der Wahl. Und das, obwohl der Staat Afghanistan die USA nicht angegriffen hatte. Vom Parlament holte sich Bush die Befugnis, gegen alle Nationen, Organisationen oder Personen vorzugehen, die seines Erachtens irgendetwas mit Terrorismus zu tun hatten. Es war das Plazet für einen Krieg unbestimmter Dauer. «Von heute an», so seine Ankündigung vor beiden Kammern des Kongresses am 20. September 2001, «werden die Vereinigten Staaten jede Nation, die weiterhin Terroristen Unterschlupf gewährt oder unterstützt, als feindliche Nation behandeln. […] Unser Krieg gegen den Terror beginnt mit Al-Qaida, hört dort aber nicht auf. Er wird nicht aufhören, ehe jede Terrorgruppe von weltweiter Ausdehnung gefunden, gestoppt und geschlagen ist.»[8] Öffentliche Reden wie interne Dokumente sind vom Phantasma eines Endsieges über das Böse durchzogen – und von der verweigerten Einsicht in die Tatsache, dass Soldaten eine stumpfe Waffe gegen Terroristen führen und dass selbst der mächtigste Staat auf Dauer keinen Krieg ohne Fronten über alle Grenzen hinweg schultern kann. Wer aber als Werkzeug nichts anderes als einen Hammer kennt, sieht bekanntlich in jedem Problem einen Nagel.

Zweitens bestand Verteidigungsminister Rumsfeld mit ideologischer Inbrunst auf den Spielregeln eines «schlanken Krieges». Es sollte eine Demonstration werden, dass die Zeit personal- und kostenintensiver Einsätze vorbei wäre und dass die USA mittels Hochtechnologie ihre Ziele an jedem Ort der Welt mit minimalem Aufwand durchsetzen könnten. Damit aber begab man sich faktisch in die Hände von «Warlords» und Stammesfürsten. Nur sie waren in der Lage, den wenigen amerikanischen Spezialkräften am Boden den Rücken freizuhalten, nur sie kannten das Gelände, die Verstecke und Unterstützer von Al-Qaida. Für diese Kooperation machten CIA und Pentagon nicht allein Millionenbeträge flüssig, man musste auch mit Stillhalten bezahlen. Nämlich immer dann, wenn Washingtons zwielichtige Helfer auf eigene Kosten Krieg führten und offene Rechnungen beglichen – mit Massakern an gefangenen Taliban oder Rachefeldzügen gegen verfeindete Stämme.[9] In den Augen vieler Afghanen hatte Washington die Pest mit der Cholera bekämpft. Zur wahllosen Agitation gegen Eindringlinge und Okkupanten war es nur ein kleiner Schritt.[10]

Noch größere Versäumnisse nahm Washington drittens beim wirtschaftlichen Wiederaufbau Afghanistans in Kauf. Zwar standen seit 2001 insgesamt 132 Milliarden Dollar Entwicklungshilfe zur Verfügung, es kam zu Verbesserungen im Gesundheits- und noch mehr im Schulwesen. Aber die Verteilung dieser Gelder sprach ihrem Zweck Hohn. Der Löwenanteil kam nicht dort an, wo er gebraucht wurde – wegen fragwürdiger Prioritäten, bürokratischer Verschwendung oder schlichtem Desinteresse an nachhaltigen Projekten.[11] «Uns geht es nicht um Nation Building, wir konzentrieren uns auf Gerechtigkeit», hatte der Präsident am 26. September 2001 unmissverständlich erklärt.[12] Diese Haltung wucherte auf allen Ebenen, dagegen war so gut wie kein Ankommen. Und daran bissen sich auch Amerikas Verbündete, die mit der internationalen Schutztruppe «ISAF» (International Security Assistance Force) den Afghanistaneinsatz unterstützten, die Zähne aus. Washington machte der «Koalition der Willigen» ein um das andere Mal klar, wessen Wille das Maß aller Dinge war. Deutsche, französische und skandinavische Diplomaten nahmen diese Herablassung mehr oder weniger wütend zur Kenntnis, hielten sich nach außen aber bedeckt – wohl wissend, dass «ISAF» ohne amerikanischen Flankenschutz auf verlorenem Posten stand.[13]

Viertens erwies sich Washingtons Parteinahme für Pakistan als Bumerang. Dass die Regierung in Islamabad eine strategische Partnerschaft mit den Taliban in Afghanistan pflegte, war ein offenes Geheimnis. Und warum sie das tat, ebenfalls. Von der fixen Idee besessen, dass der Erzfeind Indien seinen Einfluss in Afghanistan ausweiten und das Land möglicherweise als militärisches Aufmarschgebiet nutzen könnte, ist Pakistan jedes Mittel zur Einflussnahme recht. Man unterstützt seit Jahr und Tag die islamistischen Gotteskrieger, weil nur sie skrupellos genug sind, das Nachbarland mit diktatorischen Mitteln zu pazifizieren und ein Machtvakuum zugunsten Indiens zu verhindern. Deshalb bot Pakistan in seinen nordwestlichen Provinzen Zehntausenden Taliban und Al-Qaida-Kämpfern nicht allein Unterschlupf, der berüchtigte Militärgeheimdienst «ISI» versorgte sie auch mit Lebensmitteln, Geld und Unmengen von Waffen, sprich mit allem, was nach «9/11» zum Überleben und für eine rasche Regeneration vonnöten war. Die Regierung Bush wusste davon, drückte alle Augen zu und verwies auf die Vorteile des angeblich geringeren Übels: Pakistan ist im Besitz von Atomwaffen, eine Destabilisierung dieses Landes wäre deshalb gefährlich und mit Blick auf die chronische Instabilität der Region ohnehin nicht ratsam. In anderen Worten: Afghanistan kann im geopolitischen Schach wie ein Bauer jederzeit und mit überschaubaren Einbußen geopfert werden. In Washington nennt man so etwas Realpolitik.[14]

Wie wenig Afghanistan und seine Bewohner zählten, wurde fünftens schlagartig deutlich, als die Regierung Bush bereits nach drei Monaten statt der Taliban einen anderen Feind ins Visier nahm: den Irak. Auf Weisung des Präsidenten aktualisierte das Pentagon Mitte November 2001 die Pläne für einen Krieg gegen Saddam Hussein, zehn Wochen später bastelte sich Bush aus Nordkorea, Iran und Irak eine «Achse des Bösen», im Februar 2002 wurde ein Großteil der in Afghanistan eingesetzten Spezialkräfte abgezogen und auf ihre anstehende Verlegung ins Zweistromland vorbereitet. Selbst militärische Beobachtungssatelliten waren nicht mehr auf Verstecke von Al-Qaida gerichtet, sondern spionierten Truppenunterunterkünfte und Waffenlager der irakischen Armee aus. Die Taliban wussten die Verschnaufpause zu schätzen, auch die quer über Afghanistan verstreuten internationalen Terrorbrigaden erholten sich von den Verlusten, die sie seit Oktober 2001 hatten einstecken müssen. Als das Pentagon Jahre später seinen Fehler korrigieren wollte und frische Truppen schickte, hatte sich das Fenster der Gelegenheit längst geschlossen – und enttäuschte Afghanen schwankten zwischen Gleichgültigkeit und offener Ablehnung, wenn sie nicht gar offene Sympathien für die Taliban bekundeten. In den Worten eines hochrangigen französischen Offiziers: «Mit jedem Tag gibt es in Afghanistan einen Feind des Westens mehr.»[15]

Alldem hatte die Internationale Schutztruppe «ISAF» wenig entgegenzusetzen. Deren Unzulänglichkeiten sind vielfach beschrieben, oft auch hämisch kommentiert worden – der schwammige Auftrag, die fehlende Koordination, der Wust bürokratischer Auflagen, nicht zuletzt die Furcht vor negativen Schlagzeilen. Doch selbst wenn es diese hausgemachten Defizite nicht gegeben hätte, wären die von Washington aufgetürmten Hindernisse wohl unüberwindlich gewesen. Aus amerikanischer

Sicht waren die Alliierten Helfershelfer, willkommen als Putztruppe und brauchbar als Sündenbock, aber störend, sobald sie eigene Ideen und Ansprüche vortrugen. Als Washington 2020 ein «Friedensabkommen» mit den Taliban aushandelte, wurden die an «ISAF» beteiligten NATO-Partner ebenso wenig einbezogen wie die afghanische Regierung. «America First»: Es war ein rein bilaterales Abkommen, geknüpft an das Versprechen der Taliban, von Terrorakten gegen die USA abzusehen. Von Terror in Afghanistan war keine Rede.[16]

Die Folgen waren beinahe unausweichlich: Nach einem Krieg, der mindestens 90000 Tote kostete, steht Afghanistan vor einer mehr als ungewissen Zukunft. Nirgendwo sonst sind derart viele Terrorgruppen aktiv. 40 Prozent aller Anschläge weltweit wurden 2021 am Hindukusch verübt.[17] Von einem funktionsfähigen Regierungssystem ist das Land so weit entfernt wie eh und je, die im wirtschaftlichen und kulturellen Leben erzielten Fortschritte sind derart fragil, dass sie jederzeit hinweggefegt werden können – und zu allem Überfluss hat sich der Westen in eine politisch schier ausweglose Lage manövriert. Dass die Taliban die Friedensbedingungen diktieren und von einer Rückkehr an die Macht kaum mehr abzuhalten sind, musste die Regierung Biden kurz nach Amtsantritt wohl oder übel einräumen. Es klang wie die unfreiwillige Beglaubigung eines alten afghanischen Sprichworts: «Ihr habt Uhren. Wir haben Zeit.»

Angriffskrieg

«Anfänglich wollte ich es nicht wahrhaben, dass wir über etwas anderes als die Jagd auf Al-Qaida redeten», schreibt Richard Clarke in seinen Erinnerungen. «Dann wurde mir auf fast körperliche Art schmerzhaft bewusst, dass Rumsfeld und [sein Stellvertreter] Wolfowitz es darauf angelegt hatten, mittels dieser nationalen Tragödie ihre Irak-Agenda durchzusetzen.»[18] Clarke, Koordinator für Terrorismusbekämpfung, wurde nicht nur von Rumsfeld unablässig unter Druck gesetzt, auch der Präsident wollte so schnell wie möglich Dokumente über eine Verbindung zwischen Al-Qaida und Saddam Hussein sehen. Derartige Belege gab es nicht. Was aber die Regierung nicht davon abhielt, sie nach allen Regeln der Propagandakunst in die Welt zu setzen.

Auf höchster Ebene wagte nur Außenminister Colin Powell zaghaften Widerspruch. Ein Krieg gegen den Irak, gab er zu bedenken, würde Saudi-Arabien, Ägypten und Jordanien destabilisieren und möglicherweise eine neue Ölkrise mit schweren Schäden für die Weltwirtschaft heraufbeschwören. Und welche Ideen gab es zur Zukunft des Irak? Sollte man sich etwa an der Besetzung Japans nach dem Zweiten Weltkrieg orientieren und einen machtvollkommenen Statthalter wie Douglas MacArthur installieren? «Herr Präsident, Sie werden der stolze Herrscher über 25 Millionen Menschen sein. Alle ihre Hoffnungen, Erwartungen und Probleme werden Sie erben. Es wird alles Ihnen gehören. Sie sollten sich also klarmachen, dass dies kein Spaziergang werden wird. [...] Sie sollten also nicht nur den militärischen Fahrplan im Auge behalten, sondern auch die anderen Dinge, die auf Sie zukommen werden.»[19] Trotzdem ließ sich Powell am 5. Februar 2003 zu einer hochnotpeinlichen Posterpräsentation vor den Vereinten Nationen herab, dozierte über ein umfängliches Arsenal irakischer Massenvernichtungswaffen und «bösartige Querverbindungen» Saddams zu Al-Qaida.

Beweise sind egal, man kann Meinungen jederzeit zu Fakten und Vermutungen zu Tatsachen frisieren, es kommt auf schnelles, überfallartiges Handeln an, der Schockeffekt ist entscheidend, die Haltung der UNO interessiert nicht, Einwände von Verbündeten spielen keine Rolle oder werden nur so lange in Betracht gezogen, wie es für die Vermarktung der eigenen Politik erforderlich ist. Wollte man die Debatten im engsten Kreis der Macht auf wenige, aber ausschlaggebende Gesichtspunkte verdichten, so wären es diese.[20] Präsident Bush trieb das «America First»-Prinzip auf die Spitze: Sollten sich die Vereinten Nationen einem Sturz Saddams in den Weg stellen, hätten sie ihre Existenzberechtigung verwirkt. Und weiter: «Was wir tun, hängt nicht von den Entscheidungen anderer ab. [...] Der Sicherheitsrat hat seine Verantwortung nicht wahrgenommen. Deshalb werden wir unsere wahrnehmen.»[21] Wegen des angekündigten Vetos der ständigen Mitglieder Frankreich und Russland und des nicht-ständigen Mitglieds Deutschland sahen die USA von einer Abstimmung im Sicherheitsrat der UNO ab. Mochten deutsche und französische Diplomaten noch so sehr über amerikanische «Arroganz» und «Abenteurerattitüden» schimpfen, sie wurden wie lästige Satelliten auf eine andere Umlaufbahn geschoben.[22] Am 20. März 2003 begann der völkerrechtswidrige Angriffskrieg unter dem Codenamen «Operation Iraqi Freedom».

Aus der Sicht der Regierung Bush war der Irak in mehrfacher Hinsicht ein ideales Demonstrationsobjekt. «Shock and awe», verbreite Schrecken und Furcht und zwinge einen Feind in Windeseile in die Knie – an kaum einem anderen Ort ließ sich diese Kriegsstrategie eindringlicher vor Augen führen. Saddam war ein geradezu idealer Feind. Das sechswöchige Dauerbombardement während des «zweiten Golfkrieges» Anfang 1991, der damalige Aderlass unter den irakischen Truppen und die im Anschluss über Jahre verhängten Sanktionen hatten das Regime sturmreif gemacht. Hier konnte man Amerikas Krieg der Zukunft studieren – die Kombination aus Geschwindigkeit, militärischer Hochtechnologie und politischer Skrupellosigkeit. «Wenn wir tatsächlich die Führung übernehmen wollen, dann müssen wir im Grunde wie die Verrückten dieser Welt wahrgenommen werden», hieß es in einem Aufsatz, der auf Weisung Donald Rumsfelds an Tommy Franks, den Befehlshaber des Irak-Einsatzes, geschickt wurde. «Es muss so aussehen, als wären wir zu allem fähig und bereit, um unserer nationalen Interessen willen alles zu riskieren. [...] Wenn wir hehre Ziele erreichen wollen, müssen wir bereit sein, auf die schäbigste Weise zu handeln.»[23] In anderen Worten: Je Furcht erregender und unberechenbarer die USA auftreten, desto besser, je größer die Angst der anderen, desto angstfreier können Amerikaner leben. Aus dieser Sicht war es sogar produktiver, grundlos statt mit guten Gründen Krieg zu führen.

In letzter Konsequenz schnurrte dergleichen zu einer einfachen Maxime zusammen: Wir haben das Recht zu einem Angriffskrieg. Das nämlich ist die Logik hinter den landauf, landab von Bush und seinen Mitstreitern vorgetragenen Begründungen des Irakkrieges, exemplarisch verdichtet in einer Rede des Präsidenten vor Kadetten der Militärakademie West Point Anfang Juni 2002: «Neue Bedrohungen machen auch ein neues Denken erforderlich. [...] Wenn wir abwarten, bis sich Bedrohungen voll entfaltet haben, werden wir zu lange gewartet haben. [...] Wir müssen den Kampf zum Feind bringen, seine Pläne vereiteln und den schlimmsten Gefahren begegnen, bevor sie an den Tag treten. In dem Zeitalter, in das wir gerade eingetreten sind, ist Handeln der einzige Weg zur Sicherheit.»[24] Condoleezza Rice, Donald Rumsfeld und Dick Cheney sekundierten im Wochentakt: «Das Problem liegt doch darin, dass wir einfach nicht sicher sein können, wie schnell er [Saddam Hussein] in den Besitz von Nuklearwaffen kommen kann. Aber wir wollen nicht, dass der endgültige Beweis in Gestalt einer atomaren Pilzwolke auftaucht.» – «Der absolute Beweis kann keine Vorbedingung für Handeln sein.» – «Es geht nicht um Analysen oder darum, eine riesige Menge von Beweisen zu finden. Es geht einzig um unsere Reaktion.»[25]

Ob es Massenvernichtungswaffen im Irak gab, war nicht das Problem. Uninteressant war auch die Frage, ob Saddam Hussein danach strebte. Dass er es irgendwann und irgendwie tun könnte, gab den Ausschlag. Das zu einem Prozent Mögliche wiegt mehr als das zu 99 Prozent Wahrscheinliche – darum dreht sich die in Washington populäre «Ein-Prozent-Doktrin». Im September 2002 wurde sie in der von Bush abgezeichneten «Nationalen Sicherheitsstrategie» offiziell beglaubigt.[26] Niemals zuvor hatte ein amerikanischer Präsident das völkerrechtliche

Verbot von Präventiv- und Angriffskriegen in aller Öffentlichkeit für null und nichtig erklärt.

Mitte Dezember 2011 wurden die letzten US-Truppen aus dem Irak abgezogen. Sie hatten – unterstützt von einer «Koalition der Willigen», die allerdings bereits 2004 zu bröckeln begann und seither faktisch auf eine anglo-amerikanische Allianz geschrumpft war – das Land fast neun Jahre besetzt, einen Bürgerkrieg provoziert und am Ende in einem desaströsen Zustand verlassen. Bereits wenige Monate nach Beginn der Invasion zog der ehemalige Chef des US-Regionalkommandos für den Nahen Osten, Ost-Afrika und Zentralasien, General Anthony Zinni, eine ernüchternde Zwischenbilanz: «Ich habe diesen Film schon einmal gesehen. Er hieß Vietnam.»[27] Dafür sprach in der Tat Vieles. Überall im Land bildeten sich Widerstandsgruppen, die es nicht nur auf fremde Soldaten abgesehen hatten, sondern das öffentliche Leben lähmen und so lange unregierbar machen wollten, bis der letzte Ausländer den Rückzug angetreten hatte. 26 000 Angriffe auf Polizeistationen, Gefängnisse, Regierungsgebäude sowie Elektrizitäts- und Wasserwerke wurden im Jahr 2004 gezählt, 2005 waren es über 34 000.[28] Und die auf unkonventionelle Kriegsführung wieder einmal völlig unvorbereiteten GIs reagierten auf die sattsam bekannte Art. Auf der vergeblichen Suche nach Guerillas fielen sie überfallartig in Wohnviertel ein, verhafteten wahllos Männer im Alter von 16 bis 60 Jahren, demolierten Wohnungen und Häuser, drangsalierten Alte, Kranke und Behinderte, erniedrigten Verdächtigte vor den Augen ihrer Familien mit Fausthieben und Fußtritten und nahmen Angehörige in Sippenhaft. Ein Nachrichtenoffizier: «Uns fielen die Kinnladen herunter, als wir sahen, wie viele Zivilisten misshandelt und eingeschüchtert wurden.»[29] Von Übergriffen Einzelner kann keine Rede sein, dafür gab es viel zu viele Schikanen, Morde und Massaker.[30]

Wie viele Einwohner des Irak durch amerikanische «Säuberungen», Gewaltexzesse zwischen Schiiten und Sunniten und Terrorakte von Al-Qaida zu Schaden kamen, ist umstritten. Weder auf amerikanischer noch auf irakischer Seite gibt es ein Interesse an Aufklärung. Im Gegenteil. Vieles wurde vorsätzlich vertuscht, anderes aus Desinteresse oder wegen Geringschätzung irakischer Leben nicht protokolliert. Die bis dato vorliegenden Militärakten lassen keine belastbaren Rückschlüsse zu, auch die viel diskutierten Materialen auf der Internetplattform «Wikileaks» nicht – dort findet man nur unsortiertes Rohmaterial, das einer eingehenden Prüfung anhand zusätzlicher, aber nicht verfügbarer Quellen bedürfte. Grobe Schätzungen besagen, dass zwischen 2005 und 2007 etwa zwei Millionen Iraker – überwiegend Ärzte, Rechtsanwälte, Lehrer und andere mittelständische Berufsgruppen – ihr Land verließen und dass zwei weitere Millionen, vornehmlich Sunniten, im Inland auf der Flucht waren. Die in einer gemeinsamen Untersuchung der Bloomberg School of Public Health (Johns Hopkins University, Washington, D.C.) und der Al Mustansiriya University von Bagdad behauptete Zahl von über 600 000 Getöteten ist sehr umstritten; andere Beobachter sprechen von maximal 150 000 Todesopfern bis Anfang 2008.[31] Vermutlich wird, zieht man die Erfahrung mit Todesstatistiken aus Kriegen des 20. Jahrhunderts zu Rate, die Wahrheit in der Mitte liegen.

Zwischen 2008 und 2010 entspannte sich die Lage, die Zahl der Bombenanschläge ging merklich zurück, vor allem kamen weniger Zivilisten zu Schaden. Die Wende war einem Strategiewechsel des US-Militärs geschuldet, das unter den Befehlshabern David Petraeus und Raymond Odierno den Schutz der Bevölkerung höher bewertete als einen maximalen Einsatz von Feuerkraft gegen feindliche Widerstandsnester. Trügerisch war diese Ruhe insofern, als man das Stillhalten der wichtigsten Milizen buchstäblich erkauft hatte – angeblich mit 30 Millionen Dollar pro Monat. Im Grunde war es nur eine Frage der Zeit, bis der Bürgerkrieg wieder aufflammte. Angeheizt von Terroristen, die seit 2003 von überall her in den Irak strömten, hat er das Land bis heute im Würgegriff.[32]

Verbrechen als Prinzip

Mit den Einsätzen in Afghanistan und im Irak trat Washington eine Lawine los. Der «Krieg gegen den Terror» wurde nämlich von Muslimen auf allen Kontinenten als Kriegserklärung aufgefasst. Mit der Folge, dass sich Gläubige politisierten und Patrioten zu fanatischen Nationalisten wurden, vereint in einem Racheschwur gegen die USA. «Was ich getan habe, ist meiner Ansicht nach kein Verbrechen», höhnte ein verhinderter Attentäter vor einem Gericht in New York City. «Ich weiß, dass es gegen die Gesetze der Vereinigten Staaten verstößt, aber mich interessieren die Gesetze der Vereinigten Staaten nicht. Ich betrachte mich als Mudschahid, als muslimischen Soldaten. Amerikaner und die Nato haben muslimisches Land angegriffen. Dies ist ein Krieg, und ich nehme daran teil.»[33] Eine wohlfeile Rechtfertigung, gewiss – und ebenso billig zu haben. Im Januar 2005 beschrieb der «National Intelligence Council», ein Beratergremium der CIA, den Irak als «Magneten für internationale terroristische Aktivitäten» und als wichtigstes Trainingslager für eine neue Generation von Terroristen – lange bevor die «Gotteskrieger» vom «Islamischen Staat» und ihre aus der irakischen Armee rekrutierten Kämpfer in Erscheinung traten.[34]

Krieg gegen den Islam: Beglaubigt wurde dieser Vorwurf durch Nachrichten über einen von Indonesien bis Kuba reichenden Archipel aus Gefängnissen und Lagern. Einige haben es in der internationalen Presse zu trauriger Berühmtheit gebracht: Bagram, Kandahar, Abu Ghraib und allen voran Guantanamo. Namenlos geblieben sind ungezählte «black sites», Geheimgefängnisse in Bulgarien, Mazedonien, Polen, Rumänien, Pakistan, Usbekistan, in der Ukraine sowie im Kosovo und im Norden Afrikas, die von lokalen Behörden im Auftrag der CIA geführt werden. Seit 2001 fahnden US-Geheimdienste und Elitesoldaten mit einer «Worldwide Attack Matrix» in mindestens 90 Ländern nach Verdächtigen, angeblich wurden allein im ersten Einsatzjahr 3000 Menschen interniert. Viele, wenn nicht die meisten hatten sich schlicht zur falschen Zeit am falschen Ort aufgehalten: Der Gewürzhändler aus Kabul, der auch Honig verkaufte und auffiel, weil Honig als eine Haupteinnahmequelle von Al-Qaida gilt; der Jordanier, in Pakistan als Flüchtling anerkannt, dem man unterstellte, als Araber Terroristen kennen zu müssen; der Ingenieur und der Unternehmer aus Russland, die ein neues Leben in einem muslimischen Land beginnen wollten und in Afghanistan zwischen die Fronten gerieten; oder der Deutsche Khaled El-Masri, der Ende 2003 an der mazedonischen Grenze einer Namensverwechslung zum Opfer fiel und wenig später in einer «black site» in Kabul mit den Worten empfangen wurde: «Du bist hier in einem Land, in dem Dich keiner kennt, in einem Land ohne Gesetz. Falls Du stirbst, werden wir Dich beerdigen, und niemand wird etwas bemerken.»[35] Weil die CIA Kopfgelder zwischen 50 und 5000 Dollar für Verdächtige ausgesetzt hatte, beteiligten sich auch afghanische «Warlords» und pakistanische Sicherheitskräfte an der globalen Menschenjagd. Wie Händler auf einem riesigen Menschenbasar traten sie auf, verkauften Hunderte von Unschuldigen in die Gefangenschaft, darunter Kinder, junge Männer sowie über 80jährige, teils demenzkranke Greise.[36]

Die Zustände in den weltweit verteilten Folterkellern, obwohl vielfach beschrieben, spotteten jeder Beschreibung. Häftlinge wurden in Käfige gesperrt, schutzlos der Witterung und Ungeziefer wie Skorpionen und Ratten ausgesetzt. An Zellenwänden angekettet, schliefen sie auf Zementfußböden neben Löchern, die als Toiletten zu benutzen waren. Wer sich auffällig verhielt, etwa nach Hygieneartikeln verlangte, musste mit totaler Isolation in einem anderen Zellentrakt rechnen. Gefangene wurden geprügelt, auf engstem Raum stundenlang mit kaltem Wasser bespritzt, bis zu 180 Stunden mit Schlafentzug gequält oder mit dem «Waterboard», einem simulierten Ertrinken, in Todesängste versetzt. Andere Foltertechniken zielten auf das kulturelle und religiöse Selbstwertgefühl. Deshalb mussten Internierte nackt vor weibliche Vernehmer treten, in deren Beisein masturbieren oder sich von ihnen wie Hunde an der Leine im Kreis führen lassen.

Zum Emblem für Washingtons Schande wurden Fotos aus Abu Ghraib: Nackte Männer, übereinander gestapelt vor grinsenden Wärtern, ein Gefangener, Kapuze über dem Kopf und in einen schwarzen Umhang gehüllt, der mit ausgebreiteten Armen und an Händen und Füßen verdrahtet auf einem Schemel steht – jede Bewegung könnte Stromschläge auslösen, hatte man ihm gesagt. Dass solche Aufnahmen existierten, war Teil der Prozedur. Die Häftlinge würden, so das Kalkül, jede Information preisgeben und nach der Entlassung sogar als Spitzel kollaborieren, wenn sie damit eine Weitergabe der Bilder an Familien und Freunde verhindern konnten. Und dann die endlosen Verhöre. Einige behaupten, an die 200mal befragt worden zu sein – stets angekettet und über Stunden hinweg, eine Zeit, während der sie noch nicht einmal ihre Notdurft verrichten konnten. Ein Mitarbeiter der CIA: «Sie [die Folter] hängt vom Blickwinkel des Betrachters ab. Wenn der Gefangene stirbt, hat man was falsch gemacht.»[37]

Dieser Meinung war auch Vizepräsident Dick Cheney: «Was das Gewissen schockiert, [...] hängt vom Standpunkt des Beobachters ab.»[38] Ein elender Satz und ein ungemein aufschlussreicher Satz, verweist er doch auf Elementares. Welche Exzesse der «Krieg gegen den Terror» wann und wo nach sich zog, die Menschenschinderei nahm ihren Anfang ganz oben – im Weißen Haus, im Pentagon, bei der CIA und im Justizministerium. Dort wurde die Folter angeordnet, gedeckt und gerechtfertigt. Zu diesem Befund kommen journalistische Recherchen, so steht es in Untersuchungsberichten des Kongresses und internen Auswertungen diverser Behörden.[39]

Den Gesetzlosen mit Gesetzlosigkeit begegnen, Politik in der Grauzone betreiben und seinen Feinden signalisieren, dass die USA vor rein gar nichts zurückschrecken, so könnte man die vorherrschende Meinung an der Regierungsspitze charakterisieren. Der Vizepräsident hatte daran mitgewirkt, dass im «Detainee Treatment Act» – vom Kongress 2005 als Regelwerk für den Umgang mit Gefangenen verabschiedet – die CIA von strikten Verhörauflagen ausgenommen wurde. Der Präsident seinerseits legte nach und bestätigte das Recht zum Rechtsbruch: Zum Schutz «nationaler Sicherheit» waren und blieben «erweiterte Verhörmethoden» erlaubt. Bei Beratungen im Weißen Haus malte man sich aus, die Köpfe gefangener Al-Qaida-Terroristen «auf Stöcke aufzuspießen» und «in Schachteln» nach Washington zu bringen. Und nachweislich ging es auf höchster Ebene um konkrete Einzelfälle: Welche Gefangenen sollten wie verhört werden? Dass der Präsident persönlich sein Einverständnis für die Anwendung der Wasserfolter gab, steht fest. Ebenso, dass er in Geheimdienstbesprechungen dem CIA-Direktor George Tenet massiv zusetzte: «Funktionieren einige dieser harten Methoden denn tatsächlich?» – «Wer hat erlaubt, dem Kerl Schmerzmittel zu verabreichen?»[40] Und Mitte April 2003 genehmigte Donald Rumsfeld in einer Ministerdirektive 24 Foltertechniken, darunter Isolation, Schlafentzug, Überhitzen und Unterkühlen von Zellen sowie diverse Maßnahmen zum Auslösen von Angstzuständen.[41] Die juristischen Berater der Regierung benahmen sich wie Fußsoldaten im «Krieg gegen den Terror» und lieferten eine Unbedenklichkeitsbescheinigung nach der anderen. Ob mit der Folter Informationen gewonnen wurden oder nicht, spielte letzten Endes keine Rolle. In den Worten des Journalisten William Pfaff: «Die Administration Bush foltert Gefangene nicht, weil es einen Nutzen hätte, sondern wegen der Symbolkraft.»[42]

Damit wurde Schritt für Schritt und mit Vorsatz alles ausgehebelt, was sich die Staatengemeinschaft nach den Gewalterfahrungen zweier Weltkriege mühsam erarbeitet hatte. Die im internationalen wie auch im amerikanischen Zivil- und Militärrecht verankerten Prinzipien sind von seltener Eindeutigkeit: In Kriegen dürfen feindliche Kämpfer festgenommen und bis zum Ende der Auseinandersetzung interniert werden – aber während ihrer Haft stehen sie unter dem Schutz der Genfer Konventionen aus dem Jahr 1949. Sie dürfen das Verhör verweigern und sind nur zur Nennung von Namen, Alter und Dienstgrad verpflichtet. In nichtkriegerischen Konflikten greifen die Regeln des zivilen Strafrechts: Verdächtige haben das Recht auf einen Anwalt, die Prüfung der Haftgründe obliegt einem Richter und ein unabhängiges Gericht entscheidet darüber, ob die vorgelegten Beweise zur Eröffnung eines Prozesses ausreichen. Und für den Umgang mit Häftlingen – ob Kriegsgefangene oder Zivilinternierte – gilt ein unhintergehbares Verbot der Folter. Gefangene sind unter allen Umständen vor einer Beeinträchtigung der persönlichen Würde, vor erniedrigender und entwürdigender Behandlung, vor physischer und mentaler Drangsalierung und jeder anderen Form der Zwangsausübung zu schützen.

Auf dieses Rechtsverständnis der westlichen Moderne führte Washington einen Frontalangriff, all dies glaubte man mit Spitzfindigkeiten über neuartige Bedrohungen und die Notwendigkeit neuen Denkens erledigen und durch eine neue Maxime ersetzen zu können: Macht steht über dem Recht, wer glaubt, foltern zu müssen, darf foltern. George W. Bush: «Ich entscheide, was für die Exekutive Gesetz ist.»[43]

«Change We Can Believe In» hatte Barack Obama im Wahlkampf versprochen, wenn wir nur wollen, können wir alles ändern, was uns an der Vergangenheit stört. Von den vielen Hoffnungen wog eine besonders schwer – dass Gesetze wieder respektiert und die Schäden im Rechtssystem repariert würden. Tatsächlich wurden die krudesten Expertisen der Folterjuristen für ungültig erklärt und aus dem Verkehr gezogen. Trotzdem trat die Ernüchterung schneller als befürchtet ein. Unrechtmäßig Internierte und Folteropfer hatten weiterhin das Nachsehen, Obamas Justizministerium hintertrieb erfolgreich Klagen vor Bundesgerichten und die Untersuchung einschlägiger Beschwerden. Die Begründung – dass ein Präsident zur Wahrung von Staatsgeheimnissen verpflichtet sei – hätte seinem Vorgänger gut zu Gesicht gestanden.[44]

Aber nicht nur Häftlinge aus Guantanamo blieben rechtlos. Auch den in Afghanistan Einsitzenden wurde eine Haftprüfung von unparteilicher Seite verweigert, weil amerikanische Zivilgerichte für Eingaben aus einer Kriegszone nicht zuständig sind. Ob und wie sich das zuständige Militär über Recht und Gesetz hinweggesetzt hatte, dieses heiße Eisen rührte man erst gar nicht an. Selbst eine strafrechtliche Verfolgung von Tätern – Geheimdienstlern und Militärs, denen Folter vorgeworfen wurde – lehnte Obama ab. «[Sie haben] ihre Aufgabe in gutem Glauben an die juristischen Vorgaben des Justizministeriums erfüllt. [...] Wir haben ein dunkles und schmerzhaftes Kapitel unserer Geschichte durchlebt. Doch in Zeiten großer Herausforderungen und beunruhigender Uneinigkeit ist nichts gewonnen, wenn wir unsere Zeit und Energie nutzlos auf Vorwürfe aus der Vergangenheit verwenden.»[45]

Gleichermaßen anfechtbar war Obamas neue Strategie im «Krieg gegen den Terror». Seit 2010 übergaben US-Truppen in Afghanistan die meisten ihrer Gefangenen an einheimische Behörden – und delegierten damit die Verantwortung für Unterbringung, Behandlung und rechtmäßige Verfahren. Der Bock firmierte als Gärtner. Sodann ging das Pentagon dazu über, Verdächtige erst gar nicht mehr zu inhaftieren, sondern prophylaktisch zu töten – durch ferngesteuerte Drohnen. Die unter Obama befohlenen «Kill Missions» in Pakistan, Afghanistan, Somalia und im Jemen übertrafen die Einsätze zur Amtszeit von George W. Bush um ein Vielfaches. «Wir töten diese Hurensöhne schneller als sie nachwachsen können», prahlte ein Einsatzleiter der CIA.[46]

Wie viele «Hurensöhne» mit Terror nichts zu tun hatten, wann, wo und warum sie hingerichtet wurden, bleibt wohl für alle Zeit im Dunkeln. Der diffuse Hinweis auf Tausende von Opfern vernebelt den Blutzoll in einer blutleeren Statistik. Aber genau darum ging es – um den Probelauf für einen Krieg ohne Lager und ohne lästige Irritationen wie Misshandlung und Folter.

Aufs Ganze gesehen knickte Barack Obama vor der öffentlichen Stimmung im Land ein. Mit einem markanten Kurswechsel hätte er große Teile des Kongresses gegen sich aufgebracht. Genauer gesagt jene Mehrheit der Abgeordneten und Senatoren, die über Jahre hinweg als Gesetzgeber gegen das Gesetz handelten. Beispielsweise als sie die Auslegung der Genfer Konventionen zum bedingungslosen Schutz von Gefangenen in die Hände des Präsidenten legten und völkerrechtlich bindende Bestimmungen zur Knetmasse des Weißen Hauses erklärten. Oder als sie sich gleich zweimal über den Obersten Gerichtshof hinwegsetzten und Gefangenen aus Guantanamo eine Haftprüfung vor Zivilgerichten verbauten, also den unhaltbaren Anspruch der Administration Bush bekräftigten, jedermann wegen Terrorverdachts jederzeit aufgreifen und an jedem Ort der Welt auf unbestimmte Zeit wegsperren zu dürfen – ohne richterliche Verfügung, ohne Widerspruchsrecht, ohne Anklage und ohne Urteil.[47] Noch nicht einmal die im Wahlkampf versprochene Schließung Guantanamos konnte Obama durchsetzen, weil die Gelder zum Aus- und Umbau von Hochsicherheitsgefängnissen in Illinois und Wisconsin blockiert wurden.

Wie es scheint, forderte die maßlose Überzeichnung von Gefahren wieder einmal ihren Preis. Wer in früheren Zeiten – etwa in den 1920er Jahren oder zur Zeit des Kalten Krieges – in Verdacht geraten war, den Feind nicht mit allen Mitteln zu bekämpfen und stattdessen «soft on communism» zu sein, hatte in der Regel seine Karriere verwirkt. Ausweislich zahlreicher Meinungsumfragen ist diese Mutter aller Denunziationsformeln noch immer in Umlauf. Geändert hat sich nur die Etikettierung. «Soft on terrorism» gehört zu den toxischsten Vorwürfen, die man nach «9/11» einem Konkurrenten in der politischen Arena machen kann.

Aufwändige Befragungen des «Pew Research Center» zeigen, dass selbst Nachrichten aus Guantanamo oder Bilder aus Abu Ghraib keinen nachhaltigen Eindruck hinterließen. 2006 waren 55 Prozent der Interviewten der Meinung, die Regierung hätte im «Krieg gegen den Terror» noch drastischer vorgehen sollen,

2008 nahm nur ein Drittel an den Zuständen in Guantanamo Anstoß, von einer Ablehnung extremer Gewalt konnte schon gar keine Rede sein. Zwischen 2004 und 2009 akzeptierten bis zu 75 Prozent die Folter als angemessenes Mittel beim Verhör von Gefangenen.[48] Politiker ernteten, was sie gesät hatten, Popularität und Skrupellosigkeit gingen Hand in Hand. Es war schlicht opportun, wie jemand aufzutreten, der auf einen groben Klotz einen groben Keil setzt und Terroristen mit ihren eigenen Mitteln bändigt. In diesem Sinne kann man Amerikas «Krieg gegen den Terror» auch als Botschaft an sich selbst verstehen: Wir sind nicht verweichlicht, nicht schwach oder wehrlos, wir sind und bleiben unerschrocken, dominant und einzig uns selbst verpflichtet.

Fortsetzung folgt

Die Macht der Angst

«The Past Is But Prologue» steht in Stein gemeißelt über dem Eingang des ehemaligen Hauptsitzes der «National Archives» an der Pennsylvania Avenue in Washington, D. C. «Die Vergangenheit ist nur Prolog»: Für einen jungen Offizier der amerikanischen Luftwaffe sollte dieses Motto zum Leitmotiv seiner zweiten Karriere als Wissenschaftler und Aktivist in der Abrüstungsbewegung werden. Den Anstoß gab eine Nachtschicht vom 24. auf den 25. Oktober 1973, für die der besagte Bruce Blair, damals 26 Jahre alt, auf der Malmstrom Air Force Base eingeteilt war. In der Einöde Montanas bewachten er und seine Kameraden einige Monster des Weltuntergangs, 50 Raketen mit interkontinentaler Reichweite vom Typ «Minuteman», abschussbereit deponiert in Silos, bestückt mit je einem Sprengkopf von der einhundertfachen Vernichtungskraft der Hiroshima-Bombe. Bruce Blair hielt es für einen Routineeinsatz, langweilig wie immer, bis gegen Mitternacht eine Weisung aus Washington einging: Ohne Verzug «DefCon III» aktivieren. «Defense Condition III» ist beim US-Militär die höchste Alarmstufe in Friedenszeiten, die nächst höhere, «DefCon II», bedeutet Mobilmachung für einen unmittelbar bevorstehenden Krieg, «DefCon I» gilt für die Dauer eines Krieges. «Diese Erfahrung», so Blair im Rückblick, «machte mir schlagartig klar, in welcher Geschwindigkeit die Dinge dann ablaufen und dass es in Wirklichkeit keinen Spielraum gibt, einen Befehl in Frage zu stellen. Es machte mir das Ausmaß der möglichen Zerstörung klar, die einfach gigantisch ist.»[1]

Der Anlass für diesen Alarm war der drei Wochen zuvor von Ägypten und Syrien losgetretene Jom Kippur-Krieg, ein Kampf auf dem Sinai und den Golanhöhen, den die israelische Armee nach anfänglich herben Verlusten alsbald zu ihren Gunsten wendete. Ende Oktober ging es um die Modalitäten eines Waffenstillstands und um die Frage, welche Rolle der wichtigste Verbündete Ägyptens, die UdSSR nämlich, dabei spielen sollte. Das war die Ursache für das Rasseln mit dem Nuklearsäbel. Washington machte eine Probe aufs Exempel: Ob sich Moskau einschüchtern ließ, welchen diplomatischen Gewinn undiplomatische Drohgebärden abwarfen, wie das Auftrumpfen choreographiert werden musste. Bekanntlich hielten sich die Sowjets zurück, sie hatten ohnehin nie vor, ihren Einsatz in diesem Konflikt zu erhöhen. Präsident Nixon indes schwärmte vor Journalisten von der politischen Produktivkraft militärischer Überreaktionen.[2] Und machte auf seine Weise die eigentliche Bedeutung von «DefCon III» deutlich: Man würde zum Beweis amerikanischer Macht auch in Zukunft nicht auf das Spiel mit der Angst verzichten, Vergangenes sollte als Prolog für Künftiges verstanden werden. Mit den Konsequenzen – von militärischen Einsatzplänen bis zur Kontrolle über das Atomwaffenarsenal in Krisenzeiten – hat sich Bruce Blair zeit seines Lebens in Studien ohne Verfallsdatum beschäftigt. Auf sie wird zurückzukommen sein.

Fetisch Rüstung

Wenn echte Macht Angst bedeutet, ist von den Mitteln, die andere das Fürchten lehren, das Übelste gerade gut genug. An diesem Merksatz hat sich bis heute in Washington kein Jota geändert, er treibt die Beschaffung von Rüstungsgütern mehr als alles andere voran. Weil Sicherheitsvorsorge auf das Militär fixiert bleibt und Herausforderungen wie Umwelt, Klima oder Gesundheit vergleichsweise stiefmütterlich behandelt werden, können die Streitkräfte verlässlich auf eine vorrangige Behandlung ihrer Interessen setzen. Selbst in Zeiten wirtschaftlicher Schieflage und rückläufiger Einnahmen bleibt es bei der allseits einstudierten Litanei: Wenn die USA nicht über den besten, stärksten und effektivsten Militärapparat verfügen, wird jeder über jeden herfallen und die Welt in ihren bluttriefenden Urzustand zurückfallen.[3]

Beim Blick zurück in die 1990er Jahre mag diese Feststellung überraschen. Unmittelbar nach Ende des Kalten Krieges kürzten die Großmächte ihre Militäretats drastisch, sogar eine dauerhafte Friedensdividende hielten viele für möglich, also eine Umleitung riesiger Geldströme in bedürftige Sektoren des gesellschaftlichen Lebens. Zumindest schien die Gefahr eines menschheitsvernichtenden Atomkrieges gebannt. Die Zahl der auf amerikanischen und russischen Langstreckenraketen montierten oder in Bombern platzierten Nuklearsprengköpfe ging um 61 Prozent zurück, es sah danach aus, als könnten die Vereinigten Staaten und Russland ein dauerhaft niedriges Niveau aushandeln. Dafür standen der 1993 unterschriebene START-II–Vertrag (Strategic Arms Reduction Treaty), der von 2003 bis 2011 gültige SORT-Vertrag (Strategic Offensive Reductions Treaty) und nicht zuletzt der 2010 geschlossene und jüngst bis zum Jahr 2026 verlängerte New START-Vertrag, der beide Seiten verpflichtet, die Zahl der Sprengköpfe auf je 1550 und der Trägersysteme auf je 800 zu reduzieren.[4]

Doch der Schein trog. Um die Jahrtausendwende nahm das internationale Wettrüsten wieder Fahrt auf. Seit dieser Zeit geht es weniger um Quantität als um Qualität. Vorhandenes wird modernisiert, Neues unter Hochdruck erforscht und entwickelt. Mit guten Gründen spricht man von einer technologischen Revolution, die keinen Stein auf dem anderen lässt. Immer mehr Waffensysteme können sowohl mit nuklearen als auch mit konventionellen Ladungen bestückt werden, die Treffsicherheit nimmt rapide zu, Satellitennavigation erlaubt eine punktgenaue Feinsteuerung bunkerbrechender Sprengköpfe, so genannter «smart bombs», gegen jedes erdenkliche Ziel. Die Liste ist schier endlos, was gestern noch Stoff für «Science-Fiction»-Filme war, ist heute Realität. Der neueste Schrei sind «Hyperschallwaffen», die im oberen Bereich der Atmosphäre oder im erdnahen Orbit derart beschleunigen, dass ihre Erfinder von der Überlistung sämtlicher Abwehrsysteme träumen.

Deshalb muten die Bilanzen von Friedensforschungsinstituten wie eine Wiedervorlage von Altbekanntem an. Jahr für Jahr werden Rekordwerte präsentiert, die ebenso unfasslich wie aufschlussreich sind. 2020 standen die USA mit 778 Milliarden US-Dollar Rüstungsausgaben unangefochten auf Platz eins, gefolgt von China mit 252 Milliarden, während Russland mit 61,7 Milliarden hinter Indien Platz vier belegte. Egal, welche Kriterien man zugrunde legt – die nominellen Etats oder die reale Kaufkraft der Budgets, die Aufwendungen für Personal auf der einen Seite, Forschung und Entwicklung sowie militärische Hardware auf der anderen Seite – stets klafft eine gigantische Lücke zwischen den Vereinigten Staaten und dem Rest der Welt. Zu Beginn der 2020er Jahre pumpte Washington so viel ins Militär wie die nächsten zehn Staaten auf der Investorenskala zusammen. Zu diesem Zeitpunkt stellten die USA vier Prozent der Weltbevölkerung, aber 38 Prozent der weltweiten Militärausgaben. Bezieht man die NATO-Partner mit ein, verbrauchte das westliche Bündnis gut die Hälfte des globalen Rüstungshaushalts, auf China entfielen 14 Prozent, auf Russland 3,4 Prozent. Davon abgesehen gibt es, verteilt auf 90 Länder, weit über 800 amerikanische Militärstützpunkte – mehrheitlich für Spezialkräfte, die mal mit, mal ohne Wissen der Regierungen ihrer Gastländer auf Terroristenjagd gehen. Die 50 größten Brückenköpfe erlauben eine massierte Machtprojektion mit Truppen, Flugzeugträgern und U-Booten in praktisch jeden Winkel der Erde.[5]

Gewiss hat auch China hohe Zuwachsraten vorzuweisen, zweifellos übt sich Moskau seit geraumer Zeit im militärischen Muskelspiel. Unterm Strich bleibt jedoch ein stabiler Befund:

Die USA sind kein Akteur unter vielen, sie sind der Turbolader im globalen Rüstungsbetrieb. Energiesicherheit, Cybersicherheit, Rohstoffsicherheit, das Spektrum der in Washington ausgemachten Gefahrenzonen wird zusehends bunter, vor allem aber diffuser. Gleich geblieben ist die Fixierung auf militärische Lösungen und die Kampfstellung gegen abweichende Haltungen. «Die Entmilitarisierung Europas hat sich zum Hindernis für Sicherheit und dauerhaften Frieden im 21. Jahrhundert entwickelt», gab Verteidigungsminister Robert Gates einer Gruppe von Offiziersanwärtern Anfang 2010 mit auf ihren Karriereweg. «Große Teile der Öffentlichkeit und der politischen Klasse stehen militärischer Gewalt und den damit einhergehenden Risiken ablehnend gegenüber.»[6] Auch so lässt sich «America First» buchstabieren: Wer amerikanische Risikoanalysen nicht teilt, solle auf der Hinterbank der Weltpolitik Platz nehmen. Bei der ritualisierten Mahnung an Verbündete, endlich mehr in die gemeinsame Kriegskasse einzuzahlen, geht es nicht so sehr um Dollars oder Euro. Vielmehr vermarktet Washington sein weltanschauliches Modell – die Maxime, dass Gewehre, Panzer und Raketen nicht ein Instrument unter vielen, sondern der wichtigste Inhalt des politischen Besteckkastens sind. Und dass jenen Vorrang gebührt, die sich der einschüchternden Sprache der Macht zu bedienen wissen.

All dies verblasst hinter der Neuauflage eines anderen Vorsatzes: Nämlich die Waffenkammern so zu bestücken, dass im Ernstfall ein Sieg im Nuklearkrieg möglich ist. Daraus macht selbst «Foreign Affairs», das publizistische Flaggschiff außenpolitischer Eliten, keinen Hehl.[7] Dreh- und Angelpunkt ist die Weigerung, sich mit der Tatsache gegenseitiger Vernichtung im Falle eines atomaren Schlagabtauschs abzufinden. Zu Zeiten absoluter amerikanischer Überlegenheit, grob gerechnet zwischen 1949 und 1962[8], setzten die Notfallplaner des Pentagon darauf, mittels eines Erstschlages die Sowjetunion entweder komplett zu entwaffnen oder eine Vergeltung durch die «Enthauptung» ihrer Führung im Keim zu ersticken. Nachdem Moskau das Ungleichgewicht mit einem kostspieligen Kraftakt korrigiert hatte, nistete sich das Hirngespinst eines führbaren Atomkrieges auch dort ein – was Washington zum Vorwand nahm, mit verfeinerter Technik weiterhin der Chimäre namens «Nuclear Primacy» hinterherzujagen. Raketenabwehrsysteme sollten es fortan richten, genauer gesagt die Fähigkeit, sowjetische Flugobjekte in nennenswerter Zahl rechtzeitig abzufangen und einem Zweitschlag die alles zerstörende Wucht zu nehmen. Seit der «Star Wars»-Debatte in den frühen 1980er Jahren sind derlei Ideen atomarer Vormacht in den USA nicht zur Ruhe gekommen. Das Ende des Kalten Krieges hat sie so sehr befeuert, dass eine der wichtigsten Denkfabriken des Landes, die «Federation of American Scientists», im Jahr 2002 die Fortsetzung einer unendlichen Geschichte konstatierte: «Das Nukleararsenal der USA erweckt heute ganz den Anschein, als wäre es noch immer hauptsächlich darauf ausgelegt, Russland mittels eines Erstschlags zu entwaffnen.»[9]

Kein Präsident, keine Regierung hat je ernsthaft versucht, den Kreislauf zu durchbrechen. An großen Gesten fehlte es nicht, aber es waren wohlfeile Versprechen, billig in der Herstellung und folgenlos im Gebrauch. Siehe Barack Obama: Er träumte von einer atomwaffenfreien Welt und segnete gegenläufige Innovationen auf sämtlichen Gebieten moderner Waffentechnik ab. Wohin die Reise seither geht, ist in der «Nuclear Posture Review 2018», einer jährlich vom Pentagon präsentierten Mischung aus Inventur und Zielvereinbarung, nachzulesen. «Tailored Deterrence» lautet das Zauberwort, «maßgeschneiderte Abschreckung». Seit zwei Jahrzehnten im Gespräch, scheinen jetzt die Mittel zur Realisierung dieser Vision in greifbarer Nähe: einerseits Offensivwaffen mit geringer, auf jeden Bedarf zugeschnittener Sprengkraft, andererseits defensive Abfangsysteme, wendiger und vielseitiger einsetzbar als je zuvor. Die Pointe indes ist buchstäblich unerhört, kein anderer Nuklearstaat führt sie in seinem militärischen Portfolio: Im Unterschied zu früheren Szenarien ist nicht mehr die Rede davon, Gleiches mit Gleichem zu vergelten, also Atomwaffen nur dann abzufeuern, wenn andere sie bereits eingesetzt haben oder damit drohen. In der «Nuclear Posture Review 2018» nimmt Washington für sich das Recht in Anspruch, auch auf nicht-nukleare Gefährdungen eine atomare Antwort geben zu dürfen. Oder zu müssen. Welche Umstände damit gemeint sind – Terrorangriffe vielleicht, Cyber-Attacken oder Ähnliches – bleibt in der Schwebe. Und zwar aus der sattsam bekannten Überlegung heraus, dass die Drohung mit einem nuklearen Erstschlag umso besser wirkt, je verschwommener und unberechenbarer sie ist.[10]

«Dieses unersetzliche Gefühl der Angst ist die treibende Kraft jeder Abschreckung. [...] Auf Seiten des Gegners Angst und Unsicherheit zu schüren, war nie und kann niemals ein durch und durch rationales Konzept sein. [...] Das Ergebnis von Abschreckung war nie komplett vorhersehbar und wird es niemals sein. [...] Abschreckung ist dann am effektivsten, wenn sie auf der Gegenseite Ängste schürt. [...] In letzter Konsequenz sollte sie die Angst vor Auslöschung schüren. [...] Die Ängste, die wir bei Gegnern erzeugen wollen, sollten unwiderstehlich, aber nicht lähmend sein. [...] Es schadet uns, wenn wir uns selbst als überaus rational und besonnen darstellen. Der Eindruck, dass einiges außer Kontrolle geraten könnte, kann durchaus nützlich sein, wenn es darum geht, bei den Verantwortlichen eines Widersachers Ängste und Zweifel zu wecken. Dieses unentbehrliche Empfinden von Angst ist das Wesen der Abschreckung. Dass die Vereinigten Staaten bei Angriffen auf ihre unverzichtbaren Interessen irrational und rachsüchtig werden können, dieses Bild von uns sollten wir gegenüber allen Gegnern abgeben. [...] Durch die Drohung mit dem Einsatz von Atomwaffen abzuschrecken, wird weiterhin der wichtigste Teil unserer Militärstrategie sein.»[11]

Mit vorgetäuschter Irrationalität Politik machen und Panik steuern, solche Einfälle gehören zum Repertoire von Intellektuellen, die im Sandkasten der Spieltheorien ihrer Passion fürs Militärische frönen. Man kennt sie auch aus dem Munde von

«Dr. Strangelove», der Hauptfigur in dem gleichnamigen Weltuntergangsthriller von Stanley Kubrick. Und sie sind in Mitschriften von Monologen protokolliert, in denen Richard Nixon über Sinn und Zweck seiner «Madman»-Strategie sinnierte.[12] Im vorliegenden Fall allerdings stammen sie aus einem Memorandum, das im Jahr 1995 vom US Strategic Command in Auftrag gegeben worden war, dem Nachfolgekommando des Strategic Air Command, zuständig für Ausbildung, Ausrüstung und Verwaltung aller atomaren Abteilungen der amerikanischen Streitkräfte. Ob die Freigabe dieser Quelle tatsächlich nur unter Berufung auf den «Freedom of Information Act» erfolgte oder ob der Text vorsätzlich durchgestochen wurde, sei dahingestellt. In jedem Fall erlaubt er einen seltenen Einblick in die Gedankenwelt von Nuklearstrategen. Seit dieser Zeit ist nichts dergleichen bekannt geworden. Aber angesichts der harzigen Vergangenheit ist davon auszugehen, dass heutige Planspiele ihren Vorläufern wie ein Ei dem anderen gleichen.

Seit 2015 greift in den USA das Geraune über «begrenzte Atomkriege» gegen Russland in einer Weise Raum, die an das Kriegsgeheul aus den dunkelsten Tagen des Kalten Krieges erinnert. Von neokonservativen Wortführern bemühte Kraftausdrücke wie «graduelle Eskalation», «dosierte Gewalt», «kontrolliertes Risiko» oder «abgestufte Drohung» verstärken den Eindruck. Marshall S. Billingslea, Sondergesandter für Rüstungskontrolle, stellte kurz vor der Abwahl Donald Trumps klar, worum es eigentlich ging. «Wir wissen, wie man solche Wettrennen gewinnt und wie man den Gegner k. o. rüstet.»[13] Trump selbst fand dafür die ihm zu Gesicht stehende Gossensprache und stellte in Aussicht, mit erdrückenden Militärausgaben «Russland vergessen zu machen».[14] Auch wenn man die Unzurechnungsfähigkeit der damaligen US-Regierung in Rechnung stellt und berücksichtigt, dass Moskau mit der Annexion der Krim den Anlass für Empörung und hochfahrende Emotionen geschaffen hatte, bleibt ein schwer verdaulicher Überschuss: Nämlich der wie selbstverständlich vorgetragene Gestus, zur Disziplinierung anderer berufen zu sein und dieser Berufung tatsächlich nachzukommen – Zwangsmaßnahmen jedweder Art eingeschlossen. So jedenfalls konnte man die in der NATO kursierende Rede von der «existenziellen Bedrohung» durch Russland oder den Appell verstehen, endlich wieder das notwendige Wissen zum Führen eines «totalen Krieges» zu aktivieren.[15]

Die Wirkung derartiger Wortmeldungen auf die Adressaten war den Urhebern entweder egal, oder sie hielten es in selbstgerechter Ignoranz für unmöglich, dass harte Worte als Vorspiel aggressiver Taten interpretiert werden könnten. In diesem Sinne hatte einst Ronald Reagan seine Forderung, die UdSSR auf dem Müllhaufen der Geschichte zu entsorgen, im Nachhinein zu einem Vorwurf an Moskau umgemünzt: Wie kann denn jemand nur glauben, dass wir, die wohlmeinenden Amerikaner, tatsächlich bösartige Absichten hegen?[16] Wahrscheinlich aber ist etwas anderes – das Kalkül, dass die Drohung für bare Münze genommen und folglich eine Gelegenheit bieten würde, aus Verängstigung Kapital zu schlagen, sprich Macht zu mehren.

Tickende Zeitbomben

Welche Konsequenzen in Moskau gemeinhin gezogen wurden, lehrt der Kalte Krieg. Sobald die USA Druck aufbauten, konnten die Hardliner in der Partei und im Sicherheitsapparat ihre Position festigen. Gegen ihre Warnungen, nicht noch einmal einem technologisch überlegenen Feind ausgeliefert zu sein wie im Sommer 1941 und dafür mit über 20 Millionen Toten bezahlen zu müssen, war kein Widerwort überzeugend genug.[17] Unter Stalin hatte man sich auf eine starke konventionelle Streitmacht und einen tiefen «Cordon Sanitaire» in Osteuropa verlassen, Atomwaffen spielten in Moskaus Kriegsstrategien lange Zeit so gut wie keine Rolle. Unter dem Eindruck amerikanischer Fortschritte in der Raketentechnologie setzte Nikita Chruschtschow seit den späten 1950er Jahren die Wende durch. Dass ranghohe

Vertreter der Kennedy-Regierung, ja sogar der Präsident mit Superwaffen und einem nuklearen Erstschlag drohten, war in seinen Augen «ein sehr übler Fehler, für den [sie] werden bezahlen müssen. [...] Es ist an der Zeit, dass man ihnen ihre langen Arme stutzt.» Sagte es und gab eine Parole aus, die bis heute nachwirkt: den Amerikanern eine Dosis ihrer eigenen Medizin zu verabreichen. Wenn es sein musste, gerne auch eine Überdosis.[18]

Die Kündigung des INF-Vertrages illustriert die Volten in einem nimmermüden Kräftemessen. Im Jahr 1987 geschlossen, wurde dieses Abkommen als Türöffner zur atomaren Abrüstung gefeiert. Erstmals hatte man nicht bloß die Menge bestimmter Waffen gedeckelt, sondern die Verschrottung eines kompletten Bestandes vereinbart – aller in Europa stationierten Mittelstreckenraketen mit einer Reichweite von 500 bis 5000 Kilometer. Das schier Unmögliche gelang, weil der sowjetische Parteichef Michail Gorbatschow am Dogma Chruschtschows rüttelte und seine Forderung nach Innehalten und Erweiterung des Blicks durch ein überraschendes Entgegenkommen untermauerte. Hätte er wie seine Vorgänger darauf bestanden, dass die USA zeitgleich die Entwicklung von Weltraumwaffen einfrieren, wäre der Vertrag niemals zustande gekommen.[19]

Warum diesem ersten Schritt keine weiteren folgten, hängt nicht zuletzt mit der «America First»-Politik von George W. Bush und dessen Ankündigung vom Sommer 2002 zusammen, in Polen und Tschechien eine neuartige Raketenabwehr zu stationieren. Damit räumte er das 30 Jahre zuvor im ABM-Vertrag ausgehandelte Verbot derartiger Defensivwaffen beiseite und spielte jenen in Moskau in die Karten, die seit Jahr und Tag eine militärische Einkesselung beklagten – erst durch die Osterweiterung der NATO und danach mittels der Drohung aus Washington, russische Vergeltungswaffen jederzeit abfangen und die Chance auf Gegenwehr minimieren zu können. Alles Weitere fügte sich in bekannte Muster. In Russland machte sich wieder einmal Hysterie wegen amerikanischer Rüstungstechnologie breit. Was insofern nachvollziehbar war, als eine erkleckliche

Zahl von Raketen aus dem Altbestand der Sowjetunion – auch die unverwundbaren auf Unterseebooten – verrottete und das Frühwarnsystem wegen fortgesetzter Fehlalarme seinen Namen nicht mehr verdiente. Anders gesagt: Wer im Kreml vor einer fortschreitenden Verletzlichkeit warnte, hatte die Fakten auf seiner Seite.

Wladimir Putin gab ein Crash-Programm in Auftrag, verlegte erstmals Mittelstreckenraketen in die Enklave Kaliningrad und machte auf jede erdenkliche Weise deutlich, dass auch ihm an bestehenden Abmachungen zur Rüstungskontrolle nicht mehr gelegen war. Weder am Vertrag über konventionelle Streitkräfte in Europa (KSE) noch am INF-Vertrag, der infolge beiderseitigen Desinteresses im August 2019 auslief. Dass die Regierung Trump obendrein das «Open Skies»-Abkommen, also die Erlaubnis zu gegenseitigen Aufklärungsflügen über Militäreinrichtungen, für null und nichtig erklärte, wurde im Strudel dieser Abwärtsspirale kaum noch notiert. «Erstmals in der Geschichte der Atomwaffen müssen wir niemanden einholen», erklärte Putin unter Verweis auf russische «Hyperschallwaffen». «Die anderen führenden Staaten der Welt müssen umgekehrt erst die Waffen schaffen, die Russland jetzt schon hat.»[20] So hatte zuletzt Nikita Chruschtschow Ende der 1950er Jahre mit der dick aufgetragenen Behauptung geklungen, in der UdSSR würden Raketen wie andernorts Bratwürste hergestellt. Ob Putin ebenfalls ein Blender ist, wird sich zeigen. Aber schon jetzt ist eine neue Runde des Wettrüstens eingeläutet, so wildwüchsig und unkontrolliert wie lange nicht.

Unbeschadet des Zutuns anderer Mitbieter kann Washington als Taktgeber in diesem Wettbewerb bezeichnet werden. Ohne die konstant übermäßigen Ausgaben der Vereinigten Staaten, ohne die Impulse ihrer High-Tech-Rüstung und ohne das Kokettieren mit Unberechenbarkeit würden sich die Räder nicht nur langsamer drehen. Vor allem stünden die Chancen für eine korrigierende Intervention deutlich besser. Unter den gegebenen Bedingungen indes mutet die Zukunft wie eine Endlosschleife der Vergangenheit an. Bestimmt von der durch nichts zu erschütternden Überzeugung, dass prall gefüllte Pulverfässer am besten vor Explosionen schützen. Und geprägt von dem unstillbaren Verlangen nach absoluter Sicherheit, einer Haltung, die jenseits des eigenen Lagers Ängste vor absoluter Unsicherheit befeuern muss – oder die Wut auf eine Macht, die keine ebenbürtigen Mächte an ihrer Seite dulden will.

Die große Unbekannte heißt China. Das Bestreben, weltpolitische Ambitionen militärisch zu untermauern, ist am kontinuierlich steigenden Rüstungsetat ablesbar. Wobei der forcierte Ausbau von Kriegsflotte und Luftwaffe kaum auf eine globale Machtprojektion zielt. Im Unterschied zu den USA geht es nicht darum, jede andere Streitmacht der Welt im Kriegsfall zu besiegen, sondern Gegner und Feinde auf Distanz zu halten. Auch belässt man es bislang bei der traditionellen Nuklearpolitik: kein Gleichziehen mit den USA, keine Ausrichtung der Doktrin auf einen Ersteinsatz von Atomwaffen. Sicherstellung eines Gegenschlags unter Extrembedingungen lautet die Vorgabe. Zu diesem Zweck reichen überlebensfähige U-Boote und eine im Vergleich zu den Vereinigten Staaten geringe Anzahl von Sprengköpfen – aktuell 320 statt 3800 auf der anderen Seite. Die entscheidende Frage ist, wie China auf den amerikanischen Modernisierungsschub und die sich abzeichnende Entwertung seines Zweitschlagarsenals reagieren wird. Eingeweihte sprechen von einer zunehmenden Nervosität in Peking.[21]

Vor diesem Hintergrund nimmt das erratische Armdrücken im Pazifik immer bedenklichere Züge an. Zwischen 2016 und 2018 wurden im Ost- und Südchinesischen Meer 18 sehr gefährliche Zwischenfälle verzeichnet, mittlerweile gehen beinahe täglich Meldungen über Scharmützel zwischen amerikanischen und chinesischen Kriegsschiffen ein. Die beiderseits bekundete Sturheit, keinen Zoll nachgeben zu wollen, ist durchaus ernst zu nehmen. Denn gestritten wird um Grundsätzliches: Washington pocht auf Navigationsrechte in internationalen Gewässern und meint die Verteidigung einer traditionellen Hegemonie im Pazifik, China weitet maritime Einflusszonen aus und signalisiert, dass die Tage amerikanischer Dominanz vor seiner Haustür gezählt sind. Jede Seite probiert, wie weit sie gehen kann und wer als erster einknickt. «Games of chicken» nennt man dergleichen im Amerikanischen, Hasardspiele also, bei denen zwei wild Entschlossene aufeinander zurasen und der Tollkühnste auch noch das Ruder über Bord wirft. Mögliche Zusammenstöße sind weder zufällig noch unbeabsichtigt, sie werden fahrlässig und damit billigend in Kauf genommen.[22]

Kaum 100 Tage im Amt, sprach Joe Biden im Duktus seines Vorgängers von einem Ausscheidungskampf zwischen Demokratie und Autokratie, Schwarz und Weiß, Gut und Böse. Und er machte, als wären die Tage des Kalten Krieges nicht längst Geschichte, klar, was der neue Rivale nicht werden darf: «Das führende Land der Welt, das wohlhabendste Land der Welt und das mächtigste Land der Welt. Das wird nicht passieren, nicht mit mir, denn die Vereinigten Staaten werden weiterhin wachsen und expandieren.»[23] Er hätte auch sagen können: Führen dürfen und können nur die USA, wer unsere Kreise stört, den werden wir Mores lehren. Das aber tat nicht not, denn CIA-Chef William Burns hatte diese Ansage längst gemacht: «China zu übertrumpfen wird entscheidend für unsere nationale Sicherheit in den kommenden Jahrzehnten sein.»[24]

Damit aber ist Washington im Begriff, den Kardinalfehler aller Imperien zu wiederholen, die ihren Abstieg klar vor Augen hatten und sich dennoch nicht damit abfinden wollten. Wenn es eine seit der Antike verlässlich wiederkehrende Konstante gibt, dann diese: Wer Macht nicht teilen, sondern mit Zähnen und Klauen verteidigen will, kann Verluste vielleicht vertagen – aber nur um den Preis einer am Ende noch höheren Rechnung. Feindseligkeit und Konfrontation laufen selten ins Leere, gemeinhin werden sie mit gleicher Münze heimgezahlt. Mit Beschwichtigungspolitik oder Flucht vor der Realität hat dieser Ausflug in die Vergangenheit nichts zu tun. Er verweist vielmehr auf unhintergehbare Realitäten der Gegenwart: dass man sich in einer bis in die Kapillargefäße vernetzten Welt weder von China entkoppeln noch ein Paralleluniversum konstruieren kann, in dem nur die eigenen Regeln gelten. Tatsachen anzuerkennen, heißt nicht, vor ihnen zu kapitulieren; oft ist es der einzige Weg, sie zum Nutzen aller zu verändern. Das überhitzte Gerede vom Eindämmen, Ausgrenzen und Kleinhalten Chinas zeigt, wie weit Washington von dieser Einsicht entfernt ist.

An dieser Stelle ist auf den eingangs erwähnten Bruce Blair zurückzukommen. Genauer gesagt auf seine Überlegungen zum Eigenleben politischer und militärischer Kollisionen. Im Oktober 1973, während er in einem Kontrollzentrum der strategischen Luftstreitkräfte Wache schob, deutete nichts auf eine Eskalation zwischen den USA und der UdSSR hin. Im Gegenteil. Beide hatten zu Beginn des Jom Kippur-Krieges zwischen den verfeindeten Parteien vermittelt. Als aber eine Handvoll Akteure in Washington den Einsatz erhöhte und Moskau an den Katzentisch verweisen wollte, schlug die Stimmung binnen Stunden um. Die Nuklearstreitkräfte in hohe Alarmbereitschaft zu versetzen, war ein Spiel mit schwer kontrollierbaren Umständen. Sie hätten, darin waren sich schon die Zeitgenossen einig, leicht außer Kontrolle geraten können. Dass der Kreml Ruhe bewahrte, entdramatisierte das Geschehen. Für einen möglichen Wiederholungsfall war diese Reaktion selbstverständlich ein Muster ohne Wert. Umso wichtiger erscheinen die von Blair aufgeworfenen Fragen: Was geschieht, sobald eine andere Nuklearmacht während einer Krise ihrerseits mobilmacht? Welche Handlungsabläufe sind in Washington für diesen Fall vorgesehen? Wer hat das letzte Wort?

Die Antwort lautet in aller Kürze: Geladen wird zum Tanz auf dem Vulkan. Sämtliche Notfalloptionen des amerikanischen Militärs laufen seit Jahrzehnten auf eine einzige Empfehlung hinaus – «Launch on Warning». Sollte sich im Laufe eines Konflikts der Eindruck verdichten, dass die Gegenseite nukleare Repressalien in Erwägung zieht oder dass gar ein Atomangriff in Vorbereitung ist, dann gilt auf der operativen Ebene nur ein

Grundsatz: Zuschlagen auf Verdacht. Die Alternative – auf Zeit spielen, um Fehlinformationen auszuschließen, abwarten und unter Umständen den Einschlag feindlicher Raketen in Kauf nehmen – wird bis heute als zu risikoreich abgelehnt. Dass derartige Vorgaben für Missverständnisse und Fehlleistungen kosmischen Ausmaßes anfällig sind, liegt auf der Hand. Aber noch nicht einmal die Anfälligkeit für Computerhacker hat zu einem Umdenken geführt. Sobald «Launch on Warning» ausgelöst ist, bleiben bis zum «point of no return», dem nicht mehr korrigierbaren Kipp-Punkt in der Befehlskette, exakt zwölf Minuten. Nur in Hollywoodfilmen werden unter solchen Bedingungen Fehltritte in letzter Sekunde ausgebügelt. In der Realität sorgt allein die kognitive und psychische Anspannung für das Gegenteil.[25]

Bei wem liegt die Entscheidung über Vorpreschen oder Abwarten, über den Ersteinsatz von Atomwaffen oder einen Zweitschlag? Seit Harry S. Truman steht das Verfahren fest. Einzig und allein der Präsident ist dazu befugt, er hat die absolute Autorität, er muss noch nicht einmal eine zweite Meinung einholen. Zweifellos kann er mit Ministern, hohen Militärs oder Spitzenpolitikern des Kongresses Rücksprache halten. Aber er muss es nicht tun. Und falls Berater hinzugezogen werden, haben sie kein Einspruchsrecht, der Verteidigungsminister nicht, der Vorsitzende der Vereinten Stabschefs nicht, Abgeordnete oder Senatoren erst recht nicht. Ihnen obliegt noch nicht einmal, die Weisungen eines Präsidenten zu bestätigen. Egal, was sie tun oder lassen, niemand hat eine Handhabe zur Beeinflussung eines einmal in Gang gesetzten Prozesses. Die Befehlsempfänger auf weit entfernten Stützpunkten zu Land und auf See müssen in Unkenntnis der mentalen und psychischen Verfassung ihres obersten Kriegsherren Folge leisten. Zur präsidialen Machtfülle gehört nicht zuletzt, dass der Regierungschef Einsatzbefugnisse vorsorglich an Kommandeure von Atomeinheiten delegieren darf – Carte blanche für das Szenario eines Totalausfalls der Kommunikation oder sonstiger Widrigkeiten. Womit das Problem aber nicht gelöst, sondern nur auf eine niedrigere Ebene verlagert ist. Denn diese Auserwählten genießen ebenfalls alle Freiheiten, auch sie können sich über jeden Einwand oder ansonsten gültige Vorschrift hinwegsetzen. Ausgerechnet bei der Entscheidung über Leben und Tod von Millionen gibt es keine prüfende Absicherung. Von nuklearem Absolutismus zu sprechen, ist eine Untertreibung. Ein Präsident kann Gott spielen.[26]

Allen anderen bleibt die Zuschauerrolle. Und die Hoffnung, dass zu Zeiten ernsthafter Krisen das Weiße Haus von einer moralisch integren, psychisch stabilen und nervlich belastbaren Person geführt wird. Oder dass die Gegenseite es nicht zum Äußersten treibt und rechtzeitig die Reißleine zieht, wie beispielsweise Nikita Chruschtschow während der Kuba-Krise, oder sich erst gar nicht provozieren lässt, wie Leonid Breschnew zur Zeit des Jom Kippur-Krieges. Auf all dies ist selbstverständlich kein Verlass. Noch dazu steht seit der Wahl des Jahres 2016 fest, dass das politische System der USA keine Sicherungen gegen einen am Rande des Irrsinns taumelnden, selbst zu einem Staatsstreich fähigen Präsidenten bietet. Kurz vor dessen Putschversuch am 6. Januar 2021 kontaktierte die Sprecherin des Repräsentantenhauses, Nancy Pelosi, den Vorsitzenden der Vereinten Stabschefs und erkundigte sich nach den Möglichkeiten, Donald Trump von einem nuklearen Amoklauf abzuhalten. Es war ein verzweifelter, ein hilfloser Schritt. Noch nicht einmal dieser Schock dürfte einem Wiedergänger Trumps den Weg ins höchste Staatsamt verbauen.

Grundsätzlich mutet Washington der Welt also Unerträgliches zu. Szenarien, in denen ein Irrer Zugriff zum Atomknopf haben kann oder Vernünftige vor der Wahl zwischen irren Optionen stehen. Wann, wie und warum Konflikte außer Kontrolle geraten, ist unter diesen Voraussetzungen fast schon eine akademische Frage. Von welcher Seite man das Problem betrachtet, im Grunde bleibt nur ein Ausweg: Die Abschaffung von Atomwaffen.

Selbstnarkotisierung

Einen Fahrplan hat William Perry, ehemals Verteidigungsminister unter Bill Clinton, seit 2015 in mehreren Publikationen vorgelegt. Zunächst sollten die Lunten gekappt werden, die bei weltpolitischen Querelen verlässlich für Nervosität sorgen und Überreaktionen provozieren können. Sprengköpfe von Trägersystemen demontieren, würde mehr Zeit zum Nachdenken und Entscheiden einräumen, explizit den Ersteinsatz von Atomwaffen ausschließen, wäre ein kraftvolles Signal wider Argwohn und Misstrauen. Auf landgestützte Interkontinentalraketen zu verzichten, müsste im nächsten Schritt folgen, sind es doch diese Waffen, die wegen ihrer extremen Verwundbarkeit zum «Launch on Warning» treiben – weil man sie verliert, wenn man sie nicht als erster einsetzt. Zur Androhung existenzieller Schäden braucht man diese Monster ohnehin nicht, diesen Zweck erfüllen ihre unverwundbaren Pendants auf U-Booten. Schlussendlich kommt es allerdings darauf an, die Logik der Abschreckung hinter sich zu lassen – ein Denken, das den Krieg androhen muss, um überhaupt plausibel zu sein und das den Krieg wahrscheinlicher macht, weil es auf immer raffiniertere, scheinbar plausiblere Varianten der Gewaltanwendung zuläuft. Diese intellektuelle Umkehr erst, so Perry, bringt eine atomwaffenfreie Welt in Reichweite.[27]

Die meisten und größten Hürden stehen in den USA. Russland, China, Nordkorea und die anderen Mitglieder im Atomklub würden sich ebenfalls sträuben, in den Vereinigten Staaten indes finden Debatten über nukleare Abrüstung in einem Reizklima ohnegleichen statt. In den Worten von Joseph Cirincione, ehemaliger Unterhändler in den Atomgesprächen mit dem Iran und Mitarbeiter diverser außenpolitischer Denkfabriken: «Wir können die Welt nicht ändern, ehe wir uns nicht selbst ändern. Denn [bei uns] sind die Triebfedern […] zum Erwerb nuklearer Waffen ausgesprochen stark und die Gegenkräfte ausgesprochen schwach. In den Vereinigten Staaten ist das Atom unmittelbar mit dem nationalen Selbstbild verwoben, möglicherweise mehr als in jedem anderen Land. […] Wer irgendein Rüstungsprogramm in Frage stellt, setzt sich sofort dem Verdacht einseitiger Abrüstung aus.»[28] Überlegenheitsphantasien und Verlustängste, Machthunger und Nationalismus, Technikbegeisterung und Machbarkeitswahn, wie diese Zutaten verteilt sein mögen, steht dahin. In ihrer Summe aber ergeben sie ein gegen Veränderungen immunisierendes Gebräu.

Dazu ein markantes Beispiel aus den 1980er Jahren. Unter dem Eindruck anhaltender Drohgebärden der Regierung Reagan und einer dramatischen Verschlechterung der Beziehungen zur UdSSR analysierte Bruce Blair das nukleare «Command and Control». Wie sein Auftraggeber, das «Office of Technology Assessment» des Kongresses, wollte er Näheres über die Modalitäten der Freigabe von Atomwaffen in Erfahrung bringen: Wer in den Entscheidungsprozess eingebunden ist, ob es Brandmauern gegen illegale Befehle gibt, welche Automatismen unter welchen Bedingungen greifen. Eigentlich sollte es eine Vorlage für Verbesserungsvorschläge werden. Doch daraus wurde nichts. Den zuständigen Stellen im Pentagon missfiel Blairs Abhandlung, er hatte zu viel Haarsträubendes offengelegt und insbesondere auf das gedankenlose Ausblenden krisentypischer Unwägbarkeiten hingewiesen. Also wurden sämtliche Exemplare eingezogen und vernichtet. Kein Parlamentarier, niemand aus den Reihen derer, die qua Amt für eine Kontrolle der Streitkräfte zuständig sind, bekam Blairs Arbeit je zu Gesicht.[29]

Damals weithin unbeachtet, verweist dieser Vorgang auf ein mittlerweile wuchtiges Problem – die mangelhafte Zivilaufsicht über das Militär. Noch fehlen qualifizierte Langzeitstudien, jedoch sprechen die von politischen Kommentatoren ausgemachten Indizien für sich. Sie können unter dem Stichwort «Politisierung der Uniformierten» zusammengefasst werden. Nicht genug damit, dass zivile Mitarbeiter im Verteidigungsministerium auf randständige Positionen abgeschoben werden und

Schlüsselaufgaben – Stellenplanung und Personalpolitik, Ausarbeitung von Denkschriften, Zugang zu Staatssekretären und Ministern – mehr und mehr auf Militärangehörige übergehen. Offiziere verstoßen zusehends und, wie es scheint, mit Vorsatz gegen das politische Neutralitätsgebot ihrer Profession. Besonders spektakuläre Interventionen dringen nach außen, beispielsweise die Art und Weise, wie eine Gruppe von Generälen um David Petraeus und Stanley McChrystal in den Jahren 2009 und 2010 eine Aufstockung des Truppenkontingents in Afghanistan durchdrückte – hart an der Grenze zur Insubordination und getragen von einem Selbstwertgefühl, das von inflationiertem Standesdünkel kaum noch zu unterscheiden war. Einmischungen in Wahlkämpfe oder andere politische Tagesgeschäfte sind ebenfalls für Schlagzeilen gut. Die meisten Weichenstellungen bleiben hingegen unbemerkt. Geräuschlos vorbereitet und umgesetzt, unterspielen sie das Gefüge republikanischer Gewaltenteilung.[30]

Umso erstaunlicher ist der geringe bis nicht vorhandene Widerstand gegen derlei Übergriffe. Erpicht auf ein positives Echo in der Öffentlichkeit, buhlen Politiker nachgerade um die Gunst von Militärs. Sie suchen ihre Nähe bei Fototerminen, halten Grundsatzreden lieber in Militärakademien wie West Point als an Universitäten und versuchen Wähler mit dem Hinweis auf exzellente Kontakte zu den Streitkräften für sich einzunehmen. Letzteres erklärt ungewöhnliche Entscheidungen der Präsidenten Trump und Biden. Den Chefsessel im Pentagon vorzugsweise mit Zivilisten zu besetzen, wie es nach 1945 Usus war, spielte bei der Bildung ihrer Kabinette keine Rolle. Beide machten ehemalige Generäle zu Verteidigungsministern und ignorierten den Grundsatz, dass zwischen der Berufung auf ein politisches Amt und der Pensionierung beim Militär eine Schon- oder Anstandsfrist von mindestens sieben Jahren liegen sollte – um nicht den Eindruck von Interessenkonflikten und Vetternwirtschaft aufkommen zu lassen. Seitens des Kongresses gab es keine ernsthaften Einwände. Offenbar ließen sich die Abgeordneten weniger von Prinzipien als von politischen Instinkten leiten. Will heißen: Von der Rücksicht auf Stimmungen in der Wählerschaft.[31]

Meinungsumfragen dokumentieren seit langem eine Vergötzung des Militärs. Wie aus den von Gallup und anderen Forschergruppen erhobenen Daten hervorgeht, genießen die Streitkräfte das mit Abstand größte Ansehen aller staatlichen Institutionen – weit vor dem generell verhassten Kongress, aber auch mit erheblichem Vorsprung gegenüber dem Obersten Gerichtshof. Eine Mehrheit hält Soldaten darüber hinaus für die einzig wahren Patrioten. Was umgekehrt bedeuten kann, jedwede Kritik am Militär in die Nähe unamerikanischer Umtriebe zu rücken. Eine Ablehnung von Auslandseinsätzen ist mit dieser Haltung durchaus vereinbar. Zumindest solange, wie der Eindruck vorherrscht oder erzeugt werden kann, dass Politiker aus rein egoistischen Motiven das Leben von Soldaten aufs Spiel setzen. Wer einen Rückzug aus Übersee fordert, hat deshalb noch lange keine antimilitaristische Wende vollzogen. Von wegen Isolationismus oder Abkehr von der Weltpolitik. Nicht darum geht es, sondern um die Unterstellung, es bei Politikern vornehmlich mit inkompetenten, unverantwortlichen Zeitgenossen zu tun zu haben. Deshalb bleibt der Appell verfänglich, alles Militärische dem Militär zu überlassen und im Umgang mit Feinden keine der üblicherweise faulen Kompromisse einzugehen. «Get out or win» lautet die populäre Parole: Entweder für einen raschen Sieg alles auf eine Karte setzen oder sich gar nicht erst einmischen. Verlieren ist keine Option.[32]

Dazu passen hemdsärmelige Aussagen über einen Einsatz von Atomwaffen. Mehrere tausend Probanden wurden vor einigen Jahren in aufwändigen Interviews mit der Frage konfrontiert, ob Washington in einem sich zuspitzenden Konflikt Nukleargeschosse zwecks Rettung amerikanischer Truppen abfeuern sollte. Auch wenn der Feind nicht zu den Atomstaaten gehört? Und selbst dann, wenn auf der Gegenseite eine erhebliche Zahl von Zivilisten geopfert würde? Knapp 60 Prozent – Männer und

Frauen zu gleichen Teilen – antworteten mit «ja». Für die Sicherheit von 20000 GIs sage und schreibe zwei Millionen Zivilisten des Feindes zu töten, galt als hinnehmbar. Der Hinweis, dass man in diesem Szenario mit diplomatischen Mitteln, aber deutlich mehr Zeitaufwand ebenfalls zum Ziel kommen könnte, änderte nichts am Meinungsbild. In anderen Worten: Sobald Atomwaffen einen schnellen Erfolg in Aussicht stellen, müssen sie ohne Verzug eingesetzt werden, unabhängig von anderen Optionen und ungeachtet der Verluste an Menschenleben.[33]

Über die Reichweite derartiger Befragungen lässt sich trefflich streiten. Ob Erhebungen in anderen Ländern zu ähnlichen Ergebnissen führen würden, ist offen. Wie die Reaktion ausgefallen wäre, hätte man nicht den Iran, sondern einen anderen Staat als Feind benannt, kann mangels einschlägiger Daten ebenso wenig gesagt werden. Bei aller Vorsicht ist eines aber festzuhalten: Das «nukleare Tabu», eine nachhaltige und bedingungslose Ablehnung des Einsatzes von Atomwaffen, findet in den USA nur bei einer Minderheit Anklang. Die Mehrheit scheint mit nuklearer Vergeltung kein Problem zu haben, egal, ob die Vereinigten Staaten angegriffen werden oder nicht, einerlei, wer der Feind ist und unbeschadet aller Konsequenzen. Sobald eigene Truppen in die Bredouille geraten, nimmt das Bedürfnis nach einem entscheidenden Schlag überhand – unterfüttert von der Sorge um Gesichtsverlust und politische Degradierung. Tabuisiert ist weniger die Kriegsführung mit Atomwaffen als vielmehr der Gedanke an eine nuklear entkernte Kriegsmaschine. Und das in einer Gesellschaft, die ihren weltpolitischen Abstieg nicht wahrhaben will und sich an dem Getöse einer Wiedergeburt im Geiste von «America First» berauscht.

Das Fazit aus alledem: Die Hoffnung auf Selbstkorrektur kann niemand kategorisch verwerfen. Sie für naiv zu halten, dürfte der Realität indes näherkommen.

Nachwort

Gedanken zu einer Unabhängigkeitserklärung

Post aus Washington: «Sehr geehrter Herr Sievers und sehr geehrter Herr Ostenberg, [...] dieser Brief ist ein formeller rechtlicher Hinweis, dass die Waren, Dienstleistungen und Unterstützung [für das Nord-Stream-2-Projekt] mit dem Risiko verbunden sind, dass unsere Regierung vernichtende rechtliche und wirtschaftliche Sanktionen gegen die Fährhafen Sassnitz GmbH, gegen den Hafen Mukran, gegen ihre Vorstandsmitglieder, leitenden Angestellten, Aktionäre und Mitarbeiter verhängen wird. Diese Sanktionen beinhalten möglicherweise verheerende Maßnahmen, welche die Fährhafen Sassnitz GmbH wirtschaftlich und finanziell von den Vereinigten Staaten abschneiden werden. Für die Fährhafen Sassnitz GmbH besteht die einzig verantwortliche Reaktion darin, von allen ihren vertraglichen Optionen zur Beendigung dieser Aktivitäten Gebrauch zu machen. Die Vereinigten Staaten verfügen über eine breite Palette von Sanktionen und Richtlinien gegen das Nord-Stream-2-Projekt, und langjährige Bemühungen beider Parteien [der Demokraten und Republikaner], beider Kammern [des Kongresses] und verschiedener Ressorts [der Exekutive] sowie ein Konsens der gesamten Regierung verdeutlichen, dass die Pipeline verhindert werden muss. Am 20. Dezember [2019] trat das Bewilligungsgesetz zur Nationalen Verteidigung [...] in Kraft. Das in Absatz LXXV dieser Vorlage enthaltene Gesetz zum Schutz von Europas Energiesicherheit (PEESA) verpflichtet den [amerikanischen] Präsidenten zur Verhängung breitgefächerter Sanktionen gegen Ausländer oder Firmen, die Schiffe für die Verlegung von Unterwasserpipelines im Rahmen des Nord-Stream-2-Projekts zur Verfügung stellen. Die Sanktionen sind zwingend vorgeschrieben, und es gibt bei ihrer Verhängung keinen Ermessensspielraum. […] Den Vorstandsmitgliedern, leitenden Angestellten und Aktionären der Fährhafen Sassnitz GmbH wird die Einreise in die Vereinigten Staaten untersagt, und jegliches Eigentum oder jegliche Eigentumsbeteiligung, die sie in unserem Zuständigkeitsbereich haben, wird eingefroren. […] Allen amerikanischen Bürgern und Firmen wird jedwede Geschäftsbeziehung mit den genannten Personen oder mit der Fährhafen Sassnitz GmbH untersagt. […] Der Fährhafen Sassnitz GmbH und ihren Vorstandsmitgliedern, leitenden Angestellten, Aktionären und Mitarbeitern wird der Zugang zu den Vereinigten Staaten verwehrt. Diese Sanktionen sind bindend und treten mit sofortiger Wirkung in Kraft. […] In Ihrem Fall sind irgendwelche Bona-Fide-Ausnahmen schwer vorstellbar. Der US-Regierung ist bewusst, dass die Nord-Strem-2-Pipeline kurz vor der Fertigstellung steht, und sie sieht darin eine massive Gefährdung der Energiesicherheit Europas und der nationalen Sicherheit der Vereinigten Staaten. […] Regierung, Kongress und beide Parteien stehen gemeinsam zu ihrer Verpflichtung, die Fertigstellung der Pipeline zu verhindern und die genannten Gefahren unbedingt abzuwehren. […] Wenn Sie weiterhin Waren, Dienstleistungen und Unterstützung für das Nord-Stream-2-Projekt bereitstellen […], würden Sie das zukünftige finanzielle Überleben Ihres Unternehmens zerstören. Währenddessen würden Sie die Anlegerwerte Ihrer Aktionäre vernichten und ganz gewiss Aktionärsklagen in Milliarden-Dollar-Höhe wegen der Verletzung Ihrer Treuepflicht entgegensehen. Wir fordern Sie mit Nachdruck zu sofortigen Maßnahmen auf, um diese Szenarien abzuwenden. Ted Cruz (US Senator), Tom Cotton (US Senator), Ron Johnson (US Senator), United States Senate, Washington, D.C, 5. August 2020.»[1]

Ein Schreiben dreier US-Senatoren, gehalten im Ton eines Schlägertrupps, rüpelhaft, herrisch, bellend und damit auf der

Wellenlänge von Donald Trump. Ein Schreiben, das lange vor dem Giftanschlag auf Alexander Nawalny und lange vor den neuerlichen Störmanövern des Kremls während der amerikanischen Präsidentschaftswahl aufgesetzt wurde. Man kann die Ignoranz – etwa den Hinweis, dass eine dem Land Mecklenburg-Vorpommern gehörende GmbH auf Aktionäre Rücksicht zu nehmen hat – belächeln oder sich über die Einmischung in die Souveränität Deutschlands echauffieren, man darf getrost von wirtschaftlicher Kriegsführung sprechen und die Schadensandrohung gegenüber hunderten Mitarbeitern eines Unternehmens für mafiös halten. Man sollte sich darüber empören, dass einer der Briefeschreiber, Senator Ted Cruz, für seine Lobby-Tätigkeit von amerikanischen Öl- und Gasfirmen fürstlich entlohnt wird – 765 000 Dollar waren es allein im Jahr 2018.[2] Und man muss zu einem gesamteuropäischen Widerstand raten, weil auch andere Unternehmen auf dieselbe Art bedroht wurden, beispielsweise die Schweizer Firma Allseas, die dem Druck nicht gewachsen war und die Verlegearbeiten für die Pipeline einstellte.[3]

Nur eines sollte man nicht tun: Diese Vorgänge allein einer tobsüchtigen, in jeder Hinsicht aus dem Leim gegangenen Regierung oder ihren Höflingen zuschreiben. Wenn nämlich Donald Trump das Problem gewesen wäre, hätte der Rest der Welt kein Problem gehabt. Besser gesagt ein geringeres, weil zeitweiliges Problem.

Alles andere als vorübergehend ist die überparteiliche Frontstellung gegen Nord-Stream-2. Republikaner wie Demokraten stehen dahinter, Präsident Joe Biden ebenfalls, ein im Dezember 2020 von beiden Kammern des Kongresses verabschiedeter Gesetzentwurf schlug eine nochmalige Verschärfung der Strafmaßnahmen gegen beteiligte Unternehmen vor. Diese Einigkeit hat eine jahrzehntelange Vorgeschichte. 1962 setzten die USA im westlichen Bündnis ein Röhrenembargo durch und unterbanden damit den Import von Gas und Öl aus der UdSSR.[4] Dass Bundeskanzler Willy Brandt Anfang der 1970er Jahre dennoch eine Energiepartnerschaft mit der UdSSR auf den Weg brachte, ist der Unerschrockenheit seiner Regierung und einer außenpolitischen Überbeschäftigung Washingtons mit dem Krieg in Vietnam geschuldet. Jedenfalls liefen die angedrohten Sanktionen ins Leere. 1982 unternahm Ronald Reagan einen weiteren Versuch, um den Ausbau westdeutscher Erdgas-Röhren-Geschäfte mit der Sowjetunion zu sabotieren. Auch er scheiterte, diesmal am Widerstand der Regierungen in Bonn, Paris und London.[5] Was Trump von seinen Vorgängern und Nachfolgern unterschied, war der aggressive Ton und das kindische Geschwätz von amerikanischem «Freiheitsgas», das er Deutschland anstelle der – nebenbei bemerkt: billigeren – Lieferungen aus Russland andrehen wollte.

Bei dem ganzen Tam-Tam ging es nicht um die Vor- und Nachteile von Nord-Stream-2. Vermutlich hätte Washington auch ohne das Vorpreschen Russlands im Donbass oder andernorts Krach geschlagen. Lehrreich ist hingegen der jenseits des Atlantiks gepflegte Gestus: Wir bestimmen, was für Europa und Deutschland gut ist, wir wissen am besten, wie man Sicherheit herstellt und garantiert, wir haben die nötige Erfahrung und können abwägen, wann der Zeitpunkt zur Konfrontation mit Rivalen und Feinden gekommen ist. Was den Betreibern des Fährhafens Sassnitz oder der Staatskanzlei Schwerin im Detail um die Ohren gehauen wird, ist eigentlich nebensächlich. Ungleich schwerer wiegt die Frage, wer künftig mit welchen Ideen den Takt auf der großen Bühne vorgibt. Dass Joe Biden den Konflikt um das Erdgasgeschäft nicht auf die Spitze treiben wollte, passt zu dieser Lesart. Er legte die angedrohten Sanktionen aus taktischen Gründen auf Eis, weil er sich davon einen strategischen Vorteil versprach. Als Preis für Washingtons Großmut soll Deutschland einem von den USA geführten Block gegen China beitreten.[6]

Sieben Jahrzehnte Erfahrung mit amerikanischer Ordnungspolitik blamieren Washingtons Anspruch auf Führung im 21. Jahrhundert. Dieser Schluss drängt sich angesichts der vorliegenden Schadensbilanz auf. Und er ist unumgänglich, weil die taktgebenden Leitideen nach wie vor dieselben sind. Anders gesagt: Weil Zukunft nicht mit antiquierten Instrumenten aus der Vergangenheit gestaltet werden kann – es sei denn zu einem monströsen Preis.

Aus der Zeit gefallen ist der engstirnige Nationalismus, eine ins Metaphysische aufgeblähte Vorstellung vom eigenen Auserwähltsein. Diplomaten sprechen von einer «Politik der freien Hand».[7] Gemeint ist eine Vergötzung des Eigeninteresses und der damit verknüpften Anspruchshaltung: Die USA dürfen sich bei der Durchsetzung ihrer Interessen alle Freiheiten nehmen und sind frei von der Verantwortung für die Folgen ihres Handelns. In diesem Sinne kann man Rücksichtslosigkeit oder die Gewinnmaximierung auf Kosten Dritter als Signatur amerikanischer Weltpolitik bezeichnen.[8] Ein schonender Umgang ist jenen Partnern und Verbündeten vorbehalten, die als politische oder militärische Brückenköpfe nützlich sind. Der Rest hat das Nachsehen und muss die Konsequenzen tragen. Das Prinzip der Gegenseitigkeit und des Angewiesenseins auf Dritte kommt in diesem Weltbild nicht vor. Oder es spielt eine nachgeordnete, von taktischen Erwägungen bestimmte Rolle. Wo Solidarität und Bereitschaft zum Verzicht ihren Platz haben sollten, wuchert der Negativismus. Genauer gesagt die Furcht, dass von anderer Seite Forderungen vorgetragen werden könnten, die nur durch Abstriche vom Eigennutzen zu befriedigen sind. Nach diesen Kriterien funktioniert das uralte Nullsummenspiel: Der Gewinn der einen Seite bedeutet unweigerlich einen Verlust der anderen Seite, entweder man bereichert sich auf Kosten der Konkurrenz oder man steht als Verlierer da, selbst bei Kompromissen empfiehlt es sich, mehr herauszuschlagen als das Gegenüber. Universalistisch nur dem Namen nach, fehlt diesem Denken der Bezug zum globalen «common good». Provinziell verengt, ignoriert es den Umstand, dass eigenes Wohlergehen vom Wohlergehen anderer abhängt und dass, wer andere schädigt, sich selbst großen Schaden zufügt.[9]

«Us against them», entweder Ihr seid für uns oder gegen uns – ein Satz von George W. Bush, der allen Kapiteln amerikanischer Ordnungspolitik gut zu Gesicht steht.[10] Denn tatsächlich agiert Washington, als bräuchten die Vereinigten Staaten ständig irgendwelche Feinde und als wüssten sie ohne Feindstellung nicht, wer sie sind und wo ihr Platz in der Welt ist. Die Dramatisierung von Gefahren und das Herbeireden von Ausnahmezuständen gehört zu den Bindemitteln dieser Art Außenpolitik. Stichwort NATO: So hält man Bündnisse auch über die Zeit ihres Verfallsdatums zusammen, so lässt sich militärische Vormacht nutzen, um politische Gefolgschaft, wenn nicht Vormundschaft einzuklagen. Insofern lag es nahe, den ewigen Feindverdacht über das Ende des Kalten Krieges hinaus zu konservieren. Wenn aber Feinde immerzu zur Stiftung von Identität benötigt werden, bleibt der bekannte Kreislauf sich selbst erfüllender Prophezeiungen auch künftig in Schwung. Allerdings mit einem gravierenden Unterschied. Im Fall der UdSSR hatte man es mit einem schwachen Feind zu tun, der Stärke simulieren musste, um seine Schwächen zu kaschieren. Ein zum Feind erklärtes China wird einen derartigen Mummenschanz nicht nötig haben. Darin liegt das Explosive von Washingtons Anachronismus.[11]

Sicherheit, Wohlstand und Ordnung vom Militärischen her zu verstehen, ist Voraussetzung und zugleich Folge dieses Blicks. Ob Krieg als erstes oder letztes Mittel zur Selbstbehauptung gilt, ist eine müßige Frage. Krieg bleibt ein Instrument zu jeder Zeit und unter allen Umständen, die bloße Idee, jetzt oder irgendwann darauf verzichten zu können, verbietet sich. Und zwar aus einem für Washington unantastbaren Grund: Zwang und Glaubwürdigkeit, Drohung und Dominanz, Einschüchterung und Durchsetzungsvermögen sind Zwillinge, man kann das eine nicht von dem anderen trennen. Deshalb läuft das Nachdenken über Zusammenhalt und Zusammenleben beinahe zwanghaft auf ein Reden über Krieg hinaus. Krieg steht im Rang einer unentbehrlichen, ewigen Wahrheit, er ist das Vademekum jeder Politik – unablässig wird Krieg geführt, gegen den Terror, gegen Armut, gegen Drogen. Zivile Varianten der Überbrückung von Konflikten sind deshalb nicht mit einem Bannstrahl belegt. Doch sie stehen in asymmetrischer Konkurrenz zu einer Vorstellung von Frieden, der prekär bleiben muss, weil er auf Gewalt gründet und nur zu eigenen Bedingungen zu haben ist.[12]

Wie die Welt ohne amerikanische Führung ausgesehen hätte, vermag niemand zu sagen. Geschichte kennt keinen Konjunktiv, nur Fakten. Und der Einwand, dass Washingtons Auftritt sich im Grundsatz von der Politik anderer Großmächte seit der Antike nicht unterscheidet, mag faktisch zutreffen. Aber er geht am Kern des Problems vorbei. An der Frage nämlich, ob eine Fortschreibung dieser Tradition wünschenswert und zumutbar ist. Der Verweis auf unbestreitbare Verdienste der Vereinigten Staaten – etwa Deutschlands zweite Chance im Jahr 1945 – hilft dabei nicht weiter. Er ändert nichts an dem aus globaler Perspektive überzeugenden Befund: «Made in Washington» war meistens ein Teil des Problems und selten dessen Lösung.

Doch woran könnte sich eine Diskussion über Auswege aus der Malaise orientieren? Wenn es weit und breit niemanden gibt, dem man die Führung anvertrauen möchte, ohne sehenden Auges vom Regen in die Traufe zu wechseln? Was wären seriöse Alternativen? Es scheint an der Zeit, den Blick zu weiten und das endlose Räsonieren über Führung, Hierarchie und Machtvakuum hinter sich zu lassen. Dafür muss das Rad nicht neu erfunden werden. Es genügt, sich Vergessenes in Erinnerung zu rufen und Überwuchertes freizulegen.

Der Vorschlag zur Kehrtwende firmiert unter einem bekannten Begriff: Gemeinsame Sicherheit. Er wurde 1940 erstmals zu Papier gebracht, von Willy Brandt im norwegischen Exil und in einem Buch über Europas Zukunft nach dem Krieg, das ursprünglich im Osloer «Tiden»-Verlag erscheinen sollte, wegen des deutschen Überfalls auf das neutrale Norwegen aber nicht ausgeliefert werden konnte. «So, wie die individuelle Freiheit in einem demokratischen Staat mit den gesellschaftlichen Interessen koordiniert werden muss, so müssen auch die Entscheidungen der einzelnen Nationen darauf Rücksicht nehmen, dass sie Bestandteil einer größeren Gemeinschaft sind. Die *gemeinsame* Sicherheit muss das entscheidende Prinzip werden. [...] [Es] schließt ein, dass man über die primitive Auffassung hinausgelangt, die besagt, dass man die eigene Sicherheit nur im Kampf gegen andere behaupten könne. Die viel solidere Sicherheit ist die zwischen den Völkern, die auf Existenzrecht und Lebensinteressen aller Nationen Rücksicht nimmt.»[13] In einem Satz: Sicherheit gibt es nicht mehr voreinander, sondern nur noch miteinander, die Sicherheit des Gegners ist Teil der eigenen Sicherheit, alle verlieren zusammen, wenn sie nicht gemeinsam gewinnen wollen.

Eingeschrieben in diese Vision einer runderneuerten Sicherheitspolitik ist die Überzeugung, dass sich jeder Konflikt im Inneren wie im Äußeren zivilisieren lässt – sofern eigene Interessen nicht absolut gesetzt werden und solange die Bereitschaft besteht, beharrlich nach Lösungswegen zu suchen, egal, wie lange es dauert. Im Grunde wird eine Choreographie der kleinen Schritte vorgelegt. Man könnte auch von einem Katalog des produktiven Verzichts sprechen. Oder der zu erwartenden Gewinne, wenn man auf Gesten der Demütigung, auf die Sprache des Verdachts und die Rituale des Misstrauens verzichtet. Nach Gratifikationen zu suchen, von denen alle Konfliktparteien profitieren, mag langwierig und aufwändig sein, auf lange Sicht ertragreicher als reflexartiges Bestrafen ist es in jedem Fall. Dass dergleichen nur mit der Anerkennung eines allseits verbindlichen Regelwerks zu haben ist, versteht sich von selbst. Das Regelwerk heißt Recht, es schließt Selbstermächtigung, mithin das Recht des Stärkeren, kategorisch aus. In alledem gründet «Gemeinsame Sicherheit», daraus bezieht sie ihren Anspruch auf Umkehr.[14]

Untergepflügt in den ersten Jahrzehnten des Kalten Krieges, wurden die Ideen zur «Gemeinsamen Sicherheit» in den frühen 1970er Jahren wiederentdeckt. Willy Brandt, Egon Bahr, der schwedische Premierminister Olof Palme und der österreichische Kanzler Bruno Kreisky hießen die damaligen Impulsgeber. Ihr Ziel: Eine Politik, die im Frieden fortwährend Krieg spielt, zu ersetzen durch einen Prozess, an dessen Ende die Kriegsgefahr so weit wie möglich eingedämmt ist. «Krieg ist nicht mehr die ultima ratio, sondern die ultima irratio», wie es Willy Brandt bei der Entgegennahme des Friedensnobelpreises im Dezember 1971 formulierte.[15] Ein Satz, der die Lebenslüge einer Generation von Sicherheitsideologen zum Einsturz brachte – die Überzeugung, dass Massenvernichtungswaffen irgendeinen anderen Zweck erfüllen könnten, als massenhaft zu vernichten. Damit stand zugleich die Doppelstrategie der NATO und deren spannungsgeladenes Nebeneinander von militärischer Abschreckung und politischer Entspannung in Frage. Und zwar aus einem einfachen Grund: Man kann das eine nicht wollen, ohne das andere zu ruinieren. Weil sie auf Misstrauen fußt und noch mehr Misstrauen sät, untergräbt Rüstung das Fundament jeder Friedenspolitik, nämlich Vertrauen. Auf dem Weg zur «Gemeinsamen Sicherheit» aber kommt man nur durch Berechenbarkeit und Zuverlässigkeit weiter. Konkret: Wenn der diplomatischen Regulierung von Konflikten eine höhere Wertigkeit beigemessen wird als Investitionen ins Militär und wenn Sicherheit in der Hauptsache als politische Herausforderung verstanden wird.

Gewaltverzicht und einschneidende Abrüstung sind die unhintergehbare Konsequenz. Egon Bahr: «Gewaltverzicht verlangt, dass es keinerlei Interessen geben sollte, keinerlei ungelöste Fragen, keine konfliktträchtigen Probleme, die den Einsatz von Gewalt rechtfertigen.»[16] Und Abrüstung verlangt mehr als eine Kontrolle von Waffensystemen und anderes als ein Geschacher um Obergrenzen. Sie muss die Speerspitzen brechen und Streitkräften die Fähigkeit zum Angriff nehmen – also «strukturelle Nicht-Angriffsfähigkeit» zum Ziel haben, um den einschlägigen Begriff der 1970er und 1980er Jahre zu zitieren. Andernfalls verfehlt sie ihren Zweck.

Den Schlussakkord setzte wiederum Willy Brandt in seiner Funktion als Vorsitzender der «Unabhängigen Kommission für

Internationale Entwicklungsfragen», bekannt unter dem Kürzel «Nord-Süd-Kommission». Schon damals standen viele der heute vertrauten Schlagworte auf der Tagesordnung: Armut, Ungleichheit, Energiekrise, Epidemien, Klimawandel. Der Clou war indes die Schlussfolgerung, die Brandt aus der Bestandsaufnahme zog. Er stellte die Machtfrage. Im Grundsatz zu korrigieren war das politische Machtgefälle zwischen Nord und Süd, die Tatsache, dass westliche Institutionen – nicht zuletzt die für Kredite zuständigen wie Weltbank oder Internationaler Währungsfonds – auf der Einhaltung der von ihnen gesetzten Spielregeln pochten und partikulare Machtinteressen als Universalinteresse verklärten. Dass dieser «organisierte Wahnsinn» auf brachialer Ausbeutung beruhte, musste nicht sonderlich betont werden. Auch die Forderung nach wirtschaftlicher Umverteilung, nach einem Ressourcentransfer aus der «ersten» in die «dritte Welt», war alles andere als neu. Aber die Art und Weise, wie Brandt über den Zusammenhang von globaler Unsicherheit und westlicher Selbstbezogenheit redete, stand quer zum neoliberalen Zeitgeist der 1980er Jahre. Und rief dessen Gegenentwurf in Erinnerung: Solidarität oder die Einsicht in die Notwendigkeit vom Teilen. Den Wohlstand der Minderheit wird es auf Dauer nicht geben, solange die Mehrheit mit Almosen abgespeist wird. Weil nämlich Kriege die unweigerliche Folge sind, wenn Menschen Hunger leiden, wenn sie keinen Zugang zu Wasser haben oder aus einer unbewohnbar gewordenen Umwelt fliehen müssen. So gesehen ist «Gemeinsame Sicherheit» nur ein anderer Begriff für Solidarität. Vielleicht sogar der präzisere, stellt er doch die Folgen verweigerter Solidarität vor Augen.[17]

So viel ist gewiss: Jede Zeit braucht ihre eigenen Antworten. Ideen aus der Vergangenheit lassen sich nicht einfach übertragen, sie müssen übersetzt werden, um etwas zu bewirken. Wie genau Europas Unabhängigkeit von den USA auf den Weg zu bringen und umzusetzen wäre, ist eine offene Frage. Dass sie Not tut, lässt sich allerdings kaum mehr bestreiten. Und dass das

Konzept «Gemeinsamer Sicherheit» eine hilfreiche Orientierung sein kann, liegt auf der Hand. Wer es ernst nimmt, wird sich auf harte Auseinandersetzungen mit Washington einstellen müssen. Darauf hat Egon Bahr vor Jahren hingewiesen: «Gewaltverzicht widerspricht dem Wertegefühl der USA. [...] Diese Doktrin kann nicht eine der USA sein.»[18] Die vorliegende Bilanz zeigt, warum. Eine Kurzfassung davon hat der ehemalige Präsident Jimmy Carter im Frühjahr 2019 vor der Baptistengemeinde seiner Heimatstadt Plains in Georgia referiert: «Die USA sind die kriegerischste Nation in der Geschichte der Welt, [weil wir andere Länder dazu zwingen wollen], unsere amerikanischen Prinzipien zu übernehmen.»[19] Seit 250 Jahren gibt es buchstäblich kein Jahrzehnt, in dem die USA nicht Krieg geführt, Truppen in fremde Länder entsandt oder ihnen missliebige Regierungen gestürzt hätten. Warum? Weil Solidarität, verstanden als Teilen von Macht und Reichtum, einem in Washington geheiligten Verständnis von Freiheit zuwiderläuft.[20] Und weil man dort die Sicherheit der Wenigen über die Sicherheit Aller stellt.

Als Juniorpartner der USA wird Europa die Kraft zu neuen Wegen fehlen.[21] Was ihm nicht fehlt, sind die Voraussetzungen für einen eigenständigen Aufbruch: die Erfahrungen mit der Eindämmung von Nationalismus, die Bereitschaft zur Teilung von Souveränität und der Wille zum Verzicht auf Gewalt. Der mühselige Umgang damit wird oft als die größte Schwäche der Europäische Union gescholten. Tatsächlich macht er ihre größte Stärke aus, verwurzelt in der Erkenntnis, dass Frieden nicht alles, aber ohne Frieden alles nichts ist. So lässt sich aus dem Schatten des Imperiums heraustreten.

Das gilt erst recht nach Putins Überfall auf die Ukraine. Reflexhaft nach amerikanischer Führung in harten Zeiten zu rufen, hieße, den Teufel mit dem Beelzebub austreiben zu wollen. Also einer Politik das Wort zu reden, die wegen ihrer einseitigen Fixierung auf Rüstung alles verkümmern lässt, was für einen Neuanfang nötig ist, sobald die Waffen schweigen.

Dank

Verbunden bin ich allen, die sich über Jahrzehnte mit den Folgen amerikanischer Weltpolitik auseinandergesetzt und Distanz zu beschönigenden Lesarten gewahrt haben. Viele von ihnen sind im Literaturverzeichnis namentlich aufgeführt.

Meine Bewunderung gilt den unzähligen Menschen, die unter Washingtons Politik gelitten und trotzdem der Versuchung widerstanden haben, sich in welcher Form auch immer zu radikalisieren – und stattdessen nach zivilen Antworten auf Fragen suchten, denen nicht mit Dominanz oder Hegemonie, sondern nur in gemeinsamer Anstrengung beizukommen ist. Ihre Anregungen haben mich beim Nachdenken über eine «Unabhängigkeitserklärung» begleitet.

Nicht genug kann ich mich bei Bettina Greiner bedanken – für Verständnis, Rückhalt und Liebe. Und für die Souveränität, die aus der Haltung spricht, Washington nicht mit den USA in eins zu setzen. Mein Großvater August Jacobi hätte daran seine Freude gehabt. Auch deshalb ist dieses Buch ihm gewidmet – er hat es im Grunde erst möglich gemacht.

Lübeck, den 13. Juni 2022.

Anhang

Anmerkungen

Vorwort

1 Levin, Political Hysteria, S. 16ff., 23ff., 168, 218, 223, 230, 234, 249; Hartz, Liberal Tradition, S. 19, 285; Hofstadter, Paranoid Style, S. 3–41; Crothers, «Cultural Roots», S. 21–34; McMahon, «Der verwundbare Gigant», S. 49–53.
2 Alperovitz, Hiroshima, S. 151, 160, 162, 557.
3 Suri, «Logiken der atomaren Abschreckung», S. 24–48.
4 Tuchman, Torheit der Regierenden, S. 312. Siehe auch Greiner, Wächter des Imperiums, S. 151–153.

Für Gott und das Gute

1 Lewis, Das ist bei uns nicht möglich, S. 23/24.
2 Levin, Political Hysteria, S. 14ff., 33, 52, 55–65, 221.
3 Louis Ludlow, zit. n. Bolt, Ballots before Bullets, S. 154–155.
4 Koistinen, «Toward a Warfare State», S. 56ff.
5 Greiner, «Die Beschäftigung mit der fernen Vergangenheit ist nutzlos», S. 446ff.
6 Bolt, Ballots before Bullets, S. 152–163, 169ff., 179ff.
7 Leuchtenburg, «Progressivism and Imperialism», S. 484–486, 491, 494–498, 500–503; Miller, Benevolent Assimilation, S. 122–125, 134, 138, 147.
8 Franklin D. Roosevelt, zit. n. Kennedy, Freedom from Fear, S. 344; siehe ebd., S. 400–406, 455–457.
9 McNall Burns, Idea of Mission; Scoblic, U.S. vs. Them; Leuchtenburg, «Progressivism and Imperialism», S. 486–500; Crothers, «Cultural Roots», S. 25–31; Miller, Benevolent Assimilation, S. 131. Von der «führenden Kraft des Guten in der Welt» sprach Präsident Joe Biden in seiner Antrittsrede am 20.1.2021, in: Der Spiegel (Online-Ausgabe), 20.1.2021.
10 Hofstadter, Paranoid Style.
11 Levin, Political Hysteria, S. 16, 26, 234, 249; Hartz, Liberal Tradition, S. 19, 285; Stearns, American Fear, S. 188–191; Chernus, Monsters to Destroy.
12 Foner, American Freedom, S. 224, 237; Kennedy, Freedom from Fear, S. 146, 246–248, 256, 365, 378ff., 619, 630–633, 760ff; Shils, Torment of Secrecy, S. 92–98, 118, 133; Sherry, Shadow of War, S. 30–35, 41, 57–59, 62, 197; Macdonald, The Root is Man; Sunstein, Gesetze der Angst, S. 14, 56, 62ff., 98, 103ff.

13 Robert E. Wood, zit. n. Doenecke, «American Isolationism», S. 206. Vgl. ebd., S. 201–213; Horowitz, Beyond Left & Right, S. 25–28, 33 ff., 163, 169, 175 ff.; Pencak, For God and Country, S. 306 ff., 321; Bolt, Ballots before Bullets, S. 159, 168, 184.
14 Henry R. Luce, «The American Century», in: Life, 17.2.1941, S. 61–65, hier S. 65.
15 Erklärung der Industrie- und Handelskammer San Diego, zit.n. Lotchin, Fortress California, S. 156. Siehe ebd., S. 136, 142, 146, 151, 157–70; Nash, American West Transformed, S. 23–28, 38–46, 202–212; Kennedy, Freedom from Fear, S. 650–654, 775–779; Overy, Wurzeln des Sieges, S. 89–91, 248–255; Foner, American Freedom, S. 232–235; Koistinen, «Toward a Warfare State», S. 62–64; Brinkley, End of Reform.
16 Capozzola, Modern American Citizen; Greiner, «Made in USA»; ders., «Die American Legion»; ders., «Der Wandel von einer Zivil- in eine Kriegsgesellschaft».

Casino Royale

1 «Russia's Defeat and Occupation, 1952–1960. Preview of the War We Do Not Want», Collier's, 27.10.1951.
2 Collier's, Editorial, 27.10.1951, S. 17.
3 Rosenberg, «Origins of Overkill», S. 36; Burr/Rosenberg, «Nuclear Competition», S. 95, 103 ff.; Trachtenberg, Cold War, S. 183, 250–254; Herken, Winning Weapon, S. 302 ff., 318 ff., 396; Freedman, Kennedy's Wars, S. 97; Casey, «Selling NSC-68», S. 663 ff., 675 ff., 687–690; Greiner, Politik am Rande des Abgrunds?, S. 61–63.
4 Holloway, «Escalation of the Cold War», S. 383–386.
5 National Security Council, Memorandum NSC 162/2, 7.10.1953, zit. n. Greiner, Politik am Rande des Abgrunds?, S. 80.
6 Kaplan, The Bomb, S. 176–178, 182, 189, 226–243, 248, 254, 257–259, 271; Greiner, Kuba-Krise, S. 62.
7 Kaplan, The Bomb, S. 280–297.
8 Kissinger, Kernwaffen, S. 123, 144/145; ders., «Force and Diplomacy in the Nuclear Age», S. 366.
9 George F. Kennan, «International Control of Atomic Energy», in: FRUS, 1950, National Security Affairs, Vol. I, Washington, D.C. 1977, S. 22–44.
10 John F. Kennedy, zit. n. Greiner, Die Kuba-Krise, S. 37.
11 James F. Byrnes, zit. n. Leffler, «Grand Strategy», S. 70.
12 Alperovitz, Hiroshima, S. 215–341.
13 Delgado, Nuclear Dawn, S. 138–158.
14 Greiner, Politik am Rande des Abgrunds?, S. 61 ff.
15 Hershberg, Harvard to Hiroshima, S. 505.
16 Dwight D. Eisenhower, zit. n. Ferguson, Kissinger, S. 346.
17 Betts, Nuclear Blackmail, S. 63–93; Kaplan, The Bomb, S. 9, 103–106, 201;

Dingman, «Atomic Diplomacy», S. 50–91; Sechser/Fuhrmann, Coercive Diplomacy, S. 182–184; Prados, Operation Vulture, S. 91–98; Chang, «Nuclear Brink», S. 96–123; Nixon, Memoirs, S. 150–155; Greiner, Politik am Rande des Abgrunds?, S. 85 ff., 119–127.

18 Nikita Chruschtschow, zit. n. Greiner, Kuba-Krise, S. 37 und Holloway, «Nuclear Weapons», S. 392.

19 John F. Kennedy, zit. n. Greiner, Kuba-Krise, S. 10, 52, 70. Siehe ebd., S. 9 ff., 22, 51; Michael Dobbs, One Minute to Midnight. Kennedy, Khrushchev and Castro on the Brink of Nuclear War, London 2008.

20 Greiner, Kuba-Krise, S. 9, 68, 78 ff., 89–91.

21 Greiner, Kuba-Krise, S. 97–108.

22 Henry Kissinger, Memorandum für Arthur Schlesinger Jr., 8.12.1954, zit. n. Suri, «Logiken der atomaren Abschreckung», S. 39.

23 Henry Kissinger, zit. n. Suri, «Logiken der atomaren Abschreckung», S. 40. Siehe auch Kissinger, «Defense of the ‹Grey Areas›», S. 416–428; Greiner, Wächter des Imperiums, S. 14, 87 ff., 156–159, 170, 189 ff., 239 ff., 271–274, 282 ff., 377, 381.

24 Sagan/Suri, «Madman Nuclear Alert», S. 150–183; Burr/Kimball, Nixon's Nuclear Spectre.

25 Richard Nixon, zit. n. Ambrose, Ruin, S. 335.

26 Grandin, Langer Schatten, S. 156.

27 Henry Kissinger, zit. n. Hanhimäki, Flawed Architect, S. 308.

28 Anatoly Dobrynin, zit. n. Greiner, Wächter des Imperiums, S. 274.

29 Alexander Haig, Statement before the Senate Foreign Relations Committee on his Nomination as Secretary of State, Washington, D. C., 9.1.1981, in: The New York Times, «Major Points From Appearance by Haig Before Senate Committee», 10.1.1981, S. A9; Caspar Weinberger, in: United States Information Service, Wireless Bulletin, June 18, 1981.

30 Gray/Payne, «Victory is Possible»; Fiscal Year 1984–88 Defense Guidance, in: The New York Times, 30.5.1982 (Übersetzung in: Blätter für deutsche und internationale Politik, 10, 1982, S. 1012); Arkin, «Why SIOP-6».

31 Hersh, The Target is Destroyed, S. 115–120.

32 Ronald Reagan, Address to the National Association of Evangelicals, Orlando, Florida, 3.3.1983, in: Blätter für deutsche und internationale Politik, 10, 1983, S. 994–1001.

33 Hersh, The Target is Destroyed, S. 220 ff.

34 Interview mit Stanislaw Petrow, in: Frankfurter Allgemeine Zeitung, 19.2. 2013, S. 7.

35 Jones, Able Archer 83; Scott, «Risk of Nuclear War», S. 767; Voß, «Die Enden der Parabel», S. 73 ff.

36 Ein anonymer Berater von Juri Andropow, zit. n. Blätter für deutsche und internationale Politik, 11, 1982, S. 1137.

37 NSAr, President's Foreign Intelligence Advisory Board: «The Soviet ‹War Scare›», 15.2.1990; NSAr-EBB 647; Fischer, Cold War Conundrum, S. 6–10; Adamsky, «Nuclear Crisis», S. 18, 22; Hoffman, Dead Hand, S. 152 ff.

38 Weizsäcker, Der bedrohte Friede, S. 36–37.
39 Rodion Y. Malinovsky, zit. n. David Holloway, «Racing toward Armageddon? Soviet Views of Strategic Nuclear War, 1955–1972», Unpublished Manuscript, Juli 2017, S. 11. Siehe auch ebd., S. 12 ff., 16 und Burr/Rosenberg, «Nuclear Competition», S. 95 ff., 104 ff.
40 Mastny/Byrne, A Cardboard Castle?

Unter anderem Guatemala

1 Cullather, «Operation PB-SUCCESS»; Department of State, «Guatemala's Disappeared: 1977–86», Secret, 28.3.1986, in: NSAr-EBB 15, Document 8; Department of State, Viron Vaky, Memorandum, Secret, 29.3.1968, «Guatemala and Counter-Terror», in: NSAr-EBB 32, Document 8 sowie ebd., Document 13, 17, 18, 20, 23, 26, 30, 37, 42; NSAr-EBB 425, Document 1–9; NSAr-EBB 15, 170, 448; Kinzer, Putsch!, S. 312–313; AHPN, From Silence to Memory, S. 229–317; Grandin, Last Colonial Massacre.
2 Abrahamian, Iran, S. 150–180; Irnberger, SAVAK; Andreas Kohisdmtter, «Aufstieg und Fall des Schah. Maßlos, ehrgeizig und blind», in: Die Zeit, 1.8.1980.
3 Karabell, Architects of Intervention, S. 58–61, 70–73, 79, 84; NSAr-EBB 601.
4 HS-CIA, «Zendebad, Shah!», S. 11–13, 16.
5 NSC 144/1, United States Objectives and Courses of Action with Respect to Latin America, in: FRUS, 1952–1954, Vol. IV, Document 3.
6 Cullather, «Operation PB-SUCCESS», S. 1 ff.
7 Karabell, Architects of Intervention, S. 62–73, 85–87; HS-CIA, «Zendebad, Shah!», S. 9 ff., 79, 90; Abrahamian, The Coup, S. 175 ff.
8 Kinzer, Putsch!, S. 188–197.
9 Mohammad Mossadegh, zit. n. Karabell, Architects of Intervention, S. 90. Siehe ebd., S. 88–91; Kinzer, Putsch!, S. 194 ff; HS-CIA, «Zendebad, Shah!», S. 50, 55 ff., 78, 86–88.
10 Gerald K. Haines, HS-CIA, «CIA and Guatemala Assassination Proposals, 1952–1954», June 1995, S. 8, in: NSAr-EBB 4, Document 1. Siehe auch Kinzer, Putsch!, S. 212.
11 Der Deckname dieser Operation lautete «WASHTUB»: Cullather, «Operation PB-SUCCESS», S. 101
12 John F. Dulles, zit. n. Der Spiegel, 30.6.1954, S. 16; John McCormack, zit. n. Kinzer, Putsch!, S. 215; siehe auch ebd., S. 208 ff.
13 NSAr-EBB 4, Document 1–4; Cullather, «Operation PB-SUCCESS», S. 102 ff.; Kinzer, Putsch!, S. 217.
14 Enno Hobbing, CIA-Posten Guatemala City, zit. n. Kinzer, Putsch!, S. 223.
15 NSAr-EBB 32, Vol. 2, Document 1–11, 13; Cullather, «Operation PB-SUCCESS», S. 87–90.
16 Chomsky, Who Rules the World?, S. 228.

17 James H. Doolittle, zit. n. Huq/Schwarz, Unchecked and Unbalanced, S. 13/14 sowie Kinzer, Putsch!, S. 302/303.
18 HS-CIA, «Zendebad, Shah!», S. 81. Siehe ebd., S. 89ff sowie Cullather, «Operation PB-SUCCESS», S. 2, 81.
19 Kinzer, Putsch!, S. 189ff., 215ff.
20 Samuel Huntington, zit. n. Chomsky, Who Rules the World?, S. 158. Zur Genese und Anwendung von «plausible deniability» siehe Voß, Washingtons Söldner, S. 17ff., 26ff., 186ff.
21 HS-CIA, «Zendebad, Shah!», S. iv, v, 20, 39.
22 Greiner, Kuba-Krise, S. 21ff. Damit sind nur größere Aufträge gemeint; rechnet man kleinere Operationen wie Aufklärungseinsätze hinzu, fällt die Zahl wesentlich höher aus: Prados, Safe for Democracy, S. 292.
23 Gleijeses, Conflicting Missions, S. 22, 107.
24 Welch, Response to Revolution, S. 103, 114ff., 160ff., 169ff., 177–181, 185ff., 192ff.
25 Bolender, Voices from the Other Side, S. 2, 13ff.
26 Bolender, Voices from the Other Side, S. 18ff., 105–130, 161–201; Greiner, Kuba-Krise, S. 17/18.
27 «Radio Swan», Oktober 1960, zit. n. Bolender, Voices from the Other Side, S. 72.
28 Bolender, Voices from the Other Side, S. 70–104; Estela Bravo, Operation Peter Pan: Flying Back to Cuba, Dokumentarfilm, 2010. Eine Sammlung einschlägiger Akten unter dem Namen «Operation Pedro Pan Collection» kann an der University of Miami eingesehen werden.
29 Lyman Kirkpatrick, zit. n. Greiner, Kuba-Krise, S. 21.
30 Robert Kennedy, zit. n. Bolender, Voices from the Other Side, S. viii; Johnson, Right Hand of Power, S. 344.
31 Schlesinger, Robert Kennedy, S. 480ff.; Chomsky, Who Rules the World?, S. 35; Greiner, Kuba-Krise, S. 24.
32 Robert McNamara, zit. n. Greiner, Kuba-Krise, S. 28. Siehe auch NSAr-EBB 667; EBB 687, Document 12–17.
33 Fidel Castro, zit. n. Kinzer, Putsch!, S. 314.
34 Siehe oben, S. 31–51: Casino Royale: Zocken mit Nuklearwaffen.
35 John F. Kennedy, zit. n. Greiner, Kuba-Krise, S. 118/119.
36 NSAr-EBB 687, Document 11, 23–25, 29; Garthoff, «Documenting the Missile Crisis», S. 300; Bolender, Voices from the Other Side, S. 22–69; Greiner, Kuba-Krise, S. 119ff.
37 Fidel Castro, zit. n. Greiner, Kuba-Krise, S. 9.
38 Ernesto Guevara, Schaffen wir zwei, drei, viele Vietnam. Eingeleitet und übersetzt von Rudi Dutschke und Gaston Salvatore, Berlin 1967.

Auf Gewalt gegründet

1 Kinzer, Putsch!, S. 233.
2 Kinzer, Putsch!, S. 235.
3 NSAr-EBB 730, Document 10–12, 18, 21, 24; Kinzer, Putsch!, S. 241 ff., 245–252, 316, 319.
4 Robinson, Killing Season, S. 9 ff., 22, 43 ff., 76–78, 83, 93 ff., 96–101, 106–110, 116; Simpson, «Killings in Indonesia», S. 45.
5 Robinson, Killing Season, S. 102–103; Simpson, «Killings in Indonesia», S. 47.
6 Robinson, Killing Season, S. 54–59, 70–72, 82.
7 Robinson, Killing Season, S. 4, 11, 19–21; Melvin, Indonesian Genocide, S. 110–138, 194–241, 289–307; Schaefer/Wardaya, Hg., Indonesia and the World, S. 1–43.
8 Simpson, «Killings in Indonesia», S. 51.
9 Dean Rusk, zit. n. Simpson, «Killings in Indonesia», S. 48/49.
10 Howard Federspiel, zit. n. Simpson, «Killings in Indonesia», S. 51. Siehe auch ebd., S. 48–53; Robinson, Killing Season, S. 177–207; NSAr-EBB 607, Document 15, 16, 20–26.
11 McGeorge Bundy, zit. n. Simpson, «Killings in Indonesia», S. 59/60.
12 Haji Mohamed Suharto, Gerald Ford und Henry Kissinger, zit. n. American Embassy Jakarta, Telegram 1579 to Secretary of State, 6.12.1975, Part III, S. 2, in: NSAr-EBB 62, Document 4. Siehe auch NSAr-EBB 174 und 176 sowie Greiner, Wächter des Imperiums, S. 296/297.
13 Richard Nixon, zit. n. Greiner, Wächter des Imperiums, S. 148.
14 Tuchman, Torheit, S. 352.
15 Rabe, Killing Zone, S. 107–110, 164, 168, 172, 191; Coatsworth, «Cold War in Central America», S. 201–221.
16 García Márquez, «Die Einsamkeit Lateinamerikas», S. 24.
17 NSAr-EBB 700.
18 Rabe, Killing Zone, S. 105, 112, 124 ff.; Gleijeses, Hope Denied, S. 5 ff., 10, 15 ff., 24–29, 32, 36–45.
19 Richard Nixon, zit. n. Rabe, Killing Zone, S. 127.
20 Henry Hecksher, zit. n. Kornbluh, Hg., Pinochet File, S. 22.
21 Siehe Rabe, Killing Zone, S. 161; Woodward, Veil, S. 366–393; 431; Kinzer, Putsch!, S. 333, 352; Chomsky, Who Rules the World?, S. 13.
22 Henry Kissinger, zit. n. Hersh, Price of Power, S. 265.
23 John F. Kennedy, zit. n. Greiner, Kuba-Krise, S. 18. Siehe Chomsky, Who Rules the World?, S. 203 ff.; Rabe, Killing Zone, S. 111.
24 Blum, Killing Hope, S. 283–289, 298–304, 317–359, 390–418, 430–468; Rabe, Killing Zone, S. 150, 167, 188; Langguth, Hidden Terrors, S. 86, 112, 119, 204, 211–221, 269 ff.
25 Agee, CIA Intern, S. 261–386; Rabe, Most Dangerous Area in the World, S. 180–200; NSAr-EBB 122, Document 1A, 1B, 4; Greiner, «Nach Abu Ghraib», S. 111–128; A. J. Langguth, «Torture's Teachers», in: The New

York Times, 11.6.1979, S. A19; ders., «America's History of Torture», in: The Los Angeles Times, 3.5.2009.

26 William Casey, zit. n. Woodward, Veil, S. 504. Siehe auch Rabe, Killing Zone, S. 160–163, 188 ff.

27 Rabe, Killing Zone, S. 162–172; Woodward, Veil, S. 410–417, 506–508; Chomsky, Who Rules the World?, S. 200.

28 Henry Kissinger, zit. n. Greiner, Wächter des Imperiums, S. 264 und Rabe, Killing Zone, S. 143.

29 Ronald Reagan, zit. n. Woodward, Veil, S. 520.

30 Alexander Haig, zit. n. Rabe, Killing Zone, S. 173. Siehe auch ebd., S. 166. Jeane Kirkpatricks Unterscheidung von «autoritären» und «totalitären Regimen» war immer wieder Gegenstand ihrer Publikationen: Siehe das 1987 beim «American Enterprise Institute» erschienene Buch The United States and the World: Setting Limits.

31 Report of the Bipartisan Commission on Central America, New York 1984, S. 121, 97.

32 Rabe, Killing Zone, S. 150, 160, 163, 167–172.

33 García Márquez, «Die Einsamkeit Lateinamerikas», S. 29–31.

34 Rode, «Lektionen», S. 45.

35 Schori, «The Latin American who came in from the Cold.» Siehe auch Rother, «Die SPD und El Salvador»; Willy Brandt, Über Europa hinaus, S. 15–111.

Gewinnen um jeden Preis

1 Lewy, America in Vietnam, S. 99; Spector, After Tet, S. 11; Olson, Handbook, S. 103.

2 Greiner, Krieg ohne Fronten, S. 43.

3 Alle Zitate nach Greiner, Krieg ohne Fronten, S. 57.

4 Lagebericht der U.S.-Army, Provinz Quang Ngai, Anfang 1967, zit. n. Sheehan, Große Lüge, S. 687 (Hervorhebung im Text).

5 «How North Vietnam Won the War», Interview with Colonel Bui Tin, in: The Wall Street Journal, 3.8.1995.

6 John F. Kennedy, zit. n. Greiner, Krieg ohne Fronten, S. 58.

7 John F. Kennedy, zit. n. Greiner, Krieg ohne Fronten, S. 63.

8 Lyndon B. Johnson, zit. n. FRUS, 1964–1968, Vol. XV, S. 402.

9 Richard Nixon, zit. n. Greiner, Wächter des Imperiums, S. 148.

10 Grandin, Langer Schatten, S. 156.

11 Lyndon B. Johnson, zit.n. Jones, Death of a Generation, S. 445.

12 John Mc Naughton, zit. n. Sheehan, Große Lüge, S. 536; Lyndon B. Johnson, zit. n. dem Dokumentarfilm von Erroll Morris, In the Fog of War: Robert S. McNamara and Vietnam; Richard Nixon, zit. n. Greiner, Krieg ohne Fronten, S. 65; Henry Kissinger, zit. n. Greiner, Krieg ohne Fronten, S. 68/69.

13 Lyndon B. Johnson, zit. n. Tuchman, Torheit, S. 398.
14 Richard Nixon, Fernsehansprache an die Nation, 3.11.1969, zit. n. Greiner, Wächter des Imperiums, S. 154.
15 Tuchman, Torheit, S. 388, 398; Berman, No Peace, S. 56. Grundsätzlich dazu: Kaiser, American Tragedy; Engelhardt, Victory Culture.
16 Harry Robbins Haldeman, zit. n. Greiner, Krieg ohne Fronten, S. 70.
17 Richard Nixon, zit. n. Greiner, Wächter des Imperiums, S. 155.
18 Richard Nixon im Frühjahr und Herbst 1971 sowie im Frühjahr 1972, zit. n. Greiner, Wächter des Imperiums, S. 153, 155–156 (Hervorhebung im Original).
19 William Westmoreland, zit. n. Lewy, America in Vietnam, S. 73.
20 David Halberstam, zit. n. Greiner, Krieg ohne Fronten, S. 74.
21 Military Assistance Command Vietnam (MACV), Strategic Objectives Plan, Spring 1969, zit. n. Lewy, America in Vietnam, S. 78.
22 Ein anonymer Infanterist, zit. n. Baker, Nam, S. 212.
23 Greiner, Krieg ohne Fronten, S. 93 ff.
24 Greiner, Krieg ohne Fronten, S. 99 ff.
25 Greiner, Krieg ohne Fronten, S. 27 ff., 36, 48 ff., 100 ff., 382–411.
26 Greiner, Krieg ohne Fronten, S. 76–90.
27 Richard Nixon und Henry Kissinger, zit. n. Greiner, Wächter des Imperiums, S. 160.
28 Hastings, Vietnam, S. 109; Branfman, Voices from the Plain of Jars, S. 14.
29 Hastings, Vietnam, S. 110; Branfman, Voices from the Plain of Jars, S. 23.
30 Ein anonymer Pilot der U.S. Air Force, zit. n. Branfman, Voices from the Plain of Jars, S. 17.
31 Branfman, Voices from the Plain of Jars, S. 6.
32 Branfman, Voices from the Plain of Jars, S. 36, 39, 53, 98, 99, 114.
33 Branfman, Voices from the Plain of Jars, S. 30, 137, 140.
34 Richard Nixon und Henry Kissinger, zit. n. Greiner, Wächter des Imperiums, S. 160.
35 Henry Kissinger, zit. n. Berman, No Peace, S. 55.
36 Henry Kissinger, zit. n. Greiner, Wächter des Imperiums, S. 161.
37 Richard Nixon im Frühjahr und Herbst 1971 sowie im Frühjahr 1972, zit. n. Greiner, Wächter des Imperiums, S. 153–156.
38 Richard Nixon, zit. n. Haldeman, Ends of Power, S. 96.
39 Henry Kissinger, zit. n. Greiner, Wächter des Imperiums, S. 159.
40 Berman, No Peace, S. 215; Kimball, War Files, S. 272–279.
41 Richard Nixon, zit. n. Berman, No Peace, S. 198; siehe ebd., S. 174 ff., 187, 196–206, 212, 218 ff.
42 Henry Kissinger, zit. n. Kimball, War Files, S. 56.
43 Richard Nixon, zit. n. Greiner, Wächter des Imperiums, S. 246.
44 Kiernan, Pol Pot Regime.
45 Sontheimer, Land der sanften Mörder.
46 Hersh, Price of Power, S. 176–183; Chamberlin, Cold War's Killing Fields, S. 318 ff.

47 Shawcross, Sideshow, S. 288, 295–300.
48 Richard Nixon, zit. n. Kimball, War Files, S. 164. Siehe auch Shawcross, Sideshow, S. 394.
49 Henry Kissinger im Gespräch mit Theo Sommer, «Handeln, als wäre Amerika unsterblich», in: Die Zeit, 2.7.1976.
50 Chamberlin, Cold War's Killing Fields, S. 312 ff., 318.

Selbstblockade

1 Paul Meadlo, ein in Vietnam eingesetzter GI, im Gespräch mit dem CBS-Journalisten Mike Wallace, 24.11.1969, zit. n. Greiner, Krieg ohne Fronten, S. 9/10.
2 Hersh, A Memoir, S. 129. Siehe auch ebd., S. 120–138.
3 «The Inescapable Fact and My Lai: An American Tragedy», in: Time Magazine, 5.12.1969, S. 26/27.
4 Schell, Observing the Nixon Years, S. 20.
5 Medsger, The Burglary.
6 Richard Nixon, zit. n. Greiner, Wächter des Imperiums, S. 174/175.
7 Seymour M. Hersh, «Secret Raids on Cambodia Before 1970 Totaled 3500», in: The New York Times, 18.7.1973, S. 1; ders., «The Pentagon: Falsifying Military Records», in: The New York Times, 22.7.1973, S. 153; ders., «Senators Are Told U.S. Bombed Cambodia Secretly After Invasion in 1970», in: The New York Times, 8.8.1973, S. 6. Siehe auch Shawcross, Sideshow, S. 289 ff.; Berman, No Peace, S. 50 sowie Hersh, A Memoir, S. 61 ff., 121, 162–170.
8 Hal M. Knight, zit. n. Hersh, A Memoir, S. 192.
9 Seymour M. Hersh, «Huge C.I.A. Operation Reported in U.S. Against Antiwar Forces, Other Dissidents in Nixon Years», in: The New York Times, 22.12.1974, S. A1. Siehe auch ders., A Memoir, S. 207–222 sowie Prados, Family Jewels.
10 Frank Church, zit. n. Ashby/Gramer, Fighting the Odds, S. 470.
11 C-C, Interim Report, 20.11.1975.
12 Bolt, Ballots before Bullets, S. 186–189.
13 Rudalevige, New Imperial Presidency, S. 116.
14 Verfassung der Vereinigten Staaten von Amerika, 17.9.1787, Artikel I, Abschnitt 8.
15 Hamilton et. al., Federalist Papers, Artikel 48, S. 312.
16 Hamilton et. al., Federalist Papers, Artikel 69, S. 410.
17 Hamilton et. al., Federalist Papers, Artikel 69, S. 408.
18 House Joint Resolution 542, Concerning the War Powers of Congress and the President, Public Law 93–148, Washington, D.C., 7.11.1973.
19 C-C, Final Report, 26.4.1976, Book II, S. 11 ff., 219–223; Book III, S. 79–184.
20 Ashby, «Reflecting on Senator Church», S. 62.

21 Gerald Ford, zit. n. Ashby, «Reflecting on Senator Church», S. 58.
22 Ashby, «Reflecting on Senator Church», S. 64. Siehe auch Weiner, CIA, S. 450.
23 NSAr-EBB 522, Document 4.
24 NSAr-EBB 522, Document 1.
25 NSAr-EBB 522, Documents 9–11, 19, 21, 23.
26 NSAr-EBB 543, Documents 11–18.
27 Frank Church, zit. n. Ashby, «Reflecting on Senator Church», S. 63. Siehe auch NSAr-EBB 543, Document 21.
28 «Pike Charges C. I. A. Effort at Retaliation for Findings», in: The New York Times, 10.3.1976, S. 1; Mitchell Rogovin, der von Pike zitierte CIA-Mitarbeiter, bestritt die ihm zugeschriebenen Äußerungen. Zum Pike-Report siehe «The Report on the CIA that President Ford Doesn't Want You to Read», in: The Village Voice, 16.2.1976 sowie NSAr-EBB 596, The White House, the CIA and Pike Committee, 1975. Der komplette Pike-Bericht ist zugänglich auf der Website der Mary Ferrell Foundation: www.maryferrell.org.
29 Howard Kurtz, «Congress was Warned of Notification Law Leeway», in: The Washington Post, 21.11.1986, S. A31.
30 James Eastland, zit. n. Ashby, «Reflecting on Senator Church», S. 60.
31 Henry Kissinger, zit. n. Greiner, Wächter des Imperiums, S. 289, 297.
32 Gerald Ford und Henry Kissinger, zit. n. Voß, Washingtons Söldner, S. 220–221.
33 Henry Kissinger, zit. n. Greiner, Wächter des Imperiums, S. 292.
34 William Casey und Alexander Haig, zit. n. Rabe, Killing Zone, S. 158.
35 Woodward, Veil, S. 520; siehe auch ebd., S. 557–558.
36 Woodward, Veil, S. 604; siehe auch ebd., 422 ff., 517 ff., 524, 557, 601–608, 623–655; Rabe, Killing Zone, S. 162 ff.; Kinzer, Putsch!, S. 361–390, 459–462; Armstrong et. al., Chronology.
37 Barry Goldwater, Patrick Leahy und Ronald Reagan, zit. n. Woodward, Veil, S. 413, 419; siehe auch ebd., S. 409–420.
38 Woodward, Veil, S. 557 ff., 660.
39 NSAr-EBB 659; Byrne, Iran-Contra, S. 290–303; Ruth Marcus, «Intelligence Law: What Notice Does It Require?», in: The Washington Post, 21.12.1986, S. A26.
40 IC-MR, S. 465. Siehe auch ebd., S. 467 sowie Huq/Schwarz, Unchecked and Unbalanced, S. 154/155, 160–164.
41 Richard Nixon, zit. n. Huq/Schwarz, Unchecked and Unbalanced, S. 156. Zu John F. Kennedys verblüffend ähnlicher Haltung siehe Wills, Bomb Power, S. 157.
42 Siff, Why the Senate Slept, S. 34, 56.
43 Charles Black, zit. n. Huq/Schwarz, Unchecked and Unbalanced, S. 203.

Alleinige Supermacht

1 George H. W. Bush, Address Before a Joint Session of Congress on the Persian Gulf Crisis and the Federal Budget Deficit, September 11, 1990, in: George H. W. Bush, Public Papers of the Presidents of the United States, 1990, Book II, July 1 to December 31, 1990, Washington, D.C. 1991, S. 1218–1223. Siehe auch Ryan, Neoconservatism, S. 23.
2 Patrick E. Tyler, «U.S. Strategy Plan Calls for Insuring No Rivals Develop», in: The New York Times, 8.3.1992, S. A1. Siehe auch ders., «Pentagon Imagines New Enemies to Fight in Post-Cold-War Era», in: The New York Times, 17.2.1992, S. A1; ders., «7 Hypothetical Conflicts Foreseen by the Pentagon», in: The New York Times, 17.2.1992, S. A8.
3 Etzold/Gaddis, Containment, S. 39–49, 164–203, 277–282, 297–302; Leffler, Preponderance of Power, 55–100; Greiner, Politik am Rande des Abgrunds?, S. 57–60.
4 Patrick E. Tyler, «Lone Superpower Plan: Ammunition for Critics», in: The New York Times, 10.3.1992, S. A12; ders., «Senior U.S. Officials Assail Lone-Superpower Policy», in: The New York Times, 11.3.1992, S. A6.
5 Patrick E. Tyler, «Pentagon Drops Goal of Blocking New Superpowers», in: The New York Times, 24.5.1992, S. A1.
6 Rudolf Augstein, «‹Ami, go home›», in: Der Spiegel, 7.5.1989, S. 20; Greiner, «Angst vor Rapallo», S. 160 ff.
7 Shifrinson, «Deal or No Deal?», S. 30–32; Beschloss/Talbot, Auf höchster Ebene, S. 108.
8 Shifrinson, «Deal or No Deal?», S. 13, 25–28; Sarotte, 1989, S. 219–229.
9 Beschloss/Talbot, Auf höchster Ebene, S. 59, 197; siehe auch S. 25 ff., 31 ff., 35 ff., 47 ff.
10 George H. W. Bush am 13. Februar 1989, zit. n. Beschloss/Talbot, Auf höchster Ebene, S. 35.
11 George H. W. Bush, zit. n. Shifrinson, «Deal or No Deal?», S. 35, 40.
12 James Baker, zit. n. Shifrinson, «Deal or No Deal?», S. 38; siehe auch Beschloss/Talbot, Auf höchster Ebene, S. 197.
13 Shifrinson, «Deal or No Deal?», S. 34–40; Hill, No Place for Russia, S. 125; Sakwa, Russia Against the Rest, S. 99; Beschloss/Talbot, Auf höchster Ebene, S. 57.
14 Brandt, Erinnerungen, S. 475 ff., 483 ff.
15 NSAr-EBB 640.
16 Hill, No Place for Russia, S. 128, 136, 141 ff., 161; Shifrinson, «Deal or No Deal?», S. 40–44.
17 George F. Kennan, «A Fateful Error», in: The New York Times, 5.2.1997, S. A23. Siehe auch Sawka, Russia Against the Rest, S. 102 ff., 313.
18 Fink, Srebrenica, S. 206–299, 803–900.
19 Hill, No Place for Russia, S. 127 ff.
20 Hill, No Place for Russia, S. 139, 143, 161, 166–169, 193, 255, 259, 388, 395.
21 Interagency Review of U.S. Government Civilian Humanitarian & Transi-

tion Programs, January 2000, Annex 1: Kosovo Case Study, in: NSAr-EBB 30, S. 1–8. Siehe auch NSAr-EBB 117.

22 Wladimir Putin, zit. n. Hill, No Place for Russia, S. 258.

23 Hill, No Place for Russia, S. 195; Buro/Singe, «Expansion statt Eskalation», S. 40.

24 Statement of Principles of the Project for the New American Century, Washington, D.C. 3.6.1997. Siehe auch Rebuilding America's Defenses: Strategies, Forces, and Resources for a New Century, A Report of the Project for the New American Century, Washington, D.C. September 2000 sowie Cirincione, Bomb Scare, S. 113ff.

25 Ricks, Fiasco, S. 23; Kagan/Kristol, Present Dangers.

26 Donald Rumsfeld, Working Paper, To: Condoleezza Rice, Richard Cheney, Colin Powell, July 27, 2001, Secret – Close Hold, in: NSAr-EBB 326.

27 Ricks, Fiasco, S. 31.

Verbrannte Erde

1 Donald Trump, zit. n. Klaus-Dieter Frankenberger, «Der raketenselige Präsident», in: Frankfurter Allgemeine Zeitung, 12.4.2018.

2 «Die Killer-Kommunikation», in: Die Tageszeitung, 18.3.2021. Siehe auch «Joe Biden nennt Wladimir Putin einen Mörder», in: Die Zeit, 17.3.2021.

3 Theo Sommer, «Verbündete, behandelt wie Schurkenstaaten», in: Die Zeit (Online-Ausgabe), 18.8.2020; Susanne Koelbl, «Verloren seid ihr so oder so», in: Der Spiegel (Online-Ausgabe), 14.3.2021.

4 Rashid, Descent into Chaos, S. 19; siehe ebd., S. 129ff.

5 Norwegian Ministry of Foreign Affairs and Ministry of Defence, Official Norwegian Reports NOU 2016:8, A Good Ally: Norway in Afghanistan, 2001–2014 («Godal Report»).

6 Craig Whitlock, Leslie Shapiro, Armand Emamdjomeh, «The Afghanistan Papers. A Secret History of the War», in: The Washington Post, 9.12.2019; C-R-S, «Afghanistan Papers»; NSAr-EBB 738. Der Bericht der norwegischen Untersuchungskommission wurde im Jahr 2016 veröffentlicht: Tobias Matern, «18 Jahre», in: Süddeutsche Zeitung, 23.12.2019, S. 2.

7 Ein anonymer Mitarbeiter des Nationalen Sicherheitsrats, zit. n. C-R-S, «Afghanistan Papers», S. 4.

8 George W. Bush, zit. n. C-R-9/11, S. 337.

9 Greiner, 9/11, S. 94ff.

10 Rashid, Descent into Chaos, S. 90–94, 133–135, 186, 203, 209.

11 C-R-S, «Afghanistan Papers», S. 4, 10; Rashid, Descent into Chaos, S. 177–182; Greiner, 9/11, S. 91–93.

12 George W. Bush, zit. n. Rashid, Descent into Chaos, S. 74.

13 Rashid, Descent into Chaos, S. 65–70.

14 Coll, Directorate S, S. 11–115; Rashid, Descent into Chaos, S. 50ff., 60, 240; Hersh, Befehlskette, S. 155–159, 322–347.

15 Ein anonymer französischer Offizier, zit. n. Todorov, Barbaren, S. 264. Siehe auch C-R-S, «Afghanistan Papers», S. 7 ff. sowie Stanley McChrystal, Commander's Initial Assessment: NATO International Security Assistance Force, Afghanistan – US Forces, Afghanistan, Washington, D. C., August 30, 2009.
16 C-R-S, «Afghanistan Papers», S. 11; Almut Wieland-Karimi, «Die Nato weg, und alle Fragen offen», in: Der Spiegel (Online-Ausgabe), 28.4.2021.
17 Peter Carstens, «War alles in Afghanistan vergeblich?», in: Frankfurter Allgemeine Sonntagszeitung, 9.5.2021, S. 8.
18 Clarke, Against all Enemies, S. 30.
19 Colin Powell, zit. n. Woodward, Plan of Attack, S. 150.
20 U.S. Department of Defense, Notes from Stephen Cambone, Under Secretary of Defense, 11.9.2001; Notes from Donald Rumsfeld [Iraq War Planning], November 27, 2001, in: NSAr-EBB 326; C-R-9/11, S. 330–335; Ricks, Fiasco, S. 52 ff.; Suskind, One Percent Doctrine, S. 188, 191, 245–247, 328.
21 George W. Bush, zit. n. Aust/Schnibben, Irak, S. 74 und Bierling, Geschichte des Irakkriegs, S. 83. Siehe auch Greiner, 9/11, S. 99–119; Danner, Secret Way to War, S. 15, 21.
22 Bierling, Irakkrieg, S. 65–67; Aust/Schnibben, Irak, S. 62, 88.
23 General Charles Horner, U.S. Air Force, zit. n. Holmes, Matador's Cape, S. 91. Siehe auch Suskind, One Percent Doctrine, S. 214.
24 George W. Bush, zit. n. Suskind, One Percent Doctrine, S. 149/150.
25 Condoleezza Rice, zit. n. Ricks, Fiasco, S. 58; Donald Rumsfeld, zit. n. Suskind, One Percent Doctrine, S. 123; Richard Cheney, zit. n. Suskind, One Percent Doctrine, S. 61/62.
26 The National Security Strategy of the United States of America, September 20, 2002.
27 Anthony Zinni, zit. n. Ricks, Fiasco, S. 362.
28 Ricks, Fiasco, S. 217, 257, 337.
29 Ein anonymer Nachrichtenoffizier der 4th Infantry Division, zit. n. Ricks, Gamble, S. 108.
30 Hedges/Al-Arian, Collateral Damage; Ricks, Fiasco, S. 35 ff, 233–237, 256–260, 275–285, 366 ff. sowie ders., Gamble, S. 3 ff.
31 Bloomberg School of Public Health (Johns Hopkins University), School of Medicine (Al Mustansiriya University), Human Cost of the War; Bierling, Irakkrieg, S. 62, 96.
32 Greiner, 9/11, S. 241–244; Said, Geschichte al-Qaidas, S. 150–180.
33 Faisal Shahzad, zit. n. Frankfurter Allgemeine Zeitung, 23.6.2010, S. 3; siehe auch International Herald Tribune, 23.6.2010, S. 4.
34 Ricks, Fiasco, S. 33, 47, 378, 430.
35 Ein anonymer Vernehmer, zit. n. Huq/Schwarz, Unchecked and Unbalanced, S. 112. Zu den anderen Schicksalen siehe Willemsen, Guantanamo.
36 Rashid, Descent into Chaos, S. 281, 298; Hersh, Befehlskette, S. 20.
37 Ein anonymer Mitarbeiter der CIA, zit. n. Greiner, 9/11, S. 201. Siehe auch

ebd., S. 198–208; Hersh, Befehlskette, S. 42 ff., 60; Ratner/Ray, Guantanamo, S. 36 ff.

38 Dick Cheney, zit. n. Gellman, Angler, S. 353.

39 Zu den wichtigsten Quellen siehe Greiner, 9/11, S. 273–275.

40 George W. Bush, zit. n. Suskind, One Percent Doctrine, S. 152 und Huq/Schwarz, Unchecked and Unbalanced, S. 87. Siehe auch Gellman, Angler, S. 177 ff.

41 The Secretary of Defense, Memorandum for the Commander, US Southern Command, Subject: Counter-Resistance Techniques in the War on Terrorism, April 16, 2003, in: NSAr-EBB, Torturing Democracy Documents.

42 William Pfaff, zit. n. Holmes, Matador's Cape, S. 277. Siehe auch ebd., S. 271–276, 280, Greiner, 9/11, S. 179–181 und Todorov, Angst vor den Barbaren, S. 162.

43 George W. Bush, zit. n. Gellman, Angler, S. 318.

44 «Death and Cover-Up at Guantanamo», in: The Nation, 15.2.2010, S. 8.

45 Barack Obama, zit. n. Frankfurter Allgemeine Zeitung, 18.4.2009, S. 8. Siehe auch Ratner/Ray, Guantanamo, S. 70–80.

46 Ein anonymer Mitarbeiter der CIA, zit. n. Klaidman, Kill or Capture, S. 117/118. Siehe auch ebd., S. 41 ff., 52 ff., 124 ff., 202 ff., 210 ff., 218 ff., 249, 254 ff. sowie Savage, Power Wars.

47 House Joint Resolution 6166, The Military Commissions Act of 2006, Public Law 109–366, Washington, D.C., 17.10.2006. Siehe auch Klaidman, Kill or Capture, S. 95–116, 156 ff., 160 ff., 167 ff., 192, 231, 236, 248, 270 ff.

48 Greiner, 9/11, S. 215–219.

Fortsetzung folgt

1 Bruce Blair in einem 2018 veröffentlichten Interview mit dem «Princeton Alumni Weekly», zit n. «Bruce Blair, Crusader for Nuclear Arms Control, Dies at 72», in: The New York Times, 24.7.2020.

2 Greiner, Wächter des Imperiums, S. 266–275.

3 Gates, «Overmilitarization», S. 20/21.

4 Cirincione, Bomb Scare, S. 85, 129.

5 Kristensen/Korda, «Nuclear Notebook», S. 7; Mutz, «Expansion im Tarnanzug», S. 32, 35; Neuneck, «50 Jahre atomare Abrüstung», S. 17–20; Stockholm International Peace Research Institute (sipri), «World Military Spending Rises to Almost $ 2 Trillion in 2020», Newsletter, Stockholm, 26.4.2021.

6 Robert Gates, zit. n. Mutz, «Expansion im Tarnanzug», S. 30.

7 Lieber/Press, «Nuclear Primacy».

8 Greiner, Kuba-Krise, S. 30.

9 Zit. n. Cirincione, Bomb Scare, S. 131. Siehe auch ebd., S. 113, 133–135 sowie Cunningham/Fravel, «Assuring Assured Retaliation», S. 7 und Kristensen/Korda, «Nuclear Notebook», S. 8.

10 Blair, «Loose Cannons», S. 12 ff.; Nassauer, «‹Tailored Deterrence›», S. 5 ff.
11 NI-NSP, «Essentials in the Post-Cold War Deterrence». Siehe auch Cunningham/Fravel, «Assuring Assured Retaliation» sowie Chomsky, Who Rules the World?, S. 236.
12 Greiner, Wächter des Imperiums, S. 14, 87 ff., 156 ff., 170, 189 ff., 239, 271 ff., 381.
13 Marshall S. Billingslea, zit. n. «Spiel mit der Bombe», in: Der Spiegel, 32, 1.8.2020, S. 77.
14 Donald Trump, zit. n. Paul-Anton Krüger, «Unsere Größten», in: Süddeutsche Zeitung, 19.10.2020, S. 2.
15 Klaus Wiegrefe, «‹Lernen, den totalen Krieg zu führen›», in: Der Spiegel, 28, 2016, S. 36–37.
16 Fischer, «Nuclear Abolitionism», S. 44–47.
17 Cirincione, Bomb Scare, S. 40 ff.; Cunningham/Fravel, «Assuring Assured Retaliation», S. 8.
18 Nikita Chruschtschow, zit. n. Greiner, Kuba-Krise, S. 37/38.
19 Greiner, «Einstein und die neun Zwerge», S. 4–8.
20 Wladimir Putin, zit. n. «Spiel mit der Bombe», in: Der Spiegel, 32, 1.8.2020, S. 78. Zum technologischen Nachholbedarf Russlands siehe Kristensen/Korda, «Nuclear Notebook», S. 6 ff.
21 Cunningham/Fravel, «Assuring Assured Retaliation», S. 7–9, 12–22, 24, 39; Kristensen/Korda, «World Nuclear Forces»; dies., «Nuclear Notebook 2021». Siehe auch die ausführliche Darstellung der chinesischen Militärstrategie bei Paul, Kriegsgefahr im Pazifik?
22 Bernhard Zand, «Supermächte: Messer am Hals», in: Der Spiegel, 29.12.2018, S. 12–20.
23 Joe Biden, zit. n. Klare, «USA versus China», S. 50. Siehe auch Hubert Wetzel, «Unter dem Gefrierpunkt», in: Süddeutsche Zeitung, 20./21.3.2021, S. 8.
24 William Burns, zit. n. Der Spiegel (Online-Ausgabe), 24.2.2021.
25 Blair, «Loose Cannons», S. 4, 9–11, 16. Siehe auch Cirincione, Bomb Scare, S. 87, 96.
26 Blair, «Loose Cannons», S. 2 ff., 5–8; Perry/Collina, «Finger on the Nuclear Button».
27 Eine ausführliche Begründung legte Perry 2015 in seinen Memoiren «My Journey at the Nuclear Brink» vor. Siehe Jerry Brown, «A Stark Nuclear Warning», in: The New York Review of Books, 14.7.2016.
28 Cirincione, Bomb Scare, S. 133.
29 Zia Mian, Frank von Hippel, «Bruce G. Blair, acclaimed expert on the risks of nuclear war, dies at 72», Princeton University News, 21.7.2020.
30 Siehe Brooks et. al., «Crisis of Command».
31 Siehe Gates, «Overmilitarization».
32 Brooks et. al., «Crisis of Command», S. 25, 30.
33 Sagan/Valentino, «Revisiting Hiroshima», S. 45, 53, 58, 60–63, 66, 68, 73–79.

Nachwort

1 https://www.cruz.senate.gov/files/documents/Letters/2020.08.05 Final Mukran Port Letter.pdf
2 Klaus Stratmann, «Nord Stream 2: US-Senatoren drohen Fährhafen Sassnitz», in: Handelsblatt, 6.8.2020.
3 Peter Burghardt, «Rohrbruch», in: Süddeutsche Zeitung, 18.8.2020, S. 3; Kai Müller, «Wie eine deutsche Kleinstadt in den Kampf der Großmächte geriet», in: Tagesspiegel, 12.8.2020.
4 Karlsch/Stokes, Faktor Öl.
5 Kieninger, «Diplomacy beyond Deterrence», S. 189ff.
6 Hubert Wetzel, «Transatlantische Rohrreinigung», in: Süddeutsche Zeitung, 20.5.2021, S. 2.
7 Bahr, «Ostpolitik», S. 107ff.
8 Schöllgen/Schröder, Letzte Chance, S. 56.
9 Purdy, Die Welt und wir, S. 53. Siehe ebd., S. 13, 22, 34, 41, 46 sowie Schöllgen/Schröder, S. 9, 150–154, 164–166.
10 Suskind, One Percent Doctrine, S. 149/150.
11 Schöllgen/Schröder, S. 46, 62, 222.
12 Purdy, Die Welt und wir, S. 40–42.
13 Brandt, Kriegsziele der Großmächte, S. 76 (Hervorhebung im Text).
14 Brandt, Erinnerungen, S. 431–436, 476.
15 Vortrag des Bundeskanzlers Willy Brandt zum Thema «Friedenspolitik in unserer Zeit» an der Universität Oslo, 11.12.1971 anlässlich der Entgegennahme des Friedensnobelpreises, zit. n. Bundeskanzler Willy Brandt Stiftung, https://willy-brandt/reden-zitate-und-stimmen. Siehe auch Schmidt, Wurzeln der Entspannung, S. 523, 542, 563.
16 Bahr, «Ostpolitik», S. 106.
17 Brandt, Der organisierte Wahnsinn.
18 Bahr, «Ostpolitik», S. 106, 108.
19 Jimmy Carter, zit. n. Brett Wilkins, «Jimmy Carter: US ‹Most Warlike Nation in History of the World›», in: Common Dreams, 18.4.2019.
20 Purdy, Die Welt und wir, S. 121ff., 167.
21 Peter Brandt, «Ja zur Europäischen Union – aber anders», in: Berliner Zeitung, 19.4.2021.

Literatur

Abrahamian, Ervand, Iran: Between Two Revolutions, Princeton University Press 1982.

Abrahamian, Ervand, The Coup: 1953, the CIA, and the Roots of Modern U.S.-Iranian Relations, New York 2013.

Adamsky, Dima, «The 1983 Nuclear Crisis – Lessons for Deterrence Theory and Practice», in: Journal of Strategic Studies, 1, 2013, S. 18–38.

Agee, Philip, CIA Intern. Tagebuch 1956–1974, Frankfurt/M. 1981.

Agee, Philip, CIA gegen El Salvador, Hamburg 1981.

Allison, Graham, Destined for War. Can America and China Escape Thucydides's Trap?, London 2017.

Alperovitz, Gar, Hiroshima. Die Entscheidung für den Abwurf der Bombe, Hamburg 1995.

Ambrose, Stephen E., Nixon. Ruin and Recovery, 1973–1990, New York 1991.

Archivo Histórico de la Policía Nacional, From Silence to Memory: Revelations of the AHPN, University of Oregon Libraries 2013.

Arkin, William M., «Why SIOP-6?», in: Bulletin of the Atomic Scientists, 4, 1983, S. 9–11.

Armstrong, Scott/Byrne, Malcolm/Blanton, Tom, The Chronology: The Documented Day-by-Day Account of the Secret Military Assistance to Iran and the Contras, New York 1987.

Ashby, LeRoy/Gramer, Rod, Fighting the Odds: The Life of Senator Frank Church, Washington State University Press 1994.

Ashby, LeRoy, «The Church Committee's History and Relevance. Reflecting on Senator Church», in: Russell A. Miller, Hg., US National Security, Intelligence and Democracy. From the Church Committee to the War on Terror, London, New York 2008, S. 61–75.

Aust, Stefan/Schnibben, Cordt, Hg., Irak. Geschichte eines modernen Krieges, München 2003.

Bahr, Egon, Deutsche Interessen: Streitschrift zu Macht, Sicherheit und Außenpolitik, München 2000.

Bahr, Egon, «Ostpolitik aus der Mitte Europas», in: WeltTrends, 30, Frühjahr 2001, S. 101–110.

Bahr, Egon, «Das musst du erzählen.» Erinnerungen an Willy Brandt, Berlin 2013.

Bahr, Egon, Ostwärts und nichts vergessen. Politik zwischen Krieg und Verständigung, Freiburg 2015 [2012].
Baker, Michael, Nam. The Vietnam War in the Words of the Men and Women Who Fought There, New York 2001.
Berman, Larry, No Peace, No Honor. Nixon, Kissinger, and Betrayal in Vietnam, New York 2001.
Beschloss, Michael R./Talbot, Strobe, Auf höchster Ebene. Das Ende des Kalten Krieges und die Geheimdiplomatie der Supermächte, 1989–1991, Düsseldorf 1993.
Betts, Richard K., Nuclear Blackmail and Nuclear Balance, Washington, D.C. 1987.
Bierling, Stephan, Geschichte des Irakkriegs. Der Sturz Saddams und Amerikas Albtraum im Mittleren Osten, München 2010.
Bird, Kai, The Outlier. The Unfinished Presidency of Jimmy Carter, New York 2021.
Blair, Bruce G., Strategic Command and Control: Redefining the Nuclear Threat, Washington, D.C. 1985.
Blair, Bruce G., The Logic of Accidental Nuclear War, Washington, D.C. 1993.
Blair, Bruce G., «Loose Cannons: The President and US Nuclear Posture», in: Bulletin of the Atomic Scientists (Online-Ausgabe), 1.1.2020.
Bodenheimer, Thomas/Gould, Robert, Rollback! Rightwing Power in U.S. Foreign Policy, Boston 1989.
Bolender, Keith, Voices from the Other Side: An Oral History of Terrorism Against Cuba, London 2010.
Bolt, Ernest C. Jr., Ballots before Bullets. The War Referendum Approach to Peace in America, 1914–1941, University Press of Virginia 1977.
Blum, William, Killing Hope. Zerstörung der Hoffnung – Globale Operationen der CIA seit dem 2. Weltkrieg, Frankfurt/M. 2008.
Brandt, Willy, Die Kriegsziele der Großmächte und das neue Europa, Willy-Brandt-Dokumente, Bd. 4, Bonn 2018 [Oslo 1940].
Brandt, Willy, Der organisierte Wahnsinn. Wettrüsten und Welthunger, Köln 1985.
Brandt, Willy, Erinnerungen, Frankfurt/M. 1989.
Brandt, Willy, Berliner Ausgabe, Bd. 8, Über Europa hinaus. Dritte Welt und Sozialistische Internationale (bearbeitet von Bernd Rother und Wolfgang Schmidt), Bonn 2006, S. 15–111.
Branfman, Fred, Hg., Voices from the Plain of Jars. Life under an Air War, University of Wisconsin Press 2013 [1972].
Brinkley, Alan, The End of Reform: New Deal Liberalism in Recession and War, New York 1995.
Brinkley, Douglas/Nichter, Luke A., Hg., The Nixon Tapes, 1971–1972, Boston 2014.
Brooks, Risa/Golby, Jim/Urben, Heidi, «Crisis of Command. America's Broken Civil-Military Relationship Imperils National Security», in: Foreign Affairs, May/June 2021, S. 15–30.

Buro, Andreas/Singe, Martin, «Expansion und Eskalation: 60 Jahre NATO», in: Blätter für deutsche und internationale Politik, 4, 2009, S. 35–50.

Burr, William/Kimball, Jeffrey, «Nixon's Secret Nuclear Alert: Vietnam War Diplomacy and the Joint Chiefs of Staff Readiness Test, October 1969», in: Cold War History, 2, 2003, S. 113–156.

Burr, William/Rosenberg, David Alan, «Nuclear Competition in an Era of Stalemate, 1963–1975», in: The Cambridge History of the Cold War, Vol. 2, Crises and Detente, Cambridge 2010, S. 88–111.

Burr, William/Kimball, Jeffrey, Nixon's Nuclear Spectre: The Secret Alert of 1969, Madman Diplomacy, and the Vietnam War, University Press of Kansas 2015.

Byrne, Malcolm, Iran-Contra: Reagan's Scandal and the Unchecked Abuse of Presidential Power, University Press of Kansas 2014.

Capozzola, Christopher, Uncle Sam Wants You. World War I and the Making of the Modern American Citizen, Oxford University Press 2008.

Casey, Steven, «Selling NSC-68: The Truman Administration, Public Opinion, and the Politics of Mobilization, 1950–51», in: Diplomatic History, 4, 2005, S. 655–690.

Chamberlin, Paul Thomas, The Cold War's Killing Fields. Rethinking the Long Peace, New York 2018.

Chang, Gordon H., «To the Nuclear Brink: Eisenhower, Dulles, and the Quemoy-Matsu-Crisis», in: International Security, 4, 1988, S. 96–123.

Chernus, Ira, Monsters to Destroy: The Neoconservative War on Terror and Sin, Boulder, Co. 2006.

Chomsky, Noam, Who Rules the World?, New York 2016.

Cirincione, Joseph, Bomb Scare: The History and Future of Nuclear Weapons, Columbia University Press 2007.

Clarke, Richard, Against All Enemies. Inside America's War on Terror, New York 2004.

Coatsworth, John, «The Cold War in Central America», in: The Cambridge History of the Cold War, Vol. 3, The End, Cambridge 2010, S. 201–221.

Coll, Steve, Directorate S. The C. I. A. and America's Secret Wars in Afghanistan and Pakistan, 2001–2016, London 2018.

Crothers, Lane, «The Cultural Roots of Isolationism and Internationalism in American Foreign Policy», in: Journal of Transatlantic Studies, 1, 2011, S. 21–34.

Cullather, Nicholas, «Operation PB-SUCCESS. The United States and Guatemala, 1952–1954», HS-CIA, in: NSAr-EBB 4, Document 5.

Cullinane, Michael Patrick, Liberty and American Anti-Imperialism, 1898–1909, New York 2012.

Cunningham, Fiona S./Fravel, M. Taylor, «Assuring Assured Retaliation. China's Nuclear Posture and U.S.-China Strategic Stability», in: International Security, 2, 2015, S. 7–50.

Danner, Mark, The Secret Way to War. The Downing Street Memo and the Iraq War's Buried History, New York 2006.

Delgado, James P., Nuclear Dawn. The Atomic Bomb from the Manhattan Project to the Cold War, New York 2009.
Dingman, Roger, «Atomic Diplomacy During the Korean War», in: International Security, 3, 1988, S. 50–91.
Doenecke, Justus D., «American Isolationism, 1939–1941», in: The Journal of Libertarian Studies, 3–4, 1982, S. 201–216.
Doenecke, Justus D., Not To The Swift: The Old Isolationists in the Cold War Era, Associated University Press of America 1979.
Dorrien, Gary, Imperial Designs. Neoconservatism and the New Pax Americana, New York 2004.
Engelhardt, Tom, The End of Victory Culture. Cold War America and the Disillusioning of a Generation, New York 1995.
Ferguson, Niall, Kissinger. Vol. 1, 1923–1968: The Idealist, New York 2015.
Fink, Matthias, Srebrenica. Chronologie eines Völkermords oder was geschah mit Mirnes Osmanovic, Hamburg 2015.
Fischer, Benjamin B., A Cold War Conundrum: The 1983 Soviet War Scare, Washington, D.C. 1997.
Fischer, Beth A., «Nuclear Abolitionism, the Strategic Defense Initiative, and the 1987 Intermediate Nuclear Forces Treaty», in: Philipp Gassert, Tim Geiger, Hermann Wentker, Hg., The INF Treaty of 1987. A Reappraisal, Göttingen 2021, S. 43–55.
Foner, Eric, The Story of American Freedom, New York 1998.
Freedman, Lawrence, The Evolution of Nuclear Strategy, London 1989.
Freedman, Lawrence, Kennedy's Wars: Berlin, Cuba, Laos, and Vietnam, New York 2000.
Gaddis, John Lewis/Etzold, Thomas H., Hg., Containment. Documents on American Policy and Strategy, 1945–1950, New York 1978.
García Márquez, Gabriel, «Die Einsamkeit Lateinamerikas», in: ders., Ich bin nicht hier, um eine Rede zu halten, Köln 2012, S. 23–31.
Garthoff, Raymond, «Documenting the Cuban Missile Crisis», in: Diplomatic History, 2, 2000, S. 297–303.
Gates, Robert M., «The Overmilitarization of American Foreign Policy. The United States Must Recover the Full Range of Its Power», in: Foreign Affairs, July/August 2020, S. 20–35.
Gellman, Barton, Angler. The Cheney Vice Presidency, New York 2008.
Gerard, Emmanuel/Kuklick, Bruce, Death in the Congo. Murdering Patrice Lumumba, Harvard University Press 2015.
Gleijeses, Piero, Shattered Hope: The Guatemalan Revolution and the United States, 1944–1954, Princeton University Press 1992.
Gleijeses, Piero, Conflicting Missions: Havana, Washington, and Africa, 1959–1976, University of North Carolina Press 2003.
Gleijeses, Piero, Visions of Freedom. Havana, Washington, Pretoria, and the Struggle for Southern Africa, 1976–1991, University of North Carolina Press 2013.
Gleijeses, Piero, Hope Denied: The US Defeat of the 1965 Revolt in the Domi-

nican Republic, Woodrow Wilson Center – Cold War International History Project, Working Paper 72, Washington, D.C. 2014.

Grandin, Greg, The Last Colonial Massacre. Latin America in the Cold War, University of Chicago Press 2011.

Grandin, Greg, Kissingers langer Schatten. Amerikas umstrittenster Staatsmann und sein Erbe, München 2016.

Gray, Colin S./Payne, Keith, «Victory is Possible», in: Foreign Policy, 10, 1980, S. 14–27.

Greiner, Bernd, Politik am Rande des Abgrunds? Die Außen- und Militärpolitik der USA im Kalten Krieg, Heilbronn 1986.

Greiner, Bernd, «Angst vor Rapallo. Amerikanische Reaktionen auf den Fall der Mauer», in: Blätter für deutsche und internationale Politik, 2, 1990, S. 159–167.

Greiner, Bernd, Die Morgenthau-Legende. Zur Geschichte eines umstrittenen Plans, Hamburg 1995.

Greiner, Bernd, «Die Beschäftigung mit der fernen Vergangenheit ist nutzlos»: Der ‹Totale Krieg› im Spiegel amerikanischer Militärzeitschriften, in: Stig Förster, Hg., An der Schwelle zum Totalen Krieg. Die militärische Debatte über den Krieg der Zukunft 1919–1939, Paderborn 2002, S. 443–467.

Greiner, Bernd, «Der Wandel von einer Zivil- in eine Kriegsgesellschaft. Pearl Harbors langer Schatten», in: Mittelweg 36, 1, 2002, S. 27–43.

Greiner, Bernd, «The Spirit of St. Louis: Mobilizing American Politics and Society, 1937–1945», in: Roger Chickering et.al., Hg., A World at Total War. Global Conflict and the Politics of Destruction, 1937–1945, Cambridge University Press 2005, S. 245–261.

Greiner, Bernd, «Vietnam und die Falle des Nicht-Aufhören-Könnens», in: Stig Förster et.al., Hg., Kriegsherren der Weltgeschichte. 22 historische Porträts, München 2006, S. 373–393.

Greiner, Bernd, et.al., Hg., Studien zum Kalten Krieg, Bd. 1–6, Hamburg 2006–2013.

Greiner, Bernd, Krieg ohne Fronten. Die USA in Vietnam, Hamburg 2007.

Greiner, Bernd, Die Kuba-Krise. Die Welt an der Schwelle zum Atomkrieg, München 2010 [2: 2015].

Greiner, Bernd, 9/11. Der Tag, die Angst, die Folgen, München 2011.

Greiner, Bernd, «Antikommunismus, Angst und Kalter Krieg. Versuch einer erneuten Annäherung», in: Aus Politik und Zeitgeschichte, 51–52, 2011, S. 44–49.

Greiner, Bernd, «Angstunternehmer. Zur Karriere eines amerikanischen Rollenmodells», in: Aus Politik und Zeitgeschichte, 32–33, 2013, S. 27–33.

Greiner, Bernd, «Made in U.S.A. Über politische Ängste und Paranoia», in: Mittelweg 36, 1–2, 2015, S. 137–156.

Greiner, Bernd, «Die American Legion. Ein Veteranenverband als Angstunternehmer», in: Flavio Eichmann et.al., Hg., Globale Machtkonflikte und Kriege, Paderborn 2016, S. 267–286.

Greiner, Bernd, «Die politische ‹Neugründung› der USA zwischen 1937 und 1947», in: Mittelweg 36, 3, 2016, S. 97–106.

Greiner, Bernd, «Einstein und die neun Zwerge. Historisches zum INF-Vertrag», in: Aus Politik und Zeitgeschichte, 18–19, 2019, S. 4–8.

Greiner, Bernd/Rother, Bernd: «Mehr Vergangenheit wagen», in: Blätter für deutsche und internationale Politik, 11, 2019, S. 41–44.

Greiner, Bernd, «Brandts Vermächtnis. 50 Jahre Moskauer Vertrag: Von der Sprache der Macht zur Grammatik des Vertrauens», in: Blätter für deutsche und internationale Politik, 8, 2020, S. 101–109.

Greiner, Bernd, Henry Kissinger. Wächter des Imperiums, München 2020.

Greiner, Bernd, «Gewalt. Macht. Hegemonie. Zur Aktualität von Henry Kissinger», in: Blätter für deutsche und internationale Politik, 10, 2020, S. 63–72.

Greiner, Bernd, «The INF Treaty in Perspective: Trust and the Story of an Unlikely Success», in: Philipp Gassert et. al., Hg., The INF Treaty of 1987. A Reappraisal, Göttingen 2021, S. 339–355.

Greiner, Bettina, «Nach Abu Ghraib», in: Greiner et. al., Hg., Studien zum Kalten Krieg, Bd. 6, Hamburg 2013, S. 111–127.

Haldeman, Harry Robbins, The Ends of Power, New York 1978.

Hamilton, Alexander/Madison, James/Jay, John, Die Federalist Papers (herausgegeben und übersetzt von Barbara Zehnpfennig), München 2007.

Hanhimäki, Jussi, The Flawed Architect. Henry Kissinger and American Foreign Policy, Oxford University Press 2004.

Hartz, Louis, The Liberal Tradition in America, New York 1956.

Hastings, Max, Vietnam. An Epic History of a Tragic War, London 2019.

Hedges, Chris/Al-Arian, Laila, Collateral Damage. America's War Against Iraqi Civilians, New York 2008.

Herken, Gregg, The Winning Weapon. The Atomic Bomb in the Cold War, 1945–1950, New York 1980.

Hersh, Seymour M., The Price of Power. Kissinger in the Nixon White House, New York 1983.

Hersh, Seymour M., The Target is Destroyed: What Really Happened to Flight 007 and What America Knew About It, New York 1986.

Hersh, Seymour M., Die Befehlskette. Vom 11. September bis Abu Ghraib, Reinbek bei Hamburg 2004.

Hersh, Seymour M., Reporter. A Memoir, New York 2018.

Hershberg, James G., James B. Conant. Harvard to Hiroshima and the Making of the Nuclear Age, New York 1993.

Hill, William H., No Place for Russia. European Security Institutions Since 1989, Columbia University Press 2018.

Hippler, Jochen, Hg., Intervention in Mittelamerika und der Karibik. Materialien und Dokumente, Wuppertal 1984.

Hippler, Jochen, Krieg im 21. Jahrhundert. Militärische Gewalt, Aufstandsbekämpfung und humanitäre Intervention, Wien 2019.

Hoffman, David E., The Dead Hand: The Untold Story of the Cold War Arms Race and Its Dangerous Legacy, New York 2009.

Hofstadter, Richard, The Paranoid Style in American Politics and Other Essays, Cambridge, Mass. 1996 [New York 1964].
Holloway, David, «Nuclear Weapons and the Escalation of the Cold War, 1945–1962», in: The Cambridge History of the Cold War, Vol. 1, Origins, Cambridge 2010, S. 376–397.
Holmes, Stephen, The Matador's Cape. America's Reckless Response to Terror, Cambridge 2007.
Horowitz, David A., Beyond Left & Right. Insurgency and the Establishment, University of Illinois Press 1997.
Hunt, Howard E., Undercover: Memoirs of an American Secret Agent, New York 1974.
Huq, Aziz Z./Schwarz, Frederick A. O. Jr., Unchecked and Unbalanced. Presidential Power in a Time of Terror, New York 2007.
Immerman, Richard, The CIA in Guatemala: The Foreign Policy of Intervention, University of Texas Press 1982.
Irnberger, Harald, SAVAK oder die Folterfreunde des Westens. Aus den Akten des iranischen Geheimdienstes, Reinbek bei Hamburg 1977.
Johnson, U. Alexis, The Right Hand of Power: The Memoirs of an American Diplomat, Englewood Cliffs 1984.
Jones, Howard, Death of a Generation. How the Assassinations of Diem and John F. Kennedy Prolonged the Vietnam War, Oxford University Press 2003.
Jones, Nate, Able Archer 83. The Secret History of the NATO Exercise that Almost Triggered Nuclear War, Washington, D.C. 2016.
Kagan, Robert/Kristol, William, Present Dangers. Crisis and Opportunity in American Foreign and Defense Policy, San Francisco 2000.
Kaiser, David, American Tragedy. Kenney, Johnson, and the Origins of the Vietnam War, Harvard University Press 2000.
Kaplan, Fred, The Wizards of Armageddon, New York 1983.
Kaplan, Fred, The Bomb. Presidents, Generals, and the Secret History of Nuclear War, New York 2020.
Karabell, Zachary, Architects of Intervention. The United States, the Third World, and the Cold War, 1946–1962, Louisiana State University Press 1999.
Karlsch, Rainer/Stokes, Raymond G., Faktor Öl. Die Mineralölwirtschaft in Deutschland 1859–1974, München 2003.
Kennedy, David M., Freedom from Fear: The American People in Depression and War, 1929–1945, New York 1999.
Kieninger, Stephan, «Diplomacy beyond Deterrence: Helmut Schmidt and the Economic Dimension of Ostpolitik», in: Cold War History, 2, 2020, S. 179–196.
Kimball, Jeffrey, The Vietnam War Files. Uncovering the Secret History of Nixon-Era Strategy, University Press of Kansas 2004.
Kinzer, Stephen, Putsch! Zur Geschichte des amerikanischen Imperialismus, Frankfurt/M. 2007.

Kiernan, Ben, The Pol Pot Regime: Race, Power, and Genocide in Cambodia under the Khmer Rouge, 1975–1979, Yale University Press 2008.
Kissinger, Henry, «Military Policy and Defense of the ‹Grey Areas›», in: Foreign Affairs 3, 1955, S. 416–428.
Kissinger, Henry, «Force and Diplomacy in the Nuclear Age», in: Foreign Affairs, 3,1956, S. 349–366.
Kissinger, Henry, Kernwaffen und Auswärtige Politik, München 1959.
Klaidman, Daniel, Kill or Capture: The War on Terror and the Soul of the Obama Presidency, New York 2012.
Klare, Michael T., «USA versus China: Stolpert die Welt in einen großen Krieg?», in: Blätter für deutsche und internationale Politik, 5, 2021, S. 50–57.
Koch, Scott A., «‹Zendebad, Shah!›. The Central Intelligence Agency and the Fall of Iranian Prime Minister Mohammed Mossadeq, August 1953», HS-CIA, June 1998, in: NSAr-EBB 618, Document 3.
Koistinen, Paul, «Toward a Warfare State: Militarization in America during the Period of the World Wars», in: John R. Gillis, Hg., The Militarization of the Western World, New Brunswick, London 1989, S. 47–65.
Kornbluh, Peter, Hg., Bay of Pigs Declassified. The Secret CIA Report on the Invasion of Cuba, New York 1998.
Kornbluh, Peter, The Pinochet File. A Declassified Dossier on Atrocity and Accountability, New York 2013 [2003].
Kristensen, Hans M./Korda, Matt, Status of World Nuclear Forces. Report from the Federation of American Scientists, Washington, D. C. April 2020.
Kristensen, Hans M./Korda, Matt, «Nuclear Notebook: United States Nuclear Weapons, 2021», in: Bulletin of the Atomic Scientists (Online-Ausgabe), 12.1.2021.
Kwitny, Jonathan, Endless Enemies. The Making of an Unfriendly World, New York 1986.
Langguth, A. J., Hidden Terrors: The Truth About U. S. Police Operations in Latin America, New York 1978.
Leffler, Melvyn P., A Preponderance of Power. National Security, the Truman Administration, and the Cold War, Stanford University Press 1992.
Leffler, Melvyn P., «The Emergence of an American Grand Strategy, 1945–1952», in: The Cambridge History of the Cold War, Vol. 1, Origins, Cambridge 2010, S. 67–89.
Leuchtenburg, William E., «Progressivism and Imperialism: The Progressive Movement and American Foreign Policy, 1898–1916», in: The Mississippi Valley Historical Review, 3, 1952, S. 483–504.
Levin, Murray B., Political Hysteria in America. The Democratic Capacity for Repression, New York, London 1971.
Lewis, Sinclair, Das ist bei uns nicht möglich, Leipzig, Weimar 1992 [It Can't Happen Here, New York 1935].
Lewy, Guenter, America in Vietnam, Oxford University Press 1978.
Lieber, Keir A./Press, Daryl G., «The Rise of U. S. Nuclear Primacy», in: Foreign Affairs, March/April 2006, S. 20–38.

Lotchin, Roger W., Fortress California, 1910–1961: From Warfare to Welfare, New York, Oxford 1992.
Lüthi, Lorenz M., Cold Wars. Asia, the Middle East, Europe, Cambridge University Press 2020.
Macdonald, Dwight, The Root is Man: Two Essays in Politics, Alhambra, Ca. 1953.
Mann, James, Rise of the Vulcans. The History of Bush's War Cabinet, New York 2004.
Mastny, Vojtech/Byrne, Malcolm, A Cardboard Castle? An Inside History of the Warsaw Pact, 1955–1991, Central European University Press 2005.
McMahon, Robert, «Der verwundbare Gigant: Unsicherheitsdebatten in den USA», in: Greiner, et. al., Hg., Studien zum Kalten Krieg, Bd. 6, Hamburg 2013, S. 45–59.
McNall Burns, Edward, The American Idea of Mission. Concepts of National Purpose and Destiny, Rutgers University Press 1957.
Medsger, Betty, The Burglary. The Discovery of J. Edgar Hoover's Secret FBI, New York 2014.
Melvin, Jess, The Army and the Indonesian Genocide. Mechanics of Mass Murder, London 2018.
Miller, Stuart Creighton, Benevolent Assimilation. The American Conquest of the Philippines, 1899–1903, Yale University Press 1982.
Mutz, Reinhard, «NATO: Expansion im Tarnanzug», in: Blätter für deutsche und internationale Politik, 12, 2010, S. 30–38.
Nagler, Jörg, Nationale Minoritäten im Krieg. «Feindliche Ausländer» und die amerikanische Heimatfront während des Ersten Weltkriegs, Hamburg 2000.
Naimark, Norman, Stalin and the Fate of Europe. The Postwar Struggle for Sovereignty, Harvard University Press 2019.
Nash, Gerald D., The American West Transformed: The Impact of the Second World War, Bloomington 1985.
Nassauer, Otfried, «‹Tailored Deterrence›. Eine Nuklearpolitik für Donald Trump», in: Wissenschaft & Frieden, 1, 2018, S. 5–8.
Neuneck, Götz, «50 Jahre atomare Abrüstung: Midlife- oder Existenzkrise?», in: Blätter für deutsche und internationale Politik, 4, 2020, S. 17–20.
Niedhart, Gottfried, Durch den Eisernen Vorhang. Die Ära Brandt und das Ende des Kalten Kriegs, Darmstadt 2019.
Nixon, Richard, The Memoirs of Richard Nixon, New York 1978.
Olmsted, Kathryn, Challenging the Secret Government. The Post-Watergate Investigations on the CIA and FBI, University of North Carolina Press 1996.
Olson, James S., The Vietnam War. Handbook of the Literature and Research, London 1993.
Overy, Richard, Die Wurzeln des Sieges: Warum die Alliierten den Zweiten Weltkrieg gewannen, Stuttgart, München 2000.
Paul, Michael, Kriegsgefahr im Pazifik? Die maritime Bedeutung der sino-amerikanischen Rivalität, Baden-Baden 2017.

Pencak, William, For God and Country. The American Legion, 1919–1941, Boston 1989.

Perry, William J., My Journey at the Nuclear Brink, Stanford University Press 2015.

Perry, William J./Collina, Tom Z., «Trump Still Has His Finger on the Nuclear Button. This Must Change», in: Politico, 8.1.2021.

Polk, William R., Aufstand. Widerstand gegen Fremdherrschaft: Vom amerikanischen Unabhängigkeitskrieg bis zum Irak, Hamburg 2009.

Prados, John, Operation Vulture: America's Dien Bien Phu, New York 2004.

Prados, John, Safe for Democracy. The Secret Wars of the CIA, Boston 2006.

Prados, John, The Family Jewels. The CIA, Secrecy, and Presidential Power, University of Texas Press 2013.

Purdy, Jedediah, Die Welt und wir. Politik im Anthropozän, Berlin 2020.

Rabe, Stephen G., The Most Dangerous Area in the World: John F. Kennedy Confronts Communist Revolution in Latin America, University of North Carolina Press 1999.

Rabe, Stephen G., The Killing Zone. The United States Wages Cold War in Latin America, Oxford University Press 2012.

Rashid, Ahmed, Taliban. Afghanistans Gotteskämpfer und der neue Krieg am Hindukusch, München 2010.

Ratner, Michael/Ray, Ellen, Guantánamo. What the World Should Know, New York 2004.

Ricks, Thomas E., Fiasco. The American Military Adventure in Iraq, London 2006.

Ricks, Thomas E., The Gamble. General David Petraeus and the American Military Adventure in Iraq, 2006–2008, New York 2009.

Robinson, Geoffrey B., The Killing Season. A History of the Indonesian Massacres, 1965–66, Princeton University Press 2018.

Rode, Clemens, «Lektionen aus Krieg und Frieden in Zentralamerika», in: Sevilla, Rafael/Rivas, E. Torres, Hg., Mittelamerika. Abschied von der Revolution?, Unkel a. Rhein, Bad Honnef 1995, S. 45–64.

Rosenberg, David Alan, «The Origins of Overkill: Nuclear Weapons and American Strategy, 1945–1960», in: International Security, 4, 1983, S. 36–56.

Rother, Bernd, «Willy Brandts Außenpolitik: Grundlagen, Methoden und Formen», in: ders., Hg., Willy Brandts Außenpolitik, Wiesbaden 2014, S. 335–359.

Rother, Bernd, «Die SPD und El Salvador 1979 bis 1985. Linke Politik im atlantischen Dreieck von Bundesrepublik, Zentralamerika und USA», in: Vierteljahrshefte für Zeitgeschichte, 4, 2018, S. 645–683.

Rother, Bernd/Larres, Klaus, Hg., Willy Brandt and International Relations. Europe, the USA, and Latin America, 1974–1992, London, New York 2019.

Rudalevige, Andrew, The New Imperial Presidency. Renewing Presidential Power after Watergate, Ann Arbor 2005.

Ryan, Maria, Neoconservatism and the New American Century, New York 2010.

Sagan, Scott D.,/Suri, Jeremi, «The Madman Nuclear Alert: Secrecy, Signaling, and Safety in October 1969», in: International Security, 4, 2003, S. 150–183.
Sagan, Scott D./Valentino, Benjamin A., «Revisiting Hiroshima in Iran. What Americans Really Think about Using Nuclear Weapons and Killing Noncombatants», in: International Security, 1, 2017, S. 41–79.
Said, Behnam T., Geschichte al-Qaidas. Bin Laden, der 11. September und die tausend Fronten des Terrors heute, München 2018.
Sakwa, Richard, Russia against the Rest: The Post-Cold War Crisis of World Order, Cambridge University Press 2017.
Sarotte, Mary Elise, 1989: The Struggle to Create Post-Cold War Europe, Princeton University Press 2014.
Saunders, Chris, «The Cold War and Southern Africa, 1976–1990», in: The Cambridge History of the Cold War, Vol. 3, The End, Cambridge 2010, S. 222–243.
Savage, Charlie, Power Wars: Inside Obama's Post-9/11 Presidency, New York 2015.
Schaefer, Bernd/Wardaya, Baskara T., Hg., 1965: Indonesia and the World, Jakarta 2013.
Schell, Jonathan, Observing the Nixon Years. ‹Notes and Comment› from The New Yorker on the Vietnam War and the Watergate Crisis, 1969–1975, New York 1989.
Schirmer, Jennifer, The Guatemalan Military Project: A Violence Called Democracy, University of Pennsylvania Press 1998.
Schlesinger, Arthur Jr., Robert Kennedy and His Times, Boston 2002 [New York 1978].
Schlesinger, Stephen/Kinzer, Stephen, Bitter Fruit. The Story of the American Coup in Guatemala, Harvard University Press 2005 [1982].
Schley, Nicole/Busse, Sabine, Die Kriege der USA. Chronik einer aggressiven Nation, Kreuzlingen, München 2003.
Schmidt, Wolfgang, «Die Wurzeln der Entspannung. Der konzeptionelle Ursprung der Ost- und Deutschlandpolitik Willy Brandts in den fünfziger Jahren», in: Vierteljahrshefte für Zeitgeschichte, 4, 2003, S. 521–565.
Schmitz, David F., Thank God They're on Our Side. The United States and Right-Wing Dictatorships, 1921–1965, University of North Carolina Press 1999.
Schmitz, David F., The United States and Right-Wing Dictatorships, 1965–1989, Cambridge University Press 2006.
Schöllgen, Gregor/Schröder, Gerhard, Letzte Chance. Warum wir jetzt eine neue Weltordnung brauchen, München 2021.
Schori, Pierre, «García Márquez and the Latin American who came in from the Cold», in: openDemocracy (online), 21.4.2014.
Scoblic, J. Peter, U.S. vs. Them: How a Half Century of Conservatism Has Undermined America's Security, New York 2008.
Scott, Len, «Intelligence and the Risk of Nuclear War: Able Archer-83 Revisited», in: Intelligence and National Security, 6, 2011, S. 760–785.

Sechser, Todd S./Fuhrmann, Matthew, Nuclear Weapons and Coercive Diplomacy, Cambridge 2017.

Sevilla, Rafael/Rivas, E. Torres, Hg., Mittelamerika. Abschied von der Revolution?, Unkel a. Rhein, Bad Honnef 1995.

Shawcross, William, Sideshow. Kissinger, Nixon and the Destruction of Cambodia, London 1979.

Sheehan, Neil, Die Große Lüge. John Paul Vann und Amerika in Vietnam, Wien, Zürich 1992.

Sherry, Michael, In the Shadow of War. The United States Since the 1930s, New Haven 1995.

Shifrinson, Joshua R. Itzkowitz, «Deal or No Deal? The End of the Cold War and the U.S. Offer to Limit NATO Expansion», in: International Security, 4, 2016, S. 7–44.

Shifrinson, Joshua R. Itzkowitz, «Eastbound and Down: The United States, NATO Enlargement, and Suppressing the Soviet and Western European Alternatives, 1990–1992», in: Journal of Strategic Studies, 6–7, 2020, S. 816–846.

Shigong, Jiang, China's Hong Kong. A Political and Cultural Perspective, Heidelberg 2017.

Shils, Edward A., The Torment of Secrecy. The Background and Consequences of American Security Policies, Chicago 1996.

Siff, Ezra Y., Why the Senate Slept. The Gulf of Tonkin Resolution and the Beginning of America's Vietnam War, London 1999.

Simpson, Bradley R., Economists with Guns. Authoritarian Development and U.S.-Indonesian Relations, 1960–1968, Stanford University Press 2008.

Simpson, Bradley, «The United States and International Dimensions of the Killings in Indonesia», in: Schaefer/Wardaya, Hg., Indonesia and the World, S. 43–60.

Sontheimer, Michael, Kambodscha – Das Land der sanften Mörder, Reinbek bei Hamburg 1991.

Spector, Ronald H., After Tet. The Bloodiest Year in Vietnam, New York 1993.

Stearns, Peter, American Fear. The Causes and Consequences of High Anxiety, Hoboken, N.J. 2006.

Stieglitz, Olaf, Undercover. Die Kultur der Denunziation in den USA, Frankfurt/M. 2013.

Sunstein, Cass R., Gesetze der Angst: Jenseits des Vorsorgeprinzips, Frankfurt/ M. 2007.

Suri, Jeremi, «Logiken der atomaren Abschreckung oder Politik mit der Bombe», in: Greiner et. al., Studien zum Kalten Krieg, Bd. 2, Hamburg 2008, S. 24–48.

Suskind, Ron, The One Percent Doctrine. Deep Inside America's Pursuit of Its Enemies since 9/11, New York 2006.

Teltschik, Horst, Russisches Roulette. Vom Kalten Krieg zum Kalten Frieden, München 2019.

Todorov, Tzvetan, Die Angst vor den Barbaren. Kulturelle Vielfalt versus Kampf der Kulturen, Hamburg 2010.
Trachtenberg, Marc, The Cold War and After. History, Theory, and the Logic of International Politics, Princeton 2012.
Tuchman, Barbara, Die Torheit der Regierenden. Von Troja bis Vietnam, Frankfurt/M. 1989 [1984].
Voß, Klaas, Washingtons Söldner. Verdeckte US-Interventionen im Kalten Krieg und ihre Folgen, Hamburg 2014.
Voß, Klaas, «Die Enden der Parabel. Die Nuklearwaffenübung Able Archer im Krisenjahr 1983», in: Mittelweg 36, 1, 2015, S. 73–92.
Weiner, Tim, CIA. Die ganze Geschichte, Frankfurt/M. 2008.
Weizsäcker, Carl Friedrich von, Der bedrohte Friede. Politische Aufsätze 1945–1981, München, Wien 1982.
Welch, Richard E., Jr., Response to Revolution. The United States and the Cuban Revolution, 1959–1961, Chapel Hill, London 1985.
Willemsen, Roger, Hier spricht Guantanamo. Roger Willemsen interviewt Ex-Häftlinge, Frankfurt/M. 2006.
Wills, Garry, Bomb Power. The Modern Presidency and the National Security State, New York 2010.
Wise, David/Ross, Thomas B., The Invisible Government, New York 1964.
Wodak, Ruth, The Politics of Fear. What Right-Wing Populist Discourses Mean, London 2015.
Woodward, Bob, Geheimcode Veil. Reagan und die geheimen Kriege der CIA, München 1987.
Woodward, Bob, Plan of Attack, New York 2004.
Woodward, Bob, Obama's Wars, New York 2010.

Quellenverzeichnis und Abkürzungen

AHPN: Archivo Histórico de la Policía Nacional, Guatemala
C-C: Church Committee:
- 94th Congress, 1st Session, Senate Report No. 94–465, Alleged Assassination Plots Involving Foreign Leaders. An Interim Report of the Select Committee to Study Governmental Operations with Respect to Intelligence Activities, Washington, D.C., November 20, 1975.
- 94th Congress, 2nd Session, Senate Report No. 94–755, Final Report, Washington D.C., April 26, 1976:

Book I: Foreign and Military Intelligence
Book II: Intelligence Activities and the Rights of Americans
Book III: Supplementary Detailed Staff Reports on Intelligence Activities and the Rights of Americans
Book IV: Supplementary Detailed Staff Reports on Foreign and Military Intelligence
Book VI: Supplementary Reports on Intelligence Activities
C-R-S: Congressional Research Service:
- The Washington Post's «Afghanistan Papers» and U.S. Policy: Main Points and Possible Questions for Congress, Washington, D.C. 28.1.2020.

C-R-9–11:
- The 9/11 Commission Report. Die offizielle Untersuchung zu den Terrorattacken vom 11. September 2001, Potsdam 2004.

DoS: Department of State:
- Chile Declassification Project, FOIA Reading Room

FOIA: Freedom of Information Act
FRUS: Foreign Relations of the United States:
- 1951, The United Nations – The Western Hemisphere, Vol. II, Washington, D.C. 1979.
- 1952–1954, Vol. IV, The American Republics, Washington, D.C. 1983.
- 1952–1954, Guatemala, Washington, D.C. 2003.
- 1952–1954, Iran, 1951–1954, Planning and Implementation of Operation TP-AJAX, March–August 1953, Washington, D.C. 2017.
- 1964–1968, Vol. XV, Germany and Berlin, Washington, D.C. 1999.
- 1969–1976, Vol. XXI, Chile, 1969–1973, Washington, D.C. 2014.

HAK-MemCon: Henry A. Kissinger, Memoranda of Conversations

HS-CIA: History Staff Analysis, Central Intelligence Agency:
- «Zendebad, Shah!». The Central Intelligence Agency and the Fall of Iranian Prime Minister Mohammed Mossadeq, August 1953, Scott A. Koch, June 1998.

IC-MR: Iran-Contra, Minority Report:
- Richard Cheney, William S. Broomfield et. al., The Minority Report, in: 100th Congress, 1st Session (Lee H. Hamilton, Daniel K. Inouye, Chairmen), Report of the Congressional Committees Investigating the Iran-Contra Affair. With Supplemental, Minority, and Additional Views, Washington, D. C. November 13, 1987.

NARA: National Archives and Records Administration, College Park, Maryland

NI-NSP: Nautilus Institute, Nuclear Strategy Project

NPMP: Nixon Presidential Materials Project, NARA

NSAr: National Security Archive:
- The Chile Documentation Project (CDP)
- The Nuclear Vault (NV): «Prevent the Reemergence of a New Rival»

NSAr-EBB: National Security Archive, Electronic Briefing Book
- EBB 4: CIA and Assassinations. The Guatemala 1954 Documents
- EBB 15: Guatemalan Death Squad Dossier
- EBB 30: Lessons Learned from U. S. Humanitarian Interventions Abroad
- EBB 32, Vol. 1 und 2: The Guatemalan Military: What the U. S. Files Reveal
- EBB 62: East Timor Revisited
- EBB 101: JFK and the Diem Coup
- EBB 117: The U. S. and the Genocide in Rwanda 1994
- EBB 122: Prisoner Abuse, Patterns from the Past
- EBB 124: The Movimiento de Liberación Nacional
- EBB 170: The Guatemalan Police Archives
- EBB 279: Saddam Hussein Talks to the FBI
- EBB 302: Kennedy Considered Supporting Coup in South Vietnam
- EBB 326: The Iraq War – Part I: The U. S. Prepares for Conflict, 2001
- EBB 418: The Iraq War Ten Years After
- EBB 425: The Final Battle: Ríos Montt's Counterinsurgency Campaign
- EBB 448: From Silence to Memory
- EBB 522: White House Efforts to Blunt 1975 Church Committee Investigation
- EBB 543: Gerald Ford White House Altered Rockefeller Commission Report in 1975
- EBB 564: CIA Releases Controversial Bay of Pigs History
- EBB 596: The White House, the CIA and the Pike Committee, 1975
- EBB 601: 1953 Iran Coup
- EBB 607: U. S. Embassy Tracked Indonesia Mass Murder 1965
- EBB 618: «Zendebad, Shah!». The Central Intelligence Agency and the Fall of Iranian Prime Minister Mohammed Mossadeq, August 1953
- EBB 619: New Findings on Clerical Involvement in the 1953 Coup in Iran

- EBB 640: The Clinton-Yeltsin Relationship in Their Own Words
- EBB 647: The Soviet Side of the 1983 War Scare
- EBB 659: What the CIA Tells Congress (or Doesn't) about Covert Operations
- EBB 667: Understanding the CIA: How Covert (and Overt) Operations were Proposed and Approved during the Cold War
- EBB 687: Kennedy and Cuba: Operation Mongoose
- EBB 692: Documenting Iran-U.S. Relations, 1978–2015
- EBB 700: The 1964 Overthrow of Cheddi Jagan in British Guiana
- EBB 717: Coup 53: New Documentary on Overthrow of Iran's Mosaddeq
- EBB 728: The CIA and Chile: Anatomy of an Assassination
- EBB 730: New Light in a Dark Corner: Evidence on the Diem Coup
- EBB 732: Allende and Chile: «Bring Him Down»
- EBB 738: Rumsfeld Lacked Intel on Who the Enemies Were
- EBB 742: Able Archer War Scare «Potentially Disastrous»
- EBB 745: Gorbachev's «Diplomatic Marathon» to Prevent the 1991 Persian Gulf War
- EBB 749: Alerts, Crises, and DEFCONs
- EBB 756: CIA Assassination Plot Targeted Cuba's Raul Castro

NSC: National Security Council

Bildnachweis

S. 16 Plakat des America First Committee aus den späten 1930er Jahren
© America First Committee
Entnommen aus: Hoover Institution Archives, America First Committee Papers, Box 5, Folder: March on Washington

S. 30 Titelbild Collier's, 27.10.1951
Die Titelgeschichte handelt von einem fiktiven Atomkrieg gegen die UdSSR in den frühen 1950er Jahren.
© Collier's

S. 52 CIA-Logo
Entnommen aus: Wikipedia

S. 78 Verhaftete Kommunisten in Bojolali auf Java, November 1965
Die Aufnahme wurde circa sechs Wochen nach dem angeblichen Putschversuch vom 30. September 1965 gemacht. Die Gefangenen mussten 24 Stunden in einer Grube ausharren, ehe man sie in Gefängnisse überstellte.
© akg-images / TT News Agency

S. 104 Zeichnung von Überlebenden des US-Flächenbombardements auf der «Ebene der Tonkrüge» in Laos, 1969
Entnommen aus: Fred Branfman, Voices from the Plain of Jars, University of Wisconsin Press 2013 [1972], S. 102.

S. 136 Das Kongressgebäude in Washington, D. C. (Symbolzeichnung)
© Getty Images / slowgogo

S. 162 Unites States Air Force Global Strike Command-Logo
Entnommen aus: Wikipedia

S. 182 Folter in Abu Ghraib
© Roufixte Designers Production
Entnommen aus: Street Art and the War on Terror, Eleanor Mathieson, Hg., London 2007, S. 122

S. 204 Der «Nuclear Football» mit den Codes für den Einsatz von Atomstreitkräften
© picture alliance / Ron Edmonds / AP

Personen-, Orts- und Sachregister

C

D

X

Z